榜样的力量

学习刘秀祥事迹征文作品集

王建刚　主编

河北大学出版社
·保定·

榜样的力量——学习刘秀祥事迹征文作品集

BANGYANG DE LILIANG

XUEXI LIU XIUXIANG SHIJI ZHENGWEN ZUOPINJI

出 版 人：刘相美

责任编辑：韩立霞

装帧设计：杨艳霞

责任校对：王亚薇

责任印制：常　凯

图书在版编目（CIP）数据

榜样的力量 ：学习刘秀祥事迹征文作品集 / 王建刚主编. -- 保定 ：河北大学出版社，2024. 12. -- ISBN 978-7-5666-2540-3

Ⅰ. K825.46-53

中国国家版本馆 CIP 数据核字第 2025XF0076 号

出版发行：河北大学出版社

地址：河北省保定市七一东路 2666 号　邮编：071000

电话：0312-5073019　0312-5073029

邮箱：hbdxcbs@163.com　网址：www.hbdxcbs.com

印　　刷：保定市文昌印刷有限公司

幅面尺寸：170 mm × 240 mm

印　　张：20.5

字　　数：320 千字

版　　次：2024 年 12 月第 1 版

印　　次：2024 年 12 月第 1 次印刷

书　　号：ISBN 978-7-5666-2540-3

定　　价：80.00 元

感悟榜样的思想之光（序）

王建刚

学习榜样精神，汲取奋进力量。让榜样成为人生的坐标和学习的向导，带来无尽的蓬勃朝气、必胜的信念和不竭的动力，对于正处在人生成长时期的青少年来说尤为重要；让广大青少年向先进榜样学习，找准人生方向、涵养高尚情操、获取拼搏能量，是他们成长为有思想、有学识、有品格的优秀人才的必经之路。

河北诺亚教育集团始终秉持“以德育人、全面发展”的育人理念，充分发挥自身制度、资源等优势，近年来不断在全国各地求贤聘能，邀请多位名师、名校长与学生近距离接触，分享他们的成长经历、励志故事、学习心得、高尚情操以及对人生真谛的诠释。聆听他们的报告，广大师生每次都收获满满。各校还及时组织开展谈感想、讲收获活动和征文比赛，又加深了大家对报告的印象，激活了动能，积攒了精神财富。实践证明，这种专家、名人言传身教，师生畅谈收获并付诸文字的做法，对于帮助学生成长进步具有十分重要的理论指导意义和实践推动作用，是学有榜样、思有理论、行有方法、动有激励的高效举措。

党的二十大代表、全国“最美教师”刘秀祥于 2023 年 4 月和 10 月应集团党总支书记、董事长兼总校长王建刚邀请，两次前来诺亚集团做报告。刘秀祥老师的“相信奋斗的力量”“人人都可以活成一束光”“矢志不渝坚持求学”“不忘初心回馈家乡”“唤醒师生唤醒社会”等光辉事迹和闪光言行引起了广大师生的强烈反响，他们纷纷表示找到了可亲、可敬、可佩的时代楷模，找到了学习的好榜样。

时序更替，英雄辈出。每个时代都有每个时代的榜样，每个行业都有每个行业的标杆，刘秀祥无疑是我们这个时代最优秀的榜样、最出色的标杆。他幼年丧父，母亲精神失常，十一岁时兄姊离家出走，独自承担起整个家庭的重担。面对重重困难，他凭借坚定的意志，通过学习改变了自己的命运。他不离不弃，背着母亲求学，展现了他的孝道；他放弃高薪返回大山改善山区教育，体现了他的大爱精神。他的经历给全体师生带来了深深的震撼和激励，让学校老师们增强了责任意识、奉献精神，让学生们更加珍惜现在的生活，懂得了感恩，增强了学习的紧迫感和行动力。为了让师生们更深刻地感受榜样的魅力，紧紧追随榜样的脚步，更好地把刘秀祥勤勉学、不畏难、知感恩、勇担当、讲奉献的精神，转化为奋发有为、努力工作和幸福成长、成人成才的不竭动力，河北诺亚教育集团举办了这次“学习刘秀祥先进事迹征文比赛”。

集团旗下小学、初中、高中、职中等 7 所学校的师生踊跃参与，人人写文章，个个谈体会。经过反复筛选，我们择优收录 150 篇优秀作品。这些文章虽然不是尽善尽美，有的甚至还略带拙朴，但它们都在用真情流露的文字将师生听完刘秀祥先进事迹报告后内心的激动、感慨，所受到的鼓舞、勉励，对自己的审视、自省，对未来的重新定位和规划等表达了出来。集团上下形成了广泛学习刘秀祥先进事迹的热潮。对刘秀祥先进事迹的学习不仅激发了老师们更为强烈的教学热情，帮助学生们树立了更为清晰的理想信念、奋斗目标，而且全面释放了诺亚教育新质生产力。

刘秀祥先进事迹征文比赛只是诺亚教育坚持文化引领、提升道德素养的众多举措之一。近年来，集团先后举办了“感悟名师风采，提升自我修养”“好习惯好人生”征文比赛、讲故事比赛、红歌赛等各种文体活动，让良好习惯、优良作风、优秀经验等在集团凝聚共识，传递正能量，营造和谐、奋进、担当的良好氛围。受此影响，诺亚教育集团的小学特色更加鲜明，学生的兴趣和特长得到充分发展，学习成绩在区域教育中遥遥领先；我们的初中，2023 年创造了全县中考前 100 名中启明中学占 97 人的辉煌纪录；我们的高中，再次实现“低进高出、高进优出、优秀必定成就卓越”的办学目标，本科上线率提升幅度区域第一，在省内同类学校中名列前茅，众多学子考入“双一流”大学，大批优秀生源慕名而来，招生人数创全县之最。

他山之石，可以攻玉。今后，河北诺亚集团还将继续邀请名人名家、先进榜样前来传经送宝、启慧励志，从而释放更强的榜样力量，让诺亚师生学到更多更好的经验，收获更大的幸福，书写更璀璨的未来，释放更澎湃的新质生产力。

目 录

教师组

学生组

教师组

相信奋斗的力量

唐县六一小学　马阿娇

自从登上三尺讲台、从事教学工作以来，我一直以为“在其位，谋其职”就是把书教好，开启学生的智慧之门，教育学生做一个品行端正的人。

然而，在观看了刘秀祥老师的视频并学习了他的先进事迹之后，我的内心涌现出一股强烈的勇气和信念。在如此艰苦的条件下，刘老师依然坚持不懈地学习，依靠自己强大的毅力走到了今天。想到自己生活在幸福的家庭中，我怎能不学习他面对困难时永不屈服的精神呢?

他的人生宛如电视剧情节般跌宕起伏，让人叹惜、同情、无奈，亦敬佩。幼年丧父、血脉亲情的相继离开、母亲生理和心理上不容乐观的情况、拮据的经济条件、坎坷的求学路，这些都是他前半生的写照，充满着伤痛、重压，以及被世界遗弃的无助。回归家乡、感恩社会、献身教育，构成了他后半生的篇章，那里有阳光、鲜花和欢声笑语。在他的生命旅程中，有两样东西他始终未曾放弃——对父亲许下的誓言和对母亲始终不渝的关爱。

我无法想象，在这样的人生中，他承受了多少，付出了多少，又获得了多少。因为发生在他身上的这些事，任选其中一件放在任何一个人身上，都是不堪承受之重。

那一句“读书能带来什么，我不知道，只是欲望很强烈”，我看到的是一颗纯粹、赤诚的心；那一句“我是用生命在读书，别人或许输得起，但我是一定输不起的”，我感受到的是一种痛彻心扉的挣扎；那一句“当你抱怨没有鞋穿的时候，回头一看，发现别人竟然没有脚”，我感受到的是一种铭刻于心、永不屈服的呐喊。他的人生，向我们展示了那些几乎不可能实现的可能性。

在这个一切都正好的时代里，年纪正好的我们有着正好的一切。有人拼了命地努力，有人却只是埋头抱怨。或许，当我们剥去生活的表象，每个人都有自己的困扰。我们总是纠结不放，逐渐忘记了那些美好的向往。我也是其中的一分子，在以往，我也是不断地抱怨，不满足于当下拥有的一切，总以为生活对我们绝大部分人都有诸多的亏欠。可在了解到这样一个人经历了这样一段人生后，我幡然醒悟，我们绝大多数人是那么的幸运，因为至少我们还能拥有。我们最缺少的，是那一份足以冲破一切的信念。然而这种信念，在刘老师身上展现得淋漓尽致。

“相信奋斗的力量。”这是刘秀祥老师在将要放弃时鼓励自己的话。他的教育方式别具一格。他常常以自己为蓝本激励每一位同学。他还以亲身经历引导学生，让他们认识到读书的重要性，并且还经常为了他们四处奔波，到处借钱。他为人正直，不放弃每一位学生，坚信自己一定会成功。虽然过程很艰辛，但他最终收获了丰硕的果实。

一位来自深山的孩子，怀揣着对家乡的深情，决心回馈那片养育他的土地。他希望自己能让家乡的孩子们理解教育的价值，正如他在日记中所写：“读书能带来什么，我不确定，但我的渴望无比强烈。”面对诱人的高薪工作，他毫不犹豫地选择回归故里，用亲身经历和实际行动去改变家乡父老和孩子们的观念。他不辞辛劳，反复走上劝学的道路，耐心地向家长阐述教育的重要性，促使辍学的孩子重返校园。对于那些因家庭贫困而面临失学的孩子，他一次又一次地伸出援手，通过公益讲座吸引外界的善心资助。他以实际行动践行了他曾经的承诺，让更多孩子体验到知识的力量。正是这样的他，激励了更多人加入教育事业中来，共同回馈社会，反哺家乡。他如同一束光，照亮了他人，也印证了那句话——人生而平凡，做而伟大。

作为一名“80 后”教师，我会以刘秀祥老师为榜样，用满腔热情投入本职工作，全心全意为学生服务。爱不应该只挂在嘴上，也不应该凡事包办，而应该深入思想，落实在行动上。家长把子女送到学校，我们有责任把学生保护好、教育好，让每个学生都能在教师的爱护和教育下健康成长。

只有当教师热爱并尊重学生时，学生才会将老师视为真正值得信赖的人。这样，师生之间才能建立起一座充满信任的桥梁，学生才会愿意接受教师的指导。师爱正是教育者取得成功的法宝。曾经在我们班有一个小女孩，由于家庭原因，她变得自暴自弃。从认识她开始，我就感觉她抵触心理很大，不听从老师的管理，态度蛮横。一开始我的想法很简单，就是想和她交流，让她别给班级添乱。不过在多次交谈中，我发现她并没有我想象的那么糟糕，是一个懂得感恩的孩子。为此，我试着和她妈妈沟通，家校共育。我们利用每天的课余时间进行沟通、交流，有时候也通过写小纸条的方式进行对话。功夫不负有心人，她一点点地改变，一点点地变好。每次回家，她都会主动帮助妈妈分担家务，也不再与姥姥发生激烈的争吵，甚至能够为姥姥做一些力所能及的事情。与此同时，她的成绩也有了提高。就这样，她从一只“丑小鸭”变成了一只“白天鹅”。每次放假回家，她都会在微信上主动和我聊天。就这样，我们住进了彼此的心里。

时间继续，我们的交流仍在坚持，她一直在进步。一年的相处时光就这样随着小升初的到来而结束了。从收拾行囊开始，直至踏上归家的旅途，那个不断擦拭泪水的小女孩形象，一直在我心头萦绕。还有那篇她含泪写完的毕业作文……每当想起这些，我都会热泪盈眶。我们一次次简单的交流，悄然间改变了她，让她体验到了成功的喜悦。或许这就是教师职业的幸福所在。

作为教师，我们不能把教书育人只停留在传授知识的层面。我们有责任、有义务从现在做起，从自身做起，通过学习不断地从思想上、政治上、文化上充实自己，努力提高自己的从教素质，以无私奉献的精神去感染学生，以渊博的知识去培育学生，以科学的方法去引导学生，以真诚的爱心去温暖学生，以高尚的师德去影响学生，用健全的人格塑造学生的美好心灵，影响一代又一代的学生，真正成为一名优秀的人民教师。

成风化人，润物无声。刘秀祥老师用自己的一举一动影响着老师和学生。在教学过程中，他极力反对“以分数论英雄”，坚信教育的核心在于培养人，应将立德树人置于首位。他主张通过恰当的引导，帮助学生树立正确的价值观。在今后的工作中，我会扎扎实实干好自己的本职工作，把全部的爱献给教育事业，献给我的孩子们。

我想，我也一定能做到！

未来的中国就在今天的课堂！

让我们俯下身子，走进学生心里，成为他们的良师益友。让我们以快乐的心情去工作、去生活，在教育这片沃土上做快乐的教书人。

相信奋斗的力量，我们一直在路上……

有信仰的人一定会发光

——学习刘秀祥先进事迹心得体会

唐县启明中学　贾宗良

他是新时代青年的典范，是“千里背母求学”的网红，也是中共二十大代表和省级名师，他就是刘秀祥。他之所以荣获众多殊荣，源于他坚定的信仰——艰苦奋斗、自强不息。

不向命运低头

刘秀祥的人生历经坎坷，父亲病逝，母亲精神失常，哥哥、姐姐相继离家……所有这些艰难困苦都压在了刘秀祥的肩上。从三年级开始，他便成了家庭的支柱，承担起照顾母亲的重任。

无论命运如何不公，刘秀祥始终没有向命运屈服，也没有放弃对生活的追求。常言道：“真正的勇者敢于直面惨淡的人生，真正的勇敢者是看透生活之后依然热爱生活。”刘秀祥正是这样的勇者，名副其实的勇者。面对生活不能自理的母亲，他不抛弃、不放弃，背着母亲千里迢迢求学；在没有经济来源、生活朝不保夕的情况下，他自力更生，通过捡废品、打零工来赚钱；即使高考失利，他也没有自暴自弃，而是用“当你抱怨没有鞋穿的时候，回头一看，发现别人竟然没有脚”来激励自己……正是因为他始终昂首面对生活的种种不公，才成就了今天的自己。

与刘老师相比，我自身的条件优越得多。然而，在面对生活、工作中的一些小困难、小挫折的时候，我难免会打退堂鼓。与刘秀祥相比，我不禁觉得羞愧难当、自愧不如。通过学习刘秀祥老师的事迹，我从中汲取了宝贵的精神力量：不能向命运、困难低头，幸福的人生是奋斗出来的。我告诫自己，不仅要学习刘秀祥老师的精神，更要在日常生活中脚踏实地地践行这些精神。

胸怀天下　兼济苍生

学成归来的刘秀祥老师步入了人生新阶段。随着他的事迹被越来越多的人知晓，很多大企业向他抛出了橄榄枝，有的甚至开出了年薪55万元的条件。换作常人，可能早已“心驰神往”“来者不拒”。然而，刘秀祥老师的选择却让众人意想不到。

他的抉择出于他的初衷。早在初中时期，刘秀祥便结识了三个与他同样以捡拾废品为生的弟弟、妹妹。即便在自己大学生活也充满艰辛的情况下，他仍然坚持每月向这三个弟弟、妹妹提供300元的资助，最终帮助其中两人考入大学，实现了与他一样的命运转变。刘秀祥老师亲历了无数苦难，或许正是这些经历，让他更能理解他人的困境，并渴望帮助他们改变命运。

于是，他回到望谟县的大山里，他想用自己走过的路来唤醒家乡孩子们心中的梦想，让他们走出大山；他想用自己的事迹来告诉那些贫苦的、迷茫的孩子，让他们努力读书，改变自己的命运。“穷则独善其身，达则兼济天下。”这句话在刘秀祥老师身上得到了完美的体现。

与刘秀祥老师相比，我只能用“汗颜”来形容自己。在生活和工作中，有时候遇到难处理、难完成的事情，我会产生推三阻四的想法，甚至有“挑肥拣瘦”的心理，总想让自己过得轻松、舒服一点。这种想法与刘秀祥老师相比，真是相去甚远。因此，通过学习，我鞭策自己在工作中要积极主动，具备全局观念，拓展自己的视野，即使无法达到刘老师“兼济天下”的境界，也应努力为团队考虑，与同事们共同努力，为诺亚、为学校的发展贡献自己的一份力量。

三尺讲台　润物无声

能与刘秀祥老师一样，在三尺讲台上默默耕耘，见证莘莘学子的健康成长，我感到无比的高兴和自豪。刘秀祥老师在最忙碌的时刻，同时担任三个班的班主任、五个班的历史教师，而且还兼任德育主任……虽然工作繁重，但他能用大部分时间陪伴孩子。他感到心满意足——因为他心中充满了爱。

在生活上，刘秀祥老师对学生的关怀更是无微不至。每逢周末，他把自己的学生分批带到家里，亲自给学生们做饭吃，不仅改善了孩子们的生活，更让他们体验到了家庭的温馨。他几乎将自己有限的收入全部用于学生身上——这一切源于他内心的爱，那是对孩子们真挚的关爱，对学生的深情厚意。刘秀祥老师在用爱耕耘，在用爱“无声润物”……

我本人走上三尺讲台不足两载，从走上讲台的那一刻起，我告诫自己要兢兢业业、不误人子弟、不辱师名。在班主任工作中，我“谨言慎行、如履薄冰”。尽管如此，与刘秀祥老师相比，我还存在许多差距与不足：工作中创新意识不强，甚至缺少灵活性；对学生，有时耐心不够，持久力不足；跟学生谈话，有时讲话方式和用语不太恰当……

集团董事长兼总校长王建刚指出，2023 年是全面贯彻党的二十大精神和 2023 年全国教育工作会议精神落实年，也是诺亚加快教育高质量发展的“推进之年”。作为诺亚教育的一员，我将不断学习、努力提升，争做“刘秀祥式”的教师，用心、用力、用情为诺亚教育的高质量发展和诺亚这艘巨轮行稳致远贡献自己的力量。

坚持成就梦想　执着点燃希望

——学习刘秀祥事迹报告心得体会

唐县六一小学　赵金雷

出身寒门刘秀祥，励志求学筑梦想。
幼年父丧本艰难，母病更犹雪加霜。
孤苦伶仃家贫困，捡拾破烂换食粮。
高考失利不坠志，发奋苦读题名榜。
背母求学离故土，学有所成报乡党。
知恩图报从教业，甘于奉献树榜样。
王董亲身去邀访，传经送宝到尧乡。
雨露甘霖润万物，醍醐灌顶不相忘。

这是我听了刘秀祥的事迹报告后随口吟出的几句诗。刘秀祥，一名普通的人民教师，却在平凡的岗位上做出了不平凡的业绩，成了无数人学习的榜样。我从他身上学到了很多很多，但最让我感动的是他的坚持与执着。

坚持成就梦想

爱迪生说："无论什么时候，不管遇到什么情况，我绝不允许自己有一点点灰心丧气。"这句话在刘秀祥身上得到了淋漓尽致的体现。

刘秀祥4岁时父亲去世，母亲的心灵受到重创，患上了精神疾病，失去了生活自理能力，随后姐姐、哥哥相继离家。从小学三年级起，生活的压力和照顾母亲的重任就完全落到了刘秀祥身上。虽然生活条件艰苦，刘秀祥的成绩却很优异，小升初时他以全县第三名的成绩考取县城重点中学。由于要进城上学，母亲没人照顾，小小的刘秀祥带着母亲跪在父亲坟前发誓：混不出个人样，绝不回来。刘秀祥就此踏上了带着母亲求学的艰难旅程。

由于经济困难，没有钱租房，他就与母亲在学校旁边的山坡上搭了一个棚子居住。没有经济来源，他就靠捡废品、打零工来维持生活。初中毕业后，刘秀祥成功考入安龙县第一中学。随后，他带着母亲一同前往安龙县，继续他的高中学业。这三年的高中生活对他来说异常艰辛，但他凭借坚韧不拔的意志，战胜了重重困难，坚持了下来。然而，天有不测风云，高考前一周，刘秀祥突然病倒了，这一病让他发挥失常，以 6 分之差与大学无缘。落榜的现实，差点打倒用生命读书的他。功夫不负有心人，再战一年的刘秀祥苦尽甘来，如愿以偿，实现了自己的大学梦，考上了山东临沂师范学院。

无论做什么事，要想成功，都贵在坚持。可是“坚持”两个字说起来容易，做起来到底有多难，我想只有当事人才有发言权。坚持过一天苦日子容易，一个月我们也能忍受，可是一年呢？五年呢？十年呢？想到这里，我想好多人都沉默了。天底下的穷苦人数不胜数，可是敢于同命运抗争到底的人有几个呢？刘秀祥就是其中一个。生活给予了他太多不幸和苦难，可他坚持了下来，最终成功了。如果他中途有一点动摇放弃了，有一点困难坚持不下去了，也就没有后来“背母上大学，学成报桑梓”的佳话了。

与刘秀祥的经历相比，我的生活真的太幸福了：小时候有父母的疼爱，上学的时候有老师的关心，工作中有同事的帮助。如今我在六一小学工作，是一名六年级语文老师，有幸享受与孩子们在一起的真善美，享受着高薪资待遇。面对如此幸福美好的生活，我有什么理由不努力呢？听了刘秀祥事迹的报告，我领悟到：人只有经过努力奋斗，才能使自己变得坚强。面对困苦和磨难，我们只有勇往直前。只要永不放弃，失败就是暂时的；只要坚持下去，总会有成功等在前面。在以后的工作中，我将努力前行，不放弃、不抱怨，坚持到底，实现自己的人生价值。

执着点燃希望

再难的问题，你若思索就能解决；再多的磨难，你若坚定就能踏平；再远大的梦想，你若执着就能实现。刘秀祥学有所成之后，始终不忘社会给予他的帮助和关心，他想用自己走过的路来唤醒家乡孩子们心中的梦想，用自己的事迹来告诉那些贫困和迷茫的孩子——知识可以改变命运。

为了让辍学的孩子们都有学可上，刘秀祥一有时间就上门家访、劝说，希望孩子们通过学习改变自己的命运。他不辞辛劳，反复拜访一户村民，试图说服他们让孩子回到学校。家访时，村民不理解，放狗咬他。由于躲闪不及，他摔倒在石头上，头被磕破了皮，缝了好多针，后脑勺上的一块头皮再也不长头发了……听到这里，我感动得热泪盈眶。一个人为了从家长手里把孩子“抢”来上学，竟然上门家访20多次，并且每一次都在吃闭门羹。这是一种什么样的毅力，这是一种什么样的执着精神啊？后来，那位村民被感动了，最终把孩子送到了学校，而刘老师后脑勺的印记也成了最美的爱的印记。刘秀祥老师用自己的执着点燃了孩子的希望和未来，让这些大山里的孩子的梦想得以延续。

这让我想到了自己的一段经历。在一次语文课上，我要求学生翻译一首诗的含义。我将标准的译文写在黑板上，让学生抄写下来，然后让学生一分钟内背下来。等觉得时间足够充分的时候，我叫一名学生背诵译文，他支支吾吾地说不清楚。我又连续叫了好几个学生，大家都很流利地背了出来。当我再次叫他背诵的时候，他还是磕磕巴巴地说不清楚。那时，我感到非常生气，本想让他坐下，不再管他，但回想起刘秀祥老师的事迹，我意识到我绝不能放弃，更不能让他在困惑中放弃。于是，我耐心地指导他记忆的技巧，最终孩子流畅地把译文背诵下来。感谢刘老师，在我缺乏耐心的时刻赋予了我坚持的力量。我深信，这种坚持的力量将会在我心中生根、发芽、成长。

刘秀祥是时代造就的英雄，他用坚持成就了自己的梦想，他用执着点燃了孩子们的希望。他是青年人的代表，是师生学习的榜样，更是新时代的楷模。教育是一项光荣而艰巨的事业，关乎每一个孩子的成长和未来，也关乎每一个家庭的希望和幸福。我将以刘秀祥老师为榜样，以毕生之力，奉献给自己深爱的这片热土，用辛勤的耕耘、无私的关爱，点燃每一颗心灵的希望之火、理想之光，让更多的孩子拥有更加美好的未来。

石缝中的生命，亦可精彩

——学习刘秀祥先进事迹有感

唐县启明中学　张丽丽

“一个顽强的生命，在石头的缝隙中生根发芽，开花结果，以飨世人”，这便是刘秀祥的真实写照！在董事长的推荐下，我有幸结识了这位平凡而伟大的人民教师，并现场聆听了他的报告。我深受感动，收获颇丰。从他身上，我看到了许多值得学习的优秀品质。现在，我想从中提炼出三点与大家分享。

自强不息硬骨头

刘秀祥命运坎坷，4 岁就没有了父亲，母亲因受到打击患上了精神疾病。哥哥、姐姐因无法承受生活的重压，纷纷离家出走，但是幼小的刘秀祥留了下来。他一边努力学习，一边照顾生活无法自理的母亲，同时利用课余时间捡拾废品、打零工、卖报纸，甚至做家教来赚取学费和生活费，直至大学毕业。虽然生活过得很艰辛，但他从不接受别人的同情，甚至拒绝了很多好心人的资助。他就是要自己去搏击命运的风浪，活下来，并且要活出人样！海明威说过，人只能被毁灭，不能被打败。尽管身材矮小、瘦弱，但刘秀祥骨子里是一位铁骨铮铮的硬汉，如此光辉的人性，让人钦佩不已。

对我而言，在未来的工作与生活中，我将以刘秀祥为楷模，激励自己，锻造坚毅的品质。面对挑战和逆境时，我会多思考生命的韧性，多借鉴刘秀祥这“石缝中的生命”，为自己鼓劲。同时，我也会用这种精神激励我的学生，培养他们独立自主的意识，教导他们以坚韧为基石，塑造自己的人生。在中考备考期间，我将不断为孩子们加油鼓劲，在精神上与他们并肩作战，做好他们的坚强后盾，激发他们迎接中考的斗志，让他们充满信心地迎接挑战。

兢兢业业做教育

捧一颗心来，不带半根草去。毕业后，他放弃了大城市令人羡慕的工作机会，返回贵州农村老家当起了一名普普通通的人民教师。因为他认为，农村的孩子更需要他，需要他去关爱身心、引领方向、鼓舞斗志。

在学校里，他是那个最忙碌、最能干的人。他甚至同时担任三个班的班主任、五个班的历史课，同时还兼任德育主任、年级部主任、团委副书记和历史教研组组长等多个职务，是一个典型的“工作狂”。人的时间和精力是有限的，身处教学一线的老师们自然深知，这意味着他几乎将自己的全部精力投入了教育事业。

他对孩子们更是体贴入微、爱护有加。他把自己大半月的工资花在孩子们身上，为他们买零食、买礼物，只为了让这些生活在贫困和留守状态中的孩子，能够感受到他的温暖，体验到对生命的爱。这份爱是如此真挚和纯粹！

在聆听这些感人的事迹后，我也开始反思自己的工作，意识到其中存在明显差距。然而，值得庆幸的是，自从踏入职场以来，我始终以自己的方式去关爱和呵护每一个幼小的心灵。二十年如一日，我始终向每一个孩子展现着真诚的微笑。

当他们犯错时，我会耐心地劝诫和开导他们；当他们郁闷愁苦时，我会送上安慰；在他们迷茫时，我会及时为他们拨云见日；当他们取得进步时，我会送上鼓励和肯定；在适当的教育时机里，我会带领他们见识这个世界的美好与博大，并为他们播下憧憬未来的种子……

教育无小事，在这些稀松平常的日子里，我播撒真诚、耐心和无条件的爱，如此，一如既往地呵护和唤醒更多的孩子。这是我作为一名教师的使命！

责任担当境界高

艰难困苦，玉汝于成。刘秀祥在经历了生活的种种磨难后，不仅奋发向上取得了初步成就，还积极地承担起更广泛的社会责任。他在望谟县15个乡镇的中小学进行巡回演讲，用自己的故事激励孩子们怀揣梦想，勇敢地追求自己的目标。后来有了名气后，他又受邀到黔西南的8个县、贵州省的9个市和山东省、云南省等地的大中小学开展巡回公益励志演讲1200多场，听众累计超过100万人次。通过分享个人经历，他让无数青少年理解了感恩、梦想、奋斗和贡献的重要性。他还利用自己的影响力，发起了乡村助学行动，吸引了超过1000名志愿者参与，成功为贫困学生筹集了超过1000万元的学费，从而改变了1800多名辍学儿童的命运。我惊叹，一个人的能量竟如此之大！

凭一己之力，他影响了祖国西南一方的教育，甚至改变了一方百姓的精神面貌！他坦言自己的目标就是在祖国大西南建立优质教育高地。听罢，我的内心感到无比震撼和触动，这就是一名教师的崇高使命。

联系自身，我或许没有如此宏伟的目标和理想，但作为诺亚的一员，在这个广阔而精彩的舞台上，我必将倍加珍惜和感激。在诺亚推动教育高质量发展的伟大征程中，我将不遗余力，不辱使命，用自己对教育的满腔热忱，以脚踏实地的实际行动，发挥自身优势，始终不渝地雕琢“教书育人”这一件事情，并努力做出自己的贡献。

相信生命终因奋斗和贡献而美好！

珍视美好的生活　相信信念的力量

——学习刘秀祥老师事迹心得体会

唐县启明高级中学　马玉梅

2023 年 4 月 12 日，刘秀祥老师上午为诺亚集团的老师们做报告，下午又为启明高中全体师生做报告。聆听报告过程中，我多次流下了感动的泪水，从中深受启发。

自强不息

刘秀祥老师说，他每天凌晨 2 点休息，早上 5 点起床。也就是说，他每天只有 3 个小时的休息时间。之所以如此，实为生活所迫，却也锻造了他非凡的适应能力。

在刘秀祥艰难的求学岁月里，学习任务异常繁重。为了确保学习效果不受影响，他不能占用学习的时间；为了维持家庭生活，他不得不利用学习之余的时间（通常是晚上 10 点或 11 点到早晨 5 点）去赚取生活费。如果他多睡 1 小时，次日很可能就没饭吃。长期的坚持，形成了他特有的作息时间。

刘秀祥坚韧不拔、自强不息的精神，让我为之赞叹，也让我反思自身。作为诺亚集团的一名工作人员，我要努力工作，不断提升自己的能力和素质。

方法总比困难多

刘秀祥老师在谈到他的劝学经历时说，为了防止孩子们辍学，他骑坏了 8 辆摩托车。当他发现劝回学校的学生再次辍学或家长在经济上无法支持孩子继续学业时，最初他用自己的钱进行资助，但很快发现个人能力有限，无法满足所有需求。于是，他开始向同事借钱来帮助学生。这导致他与同事的关系变得紧张，最终没有人愿意再借钱给他。为了能够帮助更多的孩子，他利用自己的优势，通过分享个人经历进行励志演讲。他说不收取任何报酬，只希望主办方资助他的两名学生。

刘秀祥的劝学经历告诉我们，要想做好一件事，方法总比困难多。因此，在工作中，不要动辄就讲困难，那只是一个人不想做的借口，只要想做，方法总比困难多。

相信信念的力量

刘秀祥从 4 岁丧父到 11 岁独自照顾身患疾病的母亲，再到带着母亲读高中、上大学，为母亲治病，这一路走来到底是什么力量在支撑着他坚持到底呢？是信念的力量。他一心想考上大学，他相信知识改变命运，他相信他能做到。正是这份信念，驱使他在第一次高考失利后，不屈不挠地寻找愿意接纳他的学校。在多次向校长求助未果的情况下，他做出了一个令人动容的举动——向校长下跪。如果没有这个信念做支撑，单凭生活的困难就能将其压倒。

我们每一位诺亚员工，都要有一份信念。作为老师，我相信，启明高中通过领导和教师团队的奋斗，一定会一天比一天好起来，在不久的将来一定会成为市域、省域内的一流品牌学校！

肩上有责　心中有爱

唐县启明中学　李天贞

近期，我们全体教师深入学习了优秀教师刘秀祥的先进事迹。通过学习，我的内心受到了强烈的触动，心灵得到了净化。

艰难困苦是砥砺成长的磨刀石。“伟大的背后都是艰难，成功的背后都是艰辛。”刘老师在年幼的时候失去了父亲，母亲患有精神病，哥哥、姐姐不堪重负，悄悄外出打工后便音讯全无。但刘老师并没有被生活压垮，而是勇敢地承担起了家庭的重担。在初中时，他在学校附近山坡上搭建了一个简陋的草棚作为栖身之所；到了高中，他一边背着生病的母亲上学，一边打零工，生活异常艰难。然而，他凭借不懈的努力，2008 年考入了山东临沂师范学院。如今，刘老师已经是贵州省黔西南州望谟县实验高级中学副校长。风雨可能会摧毁一棵树，也可能会滋养一棵树。工作和生活并不是一帆风顺的，我要以刘老师为榜样，心中有一股子气、一股子劲，怀揣改变现状、突破现状的愿望，敢于担当，迎难而上，做逆风中的“勇敢者”。

甘当红烛，照亮山乡，矢志不渝，扎根偏远山区的教育事业。2012 年，刘秀祥大学毕业，众多知名公司向他伸出了橄榄枝，其中一家北京的企业更是开出了高达 55 万元的年薪。然而，刘老师却选择回到家乡，成为一名乡村教师，他想为孩子们的未来播下希望的种子。刘老师将自己的全部奉献给了学生，事事为了学生，时时想着学生，一直践行着“一个都不能少”的铮铮誓言。我要学习刘老师数十年如一日的奉献坚守，在教育岗位上，不忘初心、牢记使命，增强责任感，在平凡的教学中把小事做好，并出色完成工作任务。我要把学生看成自己的孩子，要像爱自己的孩子一样真诚地爱他们，用积极的情绪去感染他们，叩开他们的心扉，激起他们感情的波澜。我要像慈母一样关心爱护每一个孩子，当孩子身体不适时，嘘寒问暖；当孩子有缺点时，不歧视、不挖苦、不嘲笑，常怀包容之心；当孩子有进步时，及时表扬，加以肯定和鼓励……

相信奋斗的力量，帮助孩子实现梦想、改变命运。刘老师从2012年回到望谟县，就牵头发起乡村助学行动，致力于帮助困难学生完成学业。过去，在深山之中，孩子们因各种原因而辍学的情况时有发生。刘老师不辞辛劳，深入村寨，劝说家长让孩子继续读书。尽管有时家长不理解，放狗驱赶他，但他始终没有放弃。他与家长斗智斗勇，有时甚至不得不“强行”将孩子带回学校，确保他们受到应有的教育。刘老师用自己的亲身经历向学生家长证明，无论多么艰难，都应支持孩子接受教育。在他的不懈努力下，已有1800多名孩子的命运得到了转变。我要学习他“千磨万击还坚劲，任尔东西南北风”的责任担当，面对困难和挑战时勇敢前行，将个人的人生目标与人民的教育事业紧密结合，成为一名不求名利、志向高远的乡村教师。现在的孩子，未来要挑起我们国家发展的大梁，如果教师缺乏深邃的思想、广阔的视野和高尚的境界，是无法帮助孩子承担起这些重任的。

心中有信仰，脚下才有力量。有信仰的人一定会发光。刘秀祥老师大学毕业后，毅然放弃高薪工作，回到望谟县成为一名教师。从此，他扎根家乡，坚定信仰，永做一束光。他深知要改变家乡的贫困现状，就必须先改变家乡人民的思想。因此，他坚持用自己的经历激励学生树立信心，并坚信知识能够改变他们的命运。从教十余年来，除了做好日常教学等工作外，他还到全国各地开展励志演讲，用自己的事迹激励更多人追逐梦想。我要学习他“安得广厦千万间，大庇天下寒士俱欢颜”的爱国情怀，始终“心怀国之大者”，努力增强“学高为师、身正为范、教书育人”的教师使命感，不断强化作为一名教师的责任心。

我深信，这次学习就像春风一样沁入我的心脾，对于我以后的教育生涯会有所启迪。作为一名从业二十多年的老教师，我会重新审视自己，多查找自己的不足，做到肩上有责、心中有爱、爱岗敬业、无私奉献，尽责尽职地完成每一项教学工作，不断挑战自己、超越自己。

带着一颗感恩的心教书育人

——听最美教师刘秀祥报告有感

唐县启明高级中学　王小婷

首先，感恩学校，感恩诺亚集团，给了我聆听刘秀祥老师报告的机会。刘秀祥老师，一位响彻中国大江南北的优秀教师，仅仅比我年长一岁，却经历了我无法想象的苦难：4 岁丧父，母亲精神失常，哥哥、姐姐相继离家。他独自一人带着生病的母亲，读完了初中、高中、大学。当他坦然地叙述过往的种种苦难时，我的内心除了感动，更多的是震撼。

我从他身上看到了决心的力量、坚持的意义。

是走出大山的决心，是让母亲过上好日子的恒心，是给更多的弟弟、妹妹读书机会的爱心，让他在一次次绝望中坚持下来。上初中的他，没钱租房，就与母亲在学校旁边的山坡上搭了一个棚子居住；没有经济来源，他就靠捡废品、打零工、卖报纸来维持生活。走出大山的决心，让他战胜了这些困难。当考上大学的那一刻，面对 3000 多元的学费，他手中仅有 60 元。为了筹集学费，他前往一家铁矿车间，主动要求加班，每天工作长达 18 个小时。尽管当时的他体重只有 80 多斤，正是这份坚持上大学的决心，让他在开学前挣够了前往山东的路费。大学期间，他一边上学，一边照顾母亲，一边打工。虽然学校和社会各界给予他们母子多方面的关注和帮助，但他拒绝了这些帮助。他说："一个人的困难和挫折不是你向社会索取的资本，人活着要活得让人可亲可佩可敬，而不是可怜。"他读书的恒心并没有因为生活的困难而改变。大学毕业后，他有很多机会留在大城市，但是他毅然决然地选择重回大山。因为他决心帮助和他一样出生在大山里的弟弟、妹妹，想让他们跟自己一样通过读书改变命运。其中一个妹妹曾说过："刘老师对我的影响很大，每当我找不到方向、遇到困难时，就会想起刘老师说的话，永远不要放弃自己，坚持就会成功。"他这样激励着自己，也这样激励着无数的弟弟妹妹。

正是他的决心和坚持改变了自己，也改变了大山里弟弟、妹妹们的命运。听完他的故事，同样作为一名教师，面对自己的学生，我觉得现在最该做的就是让他们找到自己的梦想以及为之奋斗的决心。

除了坚持，我从他身上看到更多的是他的感恩。

他用实际行动感恩母亲，自己走到哪儿就把母亲带到哪儿。曾为了让母亲在大年三十吃上一顿肉，他不顾道路的艰难险阻，骑着一辆借来的自行车回家拿地租。但是由于长时间高强度工作，加上营养不良，他晕倒在半路。当他大年初二回到母亲身边时，他遗憾的不是自己的身体，而是没能让母亲在年三十吃上一顿肉。他懂得感恩社会，回报家乡。大学毕业，他毫不犹豫地放弃了留在大城市的机会，选择回到家乡，回到大山。他回想自己的求学经历，始终不忘社会给予他的帮助和关心，他想用自己走过的路来唤醒家乡孩子们心中的梦想。他不仅对家乡的孩子给予帮助，还发起乡村助学行动，一直牵线全国爱心人士和企业进行"一对一"资助，帮助困难学生完成学业。他虽然只是一位普通的教师、一位平凡的青年，但是他用自己的经历和言行去感化、激励身边更多的人，让他们懂得感恩父母、感恩社会、感恩国家。他是青年人的代表，是师生学习的榜样，是新时代的楷模。

作为一名教育工作者，我从他身上感受到了平凡与伟大。我深感有必要借助他的经历和我自己的经历，去唤醒迷茫的孩子，教他们立心、立身、立志、立行。我们自己也应该学会感恩，用自己的行动去感恩学校。同时，我们还应教会学生感恩，感恩生在华夏，感恩父母的养育，感恩老师的指引，感恩周围人的帮助，真正地做到立德树人。当然，作为一名教师，我们最应该做到的是胸中有书、目中有人，要有思想、有格局、有境界，成为学生求学路上的引路人，认识到教育不在当下，而在未来。

总之，此次报告让我受益颇多，若有机会，我愿再听刘秀祥老师做一次精彩的报告。

学习刘秀祥　争做刘秀祥

唐县启明中学　陈云娜

“刘秀祥”这个名字，原本对我来说很陌生，直到今年的“中考百日誓师”大会上，我首次听董事长提及。自那以后，我开始关注这位优秀的年轻教育家。

在翻阅了大量关于刘秀祥的资料后，我深刻认识到刘老师所经历的不易，然而他却展现出了非凡的优秀品质。他曾是山沟沟里的一棵草，现在是家乡的一块宝；他曾是背母求学的好男儿，现在是知恩图报的好青年；他曾是读书渡己的典范，如今是教书育人的楷模。

刘秀祥老师，您是一位好老师，更是一位优秀的教育家，您是中国所有师生励志成长的好榜样。

只有做了，改变才会发生

“只有做了，改变才会发生。”这句话是刘秀祥老师说的，也是我在学习刘老师相关资料时感触最深的一句话。是啊，无论什么人、什么事，如果只空想，不行动，那么改变将永远不会发生。

在几天前的一堂语文早读课上，我注意到一名学生萌生了辍学的想法。经过深入了解，我终于找到了根源——他觉得读书无用，想挣钱。我随即与他的家长取得了联系，并再三叮嘱其家长回去后一定要让他去工地搬砖，因为这是他的“理想”。家长很配合我的工作，就这样，孩子共回去了三天半，但是却只干了半天搬砖的活儿就不干了。返校后我问他原因，他说：“太累了，而且挣钱很少，还是读书好。今后我一定好好读书，长大后干更好的工作。”这件事对其他同学也产生了积极的影响。

现在，该同学在校各方面的表现都很积极向上，学习态度发生了彻底的改变，甚至取得了优异的成绩。我相信在他的不断努力下，他会成为我们班的“刘秀祥”。

因为“只有做了，改变才会发生”。

我将把这句话作为我们班的座右铭，张贴于教室最显眼的位置，让它激励班里的每一位学子去实践，让改变不断发生。

8年，改变1800多位学子的命运

刘秀祥不仅用自己顽强的毅力和执着的精神改变了自己的命运，而且在他毕业回乡后用仅仅8年的时间就改变了1800多位贫困学子的命运。得知这一事迹，我深感震撼。8年时间虽不漫长，但他却在这期间改变了如此众多学子的命运。数字的背后，是无尽的付出和艰辛。然而，他始终坚守着自己的信念。

一心为他人，无怨无悔。刘老师，您是超人，是我心中的榜样！

相比之下，同为人师的我，是何等惭愧。我的教龄比您长，可我的付出和您的相比只是九牛一毛。虽然我在漫长的教学生涯中一直以来也很关注每个学生的成长，虽然也改变了几个学生，但是和“1800”这个庞大的数字相比，简直不值一提。

刘秀祥，您是我教学之路上的指明灯，从今以后我定以您为榜样，追光而行，做一名像您一样优秀的教师！

坚守初心铸师魂　真诚无声育桃李

——学习刘秀祥老师事迹有感

唐县六一小学　庞建昆

德国存在主义哲学家雅斯贝尔斯曾说：“教育的本质是：一棵树摇动另一棵树，一朵云推动另一朵云，一个灵魂唤醒另一个灵魂。”而刘秀祥老师就是这样的一棵树、一朵云、一个灵魂。

我们永远不知道明天和意外究竟哪个先到来。刘秀祥本来生活在一个幸福的家庭，安稳的日子却被意外打破了。父亲突然离世，母亲精神失常，外出打工的哥哥姐姐再也没有回来，他不得不一人承担起这个家庭的责任，去哪里上学就把母亲背到哪里。不过令人欣慰的是，这位孝子最终如愿考上了大学。毕业后，面对光明的前途和丰厚的薪水，他却下定决心回到家乡当一名农村教师。他想通过自己的经历，唤醒孩子们内心对读书、对奋斗的坚持，用知识改变他们的命运。

天行健，君子以自强不息；地势坤，君子以厚德载物。同为教师的我，对刘老师那颗致力于教育事业的心深感敬佩。他以教育的初心、责任和担当，阐释了一名教育工作者的敬业精神。正是这种强烈的责任感，赋予了教师对教育事业的无限热情和深沉热爱，将责任与爱心根植于教育之中，使得教育工作变得非凡。

“一个人的命运可以改变很多人的命运，一个人的幸福可以换来很多人的幸福。”自幼，我的梦想便是长大后能成为一名教师。大学毕业后，我如愿以偿地成了一名数学老师，并拥有了自己的学生。每天的工作都让我感到充实，一群孩子围绕在我身边，一声声“老师”让我深刻感受到肩负的责任。看到学生们在掌握知识后展露的微笑，我总是感到欣慰，并且内心深处充满了实现梦想的幸福感。小学教育是一个人最基础的教育，对于一个人的成长至关重要。作为一名培育祖国花朵的园丁，我深知孩子们从小树立梦想的重要性。我鼓励孩子们埋下梦想的种子，努力读书，唤起他们内心对知识的渴望和对梦想的坚持，促使他们行动起来，让梦想发芽、结果。我随时站在学生的身后，在孩子需要时，给孩子一个拥抱、一句安慰、一份助力梦想成真的力量。

春风化雨十余载，情洒教坛不言悔。我一直没有后悔成为一名教师，尽管有时候嗓子哑得都说不出话，有时被班里的小调皮气得跳脚，有时需要当"法官""裁判"……但我仍然没有后悔自己当初的选择，因为我深深地知道，教师这两个字所承担的使命是多么重大。在今后的教育生涯中，我也会尽心尽力，保持初心，成为孩子们心中的一道光，照亮孩子们前进的路。

坚守初心铸师魂，真诚无声育桃李！教育工作任重道远，在教育的道路上，我要紧跟刘老师的步伐，在自己喜欢的教育热土上尽情挥洒热血和青春。

付出才有回报　奋斗才能成功

唐县启明高级中学　黄　杰

我来到这个世界已经50多年了，经历了无数的风雨和波折，也逐渐领悟到了生活的艰辛和一些人生的真谛。然而，在聆听了刘秀祥老师的演讲之后，我依然感到震撼，心灵受到了深深的触动。

刘老师出生于1988年，而我则在1989年迈入大学校园，从年龄上来看，我们几乎相差一代人。2008年，刘老师带着母亲前往山东继续他的学业，而我那时在县城的一所私立高中负责高考补习班的教学工作。那时，我也曾听说过刘老师的一些事迹，对他的孝心深感敬佩，并且感慨竟还有人过着如此艰难的日子。

现在，再回首，看看刘老师和我一起走过的这15年，不得不说：苦难是人生最好的老师，奋斗是人生永远的主题！自童年起，刘老师便饱受苦难的磨砺，每一步都走得异常艰难。在人生的每一个关键时刻，他都咬紧牙关，坚持了下来，做出了如今看来毫无遗憾的抉择。刘老师在他人生的前三十年里，经历了同龄人甚至是我们这一代人未曾遭遇的挑战，甚至是一些人一生都未曾经历的苦难。正是这些经历，铸就了他的财富，使他拥有了自己的事业、自己的荣耀，以及自己向往的生活。我们常说，不经历风雨，怎能见彩虹？但只有真正经历过风雨的人，才能深刻体会到彩虹的珍贵，也只有这样的人，才真正有资格享受彩虹的绚烂。

在我国教育界，目前存在两种截然不同的观点：一是主张“不能让孩子输在起跑线上”，认为家长应全力以赴满足孩子的一切需求；二是提倡“快乐教育”，鼓励孩子们在快乐中学习、成长。然而，当我们冷静反思时，不禁要问：为何现在叛逆的学生日益增多？为何感恩家长的孩子越来越少？或许是因为家长给予的太多，孩子们得到的太容易。同时，我们也不难发现，越来越多的老师感叹学生难以管教，愿意当班主任的老师越来越少，而“佛系”老师却越来越多。这可能是因为学生获得的学习机会过于轻松，知识在他们眼中变得过于廉价。同样，我们还发现现在的学生抗挫折能力越来越差，一有个头疼脑热，就吵着要回家；不小心摔了一跤，就哭着要找妈；考试成绩不理想了，哭得稀里哗啦，寻死觅活的也屡见不鲜。所有这一切都说明，现在的学生生活得太安逸了，经历的生活磨难太少了。自强不息、坚韧不拔、拼搏奋斗等这些优良的品质在温室里是培养不出来的，只能在体力劳动中、生活的磨砺中慢慢形成。求学从来不是快乐的。苦难会使人痛苦，但是也会使人成长，使人坚强，使人珍惜所拥有的一切，使人拼搏向上！生活的磨难是最好的老师，刘老师的人生经历就是最好的证明！

宝剑锋从磨砺出，梅花香自苦寒来。付出才有回报，奋斗才能成功！

榜样力量

——学习刘秀祥老师事迹有感

唐县启明中学　田玉凤

有人曾说："播下一种思想，收获一种行为；播下一种行为，收获一种性格。"我想说的是，播下一种榜样，收获奋斗的目标。刘秀祥老师正是这样一个榜样，他凭借自己的勤奋努力和坚持不懈的奋斗精神，荣获全国"最美教师"称号，展现了中国人的风采，值得我们学习，值得我们敬仰！

"百善孝为先"，孝顺是中华民族的优秀传统美德。刘秀祥身体力行地诠释了"孝"的真谛。刘秀祥 4 岁时父亲因病去世，母亲患上精神疾病，姐姐、哥哥相继离家，他一边学习一边照顾母亲。从 10 岁到 20 岁，从初中到大学，从贵州望谟到山东临沂……10 年时间，刘秀祥老师一边艰难求学，一边不离不弃地照顾母亲。他千里背母上大学的事迹感动了无数人，并被媒体广泛报道。作为一名教育工作者，我们要用言行去感染、教育学生。我们学校将德育工作置于首位，每逢假期都会布置亲情作业，如帮助家长做家务、为父母洗脚或洗头、在母亲节给母亲一个拥抱等，引导学生学会感恩父母。许多家长反馈："孩子在你们学校就读后，不仅学业成绩提升了，而且变得更加懂事了。"这些简单的话语，就是对我们工作的最大肯定。在以后的工作中，我们将继续选取榜样来激发学生学习的内驱力。

"当你抱怨没有鞋穿的时候，回头一看，发现别人竟然没有脚。"这是刘秀祥老师曾经说过的话。高考前一周，刘秀祥老师不幸病倒，这场病导致他在考试中发挥失常，最终以 6 分之差与大学失之交臂。落榜的打击几乎让他一蹶不振，但他用这句话激励自己。经过多方努力，他选择复读，并最终成功考入山东临沂师范学院。我要学习刘秀祥老师面对困难和挫折时的百折不挠的精神，不向困难低头，与困难做斗争。如今，我们的生活条件比刘秀祥老师那时不知道好多少倍，但是许多人因为一些困难，就放弃自己的学业甚至生命。作为一名教师，我们应言传身教，用榜样的力量去激励学生，以阳光的生活态度去感染学生，教学生以乐观的态度面对生活中的困难。

刘秀祥老师在大学毕业后毅然决然地选择了教育事业，将自己的全部精力都奉献给了学生。他因此成了党的二十大代表、全国“最美教师”、中国青年五四奖章获得者……作为一名教师，我深感应当向刘秀祥老师学习，事事为了学生，时时想着学生，不仅在学习上帮助学生，还要在生活上给予学生无微不至的关心，在平凡的工作中做出不平凡的贡献。“永远不要放弃自己，坚持就会成功。”刘秀祥老师这样说道。我觉得永远不要放弃每一位学生，只要能让学生发生改变，所有的努力都是值得的。

刘秀祥老师，一位平凡青年，用言行和经历激励身边的人，感恩父母、感恩社会、感恩国家。他用青春铸就了师魂，用奋斗诠释了榜样的力量，他是新时代的楷模，是当代人学习的榜样！

榜样的力量

唐县启明中学　邱晓璇

他是背母求学的好男儿、知恩图报的好学子、教书育人的好老师、励志成长的好榜样、公益助学的有心人。刘秀祥老师的事迹让我深受感动，他不仅触动了我的心灵，更是我学习的榜样。

自古英雄多磨难，从来纨绔少伟男。命运的捉弄、生活的苦难、残酷的现实，都没有磨灭他求学的坚强意志。他说："一个人的困难和挫折，不是你向他人或社会索取的资本，人活着要活得让人可亲、可佩、可敬，而不是可怜。"人不可有傲气，但不可无傲骨。最终，刘秀祥以优异的成绩考上了山东临沂师范学院，这是他苦难人生的最好慰藉。

学业有成的刘秀祥没有被大企业抛出的橄榄枝所诱惑，而是回到家乡，成为一名普通的中学教师。他言传身教，以真诚善良的心灵、刚毅顽强的品格赢得了学生们的拥护和爱戴。他在教坛默默耕耘，收获累累硕果。他说："在我教书的过程中，我一直都告诉自己，一个都不能放弃，一直都不能放弃，要让大家相信奋斗的力量。"

以前我总以为世界是美好的，每个人的生活都是幸福快乐的，可是了解了刘秀祥的人生才发现，并不是每个人的人生都是一帆风顺的，并不是每个人的父母都福寿安康，也并不是每个人的成长环境都充满阳光。刘秀祥在如此艰难的环境中都能教出一批批优秀的学生，我们在如此优越的环境中，又有什么理由不努力呢？

我们在工作中更要脚踏实地、乐于奉献，在本职岗位上做出自己的努力，怀着强烈的事业心和责任感去完成每一项工作任务。

当我们抱怨学生不听话时，当我们抱怨学生成绩不好时，当我们抱怨学生不聪明时，想一想刘秀祥的经历吧。我们现在的学习环境、教学条件与刘秀祥那时候相比，简直好太多了。我们不需要面对大量的辍学生，我们不需要面对交不起学费的学生，我们不用天天家访，可以把大量的时间用在钻研教学上，我们又有什么理由不努力教学呢？在如此优越的教学环境中，我们可以真正做到脸上有笑、眼中有光、心中有爱、肩上有责。

刘秀祥在 8 年的时间里，帮助 1800 多名学生重返校园，他用自己的仁爱之心唤醒了学生对学习的信心。虽然过程无比艰难，他却毫不松懈，从未放弃。我们虽然不用像刘秀祥那样多年如一日地家访，但是，我们对学生的仁爱之心不能缺失。

我们关爱学生，首先就要热爱教育事业。我们既然选择了教育，就要对自己的选择无怨无悔。在教育教学过程中，我们要不断丰富自身的学识，努力提高自身能力、业务水平，严守职业道德，有高度的事业心、责任心，爱岗敬业。

我们关爱学生，就要尊重和呵护他们。每一位学生都渴望得到老师的爱，我们要重视对每个孩子的全面发展和良好习惯的培养，与每一个学生建立平等、和谐、融洽、相互尊重的关系，关心、呵护每一个学生。

我们关爱学生，就要做学生的支持者、合作者、引导者。我们要以关怀、接纳、尊重的态度与学生交往，把握时机，做学生的引导者。只有不断更新自己的知识、提高自身的素质、完善自己的教学策略，才能带好学生。这要求我们不断听取他人的意见，学习他人的方法与技能，并且不断学习、积极学习、终身学习，不断探索新教法。

关爱学生就要以身作则。教师的一言一行，都可能对学生的成长产生长远的影响。比如，我现在的讲课习惯、用语和手势，很多都是从我初中语文老师那里学来的。她喜欢用手指轻敲黑板，我也养成了这个习惯；她喜欢站在讲台下授课，我也效仿了这一点；她书写板书时偏好使用双色笔，我也培养了相同的喜好，甚至在书写时，我也在模仿她的风格。因此，教师必须时刻为学生树立榜样，要求学生做到的，自己首先要做到，行动比言语更有说服力。关爱学生不仅仅是口头上的承诺，我们需要将其落实到日常生活中。为人师表、以身作则、循循善诱、诲人不倦、躬身实践……我们必须身体力行，照亮他们的前行之路。

刘秀祥的故事深深地触动了我，宛如春雨般滋润了我的心灵。他的坚强意志、铮铮傲骨、知恩图报、仁爱之心，都是我们前行的灯塔。

小小的人　大大的肩

唐县启明中学　刘文倩

刘秀祥，这三个字在我的记忆中不断回响。最初，我仅从学校下发的文件中对他有所了解，随后按照任务要求阅读了相关文档，觉得这个人很厉害，有着各种各样的标签："背母求学的好男儿""知恩图报的好学子""教书育人的好老师""励志成长的好榜样"……他是一位坚强、勤奋、充满责任感的优秀教师。然而，我的感受仅限于此，甚至对文件中的一些内容抱有怀疑。例如，文件中提到刘秀祥在最忙碌的时期，同时担任三个班级的班主任和五个班级的历史老师，同时还兼任德育处主任、年级部主任、团委副书记和历史教研组长等多重职务。一个人真的能够同时承担这么多工作吗？这些疑问在我阅读了《坚信奋斗的力量》之后得到了解答，原来确实有人能够做到这一切。

这本书给我留下深刻印象的是幼年时期的刘秀祥。他从小就展现出对学习的热爱、对知识的钻研、对问题的深入思考以及勤劳刻苦的品质。特别是当父亲去世、母亲生病时，年幼的他便承担起了成年人的责任。他坚信只有通过读书才能改变命运。然而，在沉重的生活压力下，他如何在照顾生病的母亲的同时维持家庭生计？如果换作是我，可能早已手足无措。但刘秀祥却出人意料地制定了未来两年的家庭生产发展规划：他计划在父亲开垦的五亩土地上，春季种植玉米，秋季种植小麦；在两亩自留地上种植辣椒……他的规划既合理又有序。为了确保经济来源，同时不耽误学习，他决定出租大部分田地，只保留一小块菜地。出租田地可以确保稳定的收入，减轻自己的劳动负担，留出时间来学习；保留菜地既可以为他和母亲提供食物，也可以通过出售部分蔬菜来赚取生活费，考虑得非常周到。在种植蔬菜和养殖小鸡的过程中，他都不是盲目行事。种植前，他会查阅相关书籍，将理论知识与实践相结合，改变传统的种植模式；养殖小鸡时，他甚至建造了“新家”，制订了详细的喂养计划，并通过卖鸡蛋来增加收入……他的做法既有序又富有创新精神。此外，他还将自己的想法和经验毫无保留地分享给村民们。难以置信，这些想法和行动出自一个孩子之手。他的所作所为已经让我感到震惊，但这仅仅是他的冰山一角。

他的每次升学都是一段充满挑战的旅程。因为他不得不带着母亲长途跋涉，寻找新的住处，开始新的生活。然而，无论走到哪里，他都依靠自己的努力，从无到有，一步步实现自己的梦想。他租住简易棚屋，捡拾废品，利用假期做临时工，为了复读和求学四处奔波。每一次面对困境，他都能将其转化为奇迹。即便居住条件简陋，他也会保持环境的整洁与有序；即便是看似微不足道的捡废品，他也会深思熟虑，考虑最佳的捡拾时间、地点以及垃圾分类，从而赚取比其他人更多的收入。他还懂得如何与人相处，与同行建立良好的关系，互相帮助。小小年纪的他，已经能够将每一件事情做到极致。

让我动容的，还有他对读书的执着。他坚信只有读书才有机会改变命运。尽管在初中入学考试中取得了优异的成绩，他却因学费不足而在望谟县城四处寻找能够免费就读的学校；升入高中后，为了支付学费，他不惜从事建筑工作，尽管过程中遭遇重重困难，他依然坚持不懈；高考失利时，他虽一度动摇，但很快便因自己的软弱而感到羞愧，随后重新振作，再次为了学费而四处奔波，联系学校。他的坚定意志无疑是他克服重重障碍的关键。与此同时，他不仅自己坚持读书，还在自己的“求学之旅”中不断鼓励其他人——包括和他一样以捡废品为生的小飞、小贵、小梅等人。他的坚定信念也改变了他们的命运。

我也相信只有读书才能改变命运，同时也庆幸自己一直在坚持读书。记得小时候，成绩不佳的哥哥向父亲提出辍学，父亲同意了。我也向父亲表达了同样的想法，却未料到他勃然大怒，不仅严厉斥责我，还将我锁在家中。一直到我承诺继续上学，他才打开门锁。那天，我擦干眼泪，独自步行去学校，而后那件事再未被提起。现在想来，读书未必是为了挣大钱，但可以改变命运。通过读书，可以让人增长见识、开阔眼界，也可以让人有更多选择的机会，对贫困人家的孩子来说更是如此。

少年时期的刘秀祥经历了种种磨难，这些经历塑造了今天的刘秀祥。正如古语所言："故天将降大任于是人也，必先苦其心志，劳其筋骨，饿其体肤，空乏其身，行拂乱其所为，所以动心忍性，增益其所不能。"以前对于这句话只有抽象的认知，现在再读这句话，就会发现，这不就是刘秀祥的真实写照吗？至此，再回过头来看作为教师的刘秀祥的成就，我已不再奇怪。他毅然决然地放弃了待遇优厚的工作，选择回到家乡担任教师；他全心全意地投入教育事业，用自己的亲身经历激励他人；他不辞辛劳地进行家访，为每位学生建立了详尽的档案；他积极联系社会各界爱心人士，助力越来越多的孩子重返校园。在教育理念上，他目光长远，对于那些成绩落后的班级——"放羊班"，他从未放弃，而是深入分析每个学生的具体情况，并采取有针对性的教育方法。他以最大的真诚和善意，春风化雨般地引导他们，最终这些学生取得了令人瞩目的成绩。这不正是我们该学习的吗？

初为人师，我满怀信心，可是学生的成绩却令我丧失信心，让我一次又一次地不知所措。我甚至考虑过放弃一些学生，或者在关注一部分学生的同时，无意中忽视了其他学生。有时，某个学生一旦有所进步，我便放松了对他的关注，结果导致他的成绩再次下滑。这种反复的挫败感让我感到极度疲惫。现在回想起来，我意识到自己做得远远不够。刘秀祥用自己的经历向我们证明，教育不仅仅要关注成绩。每当我们遇到问题时，换一个角度思考会更有效。如果学生不专心听课，我们就应该让课堂变得更加有趣；如果学生成绩不佳，我们就应该寻找并表扬他们的其他优点。面对问题，我们应该积极寻找解决办法，坚信奋斗的力量，相信只有不懈地努力才能带来收获。无论是对自己还是对学生，这一点都同样适用。

一位教师，不仅眼里要装下星辰大海，心中更要装下日月江河。因为，教育是一棵树摇动另一棵树，一朵云推动另一朵云，一个灵魂唤醒另一个灵魂……我深为书中的这句话所打动。

秀祥精神，照我前行

唐县启明中学　李玉德

生活本来很平凡，有的人却在平凡的生活中创造了伟大。贵州省望谟县的刘秀祥便是一个在生活中创造伟大的人。他用坚强的意志和顽强不屈的精神改变了自己的命运，用亲身经历教育着一代代年轻人，成为青年学生励志的榜样！

孝行感天下，真情暖人心

“慈母手中线，游子身上衣。临行密密缝，意恐迟迟归。谁言寸草心，报得三春晖。”这是唐代诗人孟郊的名作。诗中流露出的深沉情感，展现了“母慈子孝”的温馨场景，触动人心。“孝”是中华民族的传统美德，“中国之道以孝为先，为君子者必懂孝”。

2008年，《刘秀祥千里背母求学》的报道感动了无数中国人。父亲早逝，母亲因无法承受这一沉重打击患上了间歇性精神病，失去了自理能力。每当母亲发病，刘秀祥总是默默忍受。如果母亲把家里弄得一片狼藉，他便耐心地等待母亲平静下来后再进行清理。对于因此受到影响的邻居，他总是亲自上门道歉。刘秀祥的生活从此变成三点一线：早晨5点起床给母亲准备早饭，料理好母亲后再踏上求学之路，下午放学后先回家匆匆做饭，再出门完成工地工作……回家已经是深夜。

当他拿到梦寐以求的大学录取通知书，看着需要他照顾的母亲时，他做出了一个惊人的决定——千里背母上大学。面对记者的镜头，他说：“虽然她不能像其他母亲一样照顾我长大，但她给了我一个家。有家在，有母亲在，我做的一切都值得。”

“用天之道，分地之利，谨身节用，以养父母，此庶人之孝也。”孝在“色难”。刘秀祥用实际行动践行了中华民族传统美德，这源于他高尚的品德，源于他对母亲发自内心的深爱。

自强改命运，拼搏展精神

“天行健，君子以自强不息。”这句话寓意着宇宙的持续运转，激励人们应像大地一样，永无止境地追求进步。“若非一番寒彻骨，哪得梅花扑鼻香。”这表明，只有经历严寒的考验，梅花才能散发出迷人的芬芳。正是这种拼搏奋斗的精神，使得一个平凡之人能够脱颖而出，成为一颗璀璨的明星。

自古以来，逆境多出人才。个人成就的获得和事业的成功，都与拼搏奋斗的精神密不可分。“文王拘而演《周易》，仲尼厄而作《春秋》，屈原放逐乃赋《离骚》……‘诗三百’大抵贤圣发愤之所作也。”

刘秀祥便是从逆境中成长的少年。幼年丧父，母亲精神失常，哥哥、姐姐离家出走……刘秀祥为支撑家庭只能扛钢筋、捡废品、发传单……他遍尝种种生活辛酸，但绝不放弃求学。为凑足到山东临沂上大学的费用，他到工地打工，每天工作 18 个小时。是什么样的意志让他做到了这一切，使他完成了从贫困少年到实验中学副校长的华丽转身？他靠自己的信念和意志改变了命运，创造了奇迹！

知识的力量究竟有多大？为何它成为古往今来无数读书人孜孜不倦的追求？古有囊萤映雪、悬梁刺股、凿壁偷光以及欧阳修断齑画粥、宋濂借书抄书的故事，今有刘秀祥背母上学、下跪求学的感人事迹……刘秀祥不屈服命运、自强不息的精神感动了 14 亿中国人，为我们提供了力量的源泉！

汲取力量，砥砺前行

今天，我有幸听了刘秀祥老师所做的个人事迹报告。报告内容让我感触颇深！花经寒霜方艳丽，蝶经蜕变能飞翔。在人类社会发展中，大到民族复兴，小到个人进步，处处都需要自强不息的精神。作为教育工作者，我们更懂得知识改变命运、教育兴国安邦的道理。我们要努力充实自己的知识储备，提升自己的教学水平，不惧教学工作中的困难挫折。“长风破浪会有时，直挂云帆济沧海。”秀祥精神，感动了中国；秀祥精神，照我前行！让我们从刘秀祥身上汲取精神的力量，努力奋斗，丰盈人生吧！

榜样如光，照亮前路

——听刘秀祥报告会心得

唐县六一小学　范琳琳

4 月 12 日，是一个平凡的日子，也是一个不平凡的日子，因为这一天，全国“最美教师”刘秀祥不远千里来到了我们诺亚集团，来到了我们六一小学。我怀着无比激动的心情踏入报告厅，一看见刘秀祥老师的面容，便心潮澎湃。聆听刘老师的报告，对我而言，是一次心灵与精神的双重洗礼，其中我数次感动得热泪盈眶。

记得在我上学时就听说过“背母上学”的故事，它对我影响很大，激励我努力学习。现在，再来看刘秀祥老师的故事，我从始至终都被震撼着、感动着。我看到了他崇高的人生追求、高尚的师德情操、无私的奉献精神。他的精神如同一束光，照亮了我未来的职业道路。

润物无声，正能量感染师生。越是偏僻贫穷的地方，越需要优质的教育，也越需要优秀的老师。从农村走出来的刘秀祥对此感同身受。刘秀祥说，阻断贫困代际相传，核心就是教育。如果一个贫困地区的孩子能够通过读书走出大山，那他的命运就会不一样。

我所在的学校，大部分学生来自农村。正如董事长王建刚所言：“我们做的教育是在满足老百姓的教育需要。”作为一线教师，面对这些农村的孩子，我们可能会改变他们的生活和命运。老师的工作是特殊的，它不仅仅是一份职业，更是一份责任！

除了这份责任，我们也需要像刘秀祥老师一样，做一个温暖的人、有爱心的人。整场报告中，有一件事让我印象深刻：杨通鸿和刘秀祥在一次查寝时，发现一名学生不在寝室。他们立即在校园内四处寻找，最终找到了那名学生。刘秀祥并没有立即责备学生，而是先为学生披上了棉衣，开口第一句话是："天气冷，先穿上衣服！""这样的方式瞬间拉近了他和学生的距离，在我看来，这才是教育。"杨通鸿说。成风化人，润物无声。刘秀祥用自己的一举一动影响着老师和学生。在教学过程中，刘秀祥极力反对"以分数论英雄"。他认为，教育最根本的是树人，要把立德树人放在首位，而不是"立分树人"。他还强调要通过正确的引导，为学生树立正确的价值观。

正如王董事长经常告诫我们的那样："做有温度的教育。"我们所面对的是一群充满活力的生命，每个孩子都有其独特的亮点。即便是那些调皮的学生，虽然常常让教师们感到头疼，但他们不羁的外表下隐藏着许多值得赞赏的品质。我们应该更多地关注他们，发掘他们的优点，并通过感化、鼓励和赏识，引导他们展现出不同的自我，用爱去影响他们。我们必须相信，爱的力量是无穷的。

"相信奋斗的力量"，刘秀祥老师铿锵有力地说出这几个字的时候，我心里总会涌起一股莫名的勇气和信念。在那样艰苦的环境下，刘老师都能够坚持不懈，凭着自己坚强的毅力走到今天，我自己生活在幸福的家庭里，难道不能向他学习，学习他面对困难永不屈服的精神吗？我想，我一定也能做到！

除了刘秀祥，我们周围也不乏榜样。王董事长那博爱的情怀和对教育事业的不懈追求，同样时刻激励着我，激励着我们每一位诺亚人奋勇前行。

通过本次的潜心学习，我更深刻地理解了"身在其位，必谋其职"的含义。作为教育战线上的工作者，我的所作所为无不关系着每个学生的成长和前途，无不牵系着每个家庭的期望和幸福。工作一时一刻也不能懈怠，一分一秒也不应该退缩。面对一双双期待的眼睛、一朵朵绽放的蓓蕾，我怎能停下脚步呢？再苦再累，我也不能放弃，我要向着自己的梦想，一路向前！

用心教育、用爱教学，做一名有教育情怀的教师

——听刘秀祥事迹报告心得体会

唐县六一小学　赵玉茹

在聆听刘秀祥校长的先进事迹报告会之后，我被他那充满爱心和教育热忱的事迹深深感动和鼓舞。他是一位既平凡又非凡的教师，他用青春塑造了教师的灵魂，用不懈的奋斗彰显了榜样的力量。他不仅是教师的杰出代表，也是全体师生学习的典范，更是新时代的楷模。

当刘秀祥校长讲述他曾经同时担任三个班的班主任、五个班的历史老师，并且还兼任德育处主任、年级部主任、团委副书记和历史教研组组长等多项职务时，我不禁对他那勤勉尽责、不辞辛劳的精神感到深深的敬意。反思自己，我有时还会因为一些工作上的琐事而产生小情绪。相比之下，我感到非常惭愧。

刘秀祥校长提到，为了鼓励学生重返校园，他将家访作为工作的重要组成部分。从遭遇路途颠簸导致翻车受伤、被他人误放的狗咬伤，到经历塌方时村民伸出援手、家访时全村人热情接待的显著转变，那一刻，我相信刘秀祥校长肯定感到自己的所有付出都是值得的。从教 8 年来，他访遍了望谟县 160 多个村子、2000 多人次，成功劝说 48 名辍学并在工地打工的孩子重返校园，并助力他们考入大学。在这一过程中，他始终未曾放弃。听闻这些，我对他那不屈不挠的精神深感敬佩。

刘秀祥校长不仅在学习上给予学生指导，生活上也对学生无微不至。尽管他的收入不太高，但他把大半工资都花在了学生身上，让所有学生都感受到了家庭般的温暖。他用心对待每一位学生，希望学生建立对他的信任，有

任何事情都能第一时间向他求助。听闻这些，我深受感动，对他的用心感到敬佩。

他的这种敬业，他的这种执着，他的这种用心，让他成为学生眼中的超人，成为学生们的依靠。这些都源于他用心教育、用爱教学。

深思之后，我反观自己，感觉自己的格局是那么的渺小。记得上学期在线课程期间，长时间盯着屏幕批改作业让我变得不耐烦，看到学生凌乱、潦草的字迹更是让我心烦意乱。在这样的状态下，我误解了一位性格内向但逐渐进步、努力向上的学生。我错误地认为他抄袭了另一名学生的作业，将别人的作业图片当作自己的提交。孩子委屈的哭泣声让我突然意识到自己可能犯了错误。经过仔细对比，我发现作业虽然相似度很高，但并非同一份。尽管我后来亲自向孩子道歉，但在随后的在线课程中，他学习的积极性似乎再也没有以前那么高了。我的疏忽伤害了他努力进取的决心。我竟然没有耐心去仔细核实真相，就草率地在群里公布了。每当回想起孩子电话那头的哭泣声，我的内心便充满了愧疚。

自此以后，我始终将这件事铭记于心，把它作为敲响我工作态度的警钟。为了弥补自己的过失，无论是在课堂上还是课堂外，我都努力关注每一名学生，尤其是那名在网课期间被我误解的学生。慢慢地，我注意到这名学生变得越来越开朗、越来越自信，我也开始慢慢释怀。

学习了刘秀祥校长的感人事迹后，我深刻认识到，在教学过程中不用心、工作时耍脾气、面对学生调皮时表现不耐烦……这些都不应是教师应有的态度。董事长为我们创造了如此优越的工作环境，提供了丰厚的待遇，并以诺亚大爱精神引导我们，我还有什么理由不更加努力工作、全心投入教学呢？受到刘秀祥校长的激励，以及董事长为我们搭建的平台的支持，我将在未来的教学工作中开阔自己的视野，真正实现用心教育、用爱教学，努力成为一名具有教育情怀的优秀教师。

磨难，成就辉煌

唐县启明中学　李豪权

凡是你经历的苦难，皆是帮助你走向成功的台阶。

罗曼·罗兰说过："累累的创伤，是生命给你的最好礼物，因为在每个创伤上面，都标志着前进的一步。"

中国古代先贤孟子在《生于忧患，死于安乐》中这样写道："故天将降大任于是人也，必先苦其心志，劳其筋骨，饿其体肤，空乏其身，行拂乱其所为，所以动心忍性，曾益其所不能。"

上述名人的话语无一不表明，人要成功必须经过磨砺。而今天，我想讲述的，是当今中国经历无数磨难成就自己辉煌人生的刘秀祥老师的故事。

回顾刘秀祥的成长历程，我只能用一声叹息来表达命运对他的严酷考验。刘秀祥在 4 岁时失去了父亲，母亲因无法承受打击而精神失常，后来哥哥、姐姐也离家出走。从那时起，他便挑起了家庭的重担。

为了一家人的生活，也为了治好母亲的病，他挖药材、打零工、捡废品、搬钢筋……这些艰辛与苦难，我们许多人可能未曾亲历，甚至未曾耳闻。在命运的重重考验下，刘秀祥并未放弃对知识的追求，他深知知识是改变命运、塑造人生的唯一途径。历经无数艰难险阻，他最终考上了大学。

刘秀祥千里背母上大学一事经媒体报道后，在社会上引起了强烈反响。然而，他却谢绝了社会的资助，靠每天打四五份工来维持母子两人的生活。即便在这样艰苦的情况下，他还资助了几名贫困学生。

2012 年，刘秀祥大学毕业，面对众多知名企业伸出的橄榄枝，他选择了拒绝。他回到家乡，成为一名教师。他利用各种资源，鼓励学生重返校园，帮助贫困山区的孩子实现了大学梦。

刘秀祥老师的一路是与苦难抗争的一路，他用自己对苦难的抗争谱写了一首动人的岁月之歌。在学习刘秀祥老师的事迹后，我不由得深思，在我的身边也有这样一群人，与困难抗争、为学生指路、为家乡育人，这些人正是诺亚人、启明人。

2010年，董事长接管了濒临倒闭的启明中学。当时，教师团队不足70人，学生人数也未满千人。董事长说："只要我们真心付出，科学管理，加大投入，提高教师待遇，时间不会太久，我们一定会办好人民满意的教育，使启明成为学子向往的名校。我们能做到，一定能做到。"听到董事长的这番话，教师们脸上洋溢着喜悦和坚定，内心也找到了前进的方向。随后的日子里，学校集中精力提高教学质量并加强学生管理力度，各级领导深入基层，关心教师和学生的发展，全校师生团结一心，奋力拼搏。仅一年后的中考，学校就取得了优异的成绩。到了2013年，中考成绩更是实现了历史性的飞跃，在全县乡镇中学中排名第一。2014年，启明中学重点高中升学率跃居全县第一，并且与第二名的学校拉开了显著的差距。这一连串的辉煌成就，正是董事长引领启明人不畏艰难、勇往直前，共同铸就的辉煌篇章。

学习刘秀祥，学习启明精神。

我们应当自立自强，勇敢地面对挑战。面对家庭的困境，年仅11岁的刘秀祥并未被吓倒，反而勇敢地承担起了家庭的重担。历经无数艰难困苦，他始终砥砺前行，乐观且坚强。他不仅自己考上了大学，还帮助家乡的许多学子实现了大学梦。

从刘秀祥的故事中，我们应当学会自信与乐观。面对刘秀祥童年所遭遇的困境，即便是许多成年人也难以泰然处之。刘秀祥多年来的苦难历程，我们无法完全体会，但他的经历足以让人情不自禁地泪流满面。然而，他并未觉得自己格外艰辛或值得同情。尽管历经重重困难，他也有过痛哭失声、灰心丧气的时刻，但他最终战胜了挫折和逆境，满怀活力。在现实生活中，面对困难时，许多人不努力改变现状，而是抱怨命运，缺乏改变现状的勇气和斗志，甚至逃避现实。实际上，像刘秀祥一样，当我们以自信和乐观的态度面对生活的挑战时，定会发现生活的美好。

学习刘秀祥，我们应当珍惜每一次学习的机会。在他人看来，刘秀祥在困难重重的情况下，连生存都异常艰难，更不用说完成学业了。但即便在这样的逆境中，刘秀祥依然顽强地克服了所有困难，坚持完成了学业。在现实生活中，许多学生面对父母创造的优越条件并不珍惜，他们被动地学习，贪图安逸，轻易放弃宝贵的学习机会，等到真正需要知识时，才意识到自己学识不足，但悔之晚矣。

学习刘秀祥，我们应该学习他的坚强品质。刘秀祥的人生充满了挑战，但他从未逃避，而是勇敢地直面困境，凭借不屈不挠的毅力坚持到底，并且始终以乐观的态度面对生活。刘秀祥的经历向我们证明，尽管人生道路布满荆棘，但只要我们勇于面对，就一定能够战胜困难。

生活是美好的，刘秀祥给予我们的更是一种品质、一种精神，就看我们怎么去做了。

人间大爱，筑梦前方

唐县启明中学　娄亚明

昨天，党的二十大代表刘秀祥来到六一小学给我们做报告，短短两个小时的报告却让我收获良多。

在会议上，刘校长向我们分享了许多内容，其中最令我难忘的是他的开场白。我清楚地记得，在报告的开始阶段，他用了相当长的篇幅来讲述党的发展史。

我想，他是一个感恩的人。

之所以这么说，是因为刘校长在人生最艰难的时刻，获得了多家主流媒体的报道和社会各界人士的关注。这一切的前提，是这个伟大的时代。否则，他“千里背母的事迹”也不会广为人知。因此，我们每个人都应当铭记感恩的重要性。这让我想起了我们的董事长，如果没有他，我可能仍在四处漂泊，是他为我的人生带来了新的意义。我衷心感谢董事长！

我想，他是一个心怀家国的人。

记得刘校长清楚地说道：“我感觉自己很普通。”然而，我想强调的是，即便普通人拥有与他相似的非凡经历，也未必能成就非凡的事业。他自幼失去父亲，兄姐相继离家，至今音信全无，母亲还患有精神疾病。我曾自问，如果换作是我，能否像他一样坚强？但他做到了。他坚信通过努力学习，知识能够改变命运。无论道路多么崎岖，他始终迈着坚定的步伐，勇往直前。他的信念只有一个——那就是走出大山！因为他深知，只有走出大山，才能拥有幸福美好的生活。令我意想不到的是，在他有机会留在繁华都市享受生活时，他却选择返回家乡。我想知道，世上是否还有像他这样的人？确实有，但为数不多，刘秀祥正是其中之一。他说，“我从大山走来，我最清楚大山里的孩子们需要什么，他们才是这个国家的未来。”从那一刻开始，便注定了他不平凡的一生。

我想，他是一个非凡的人。

回到家乡，困难接踵而至。劝学之路崎岖坎坷，但是他没有放弃，一串串数字，见证了他的人间大爱。当时我想，如果是我，我能做到吗？但是他做到了。摩托车一辆接着一辆，身上的伤一处接着一处，还好，结果都是好的。所以，当他讲述这段经历的时候，我看到的是他眉眼间的笑。当他看到之前被资助的学生考上大学又回到家乡的时候，他的眼里满是自豪。就是这么一个看似平凡的人，做着自己觉得平凡的事，却做出了非凡的成就，让人心生敬意。

我想，前几天董事长带领学校领导登门拜访他的时候，肯定被他的事迹深深触动，所以才恳切地邀请刘校长来给我们做报告，交流教学经验。优秀的人总是和优秀的人互相吸引，也正是因为董事长身上彰显的人间大爱，和刘秀祥的事迹如出一辙，他们惺惺相惜，互相勉励。

最后，我想表达的是，作为一名人民教师，我渴望成为学生成长道路上的导师和思想的导航者。尽管目前我的能力尚有不足，但我将努力向刘校长和董事长看齐，始终将学生的需求置于首位，努力成为他们生命中的“贵人”。

爱岗敬业　百折不挠

——学习刘秀祥先进事迹心得体会

唐县启明高级中学　袁龙涛

刘秀祥老师，是一位让人钦佩的老师。为了让每一个孩子都能得到最好的教育，他坚持不懈地努力着。他是我们学习的榜样，我们应该感悟他的教育理念，学习他的无私精神，从而加强教育理念，推动教育事业的长远发展。

他做事认真负责、严谨细致，他对待工作充满爱心和耐心，对待学生就像对待自己的亲人一样，无微不至地关心和照顾他们。他的一言一行无不体现了他对孩子成长的热爱和关注，对教育事业的深刻理解。从他身上，我们可以深深体会到“爱岗敬业、百折不挠”的教育家风采。

在教育理念方面，他强调自主、自律、自信，让孩子们在学校中得到全面发展。他主张挖掘每名学生的潜能，激励他们在各个学科领域展现自己的最佳才能，从而实现个性化教育。因为他坚信，每个学生都有自己的特长，不存在所谓的平庸之才，只有在自由和快乐的环境中成长，学生们才能更清晰地认识自我、发现自我。

在班级管理方面，他力求完美，注重教育规范化。他探究多种管理方法，并结合个人经验，提出了一套既科学又高效的班级管理方案。他亲自接送孩子，陪伴他们在操场上活动，帮助他们解决心理上的困扰……这些细微之处，充分展现了教师的育人担当。他为孩子们倾注了大量心血，也因此赢得了学生的爱戴和信任。

在教育实践方面，刘秀祥老师有一种特殊的能力：他能通过自己的行动和言语激发孩子们的学习热情。在课堂上，他总是细致耐心地讲解，为学生们指点迷津。他擅长发现并培养学生的特长和潜力，激励他们展现自己的才华，并努力为班级营造一个温暖、和谐的环境。同时，刘老师也注重教学方法的创新，致力于将前沿的教学理念与传统教学技巧有效融合，以进一步提升学生的学习成效。

总之，在刘秀祥老师身上，我看到的是一种天生的教师职业精神和人格魅力。他的先进事迹让我深刻体会到，作为教师，我们不仅要掌握知识和技能，还要拥有优秀的品质和精神，更要不断地思考和探索，不断提高自己的教育水平。同时，我们要将深厚的爱心和苦心融入自己的教育工作中，让每个学生都能得到全面的发展和提高，为教育事业做出更多的贡献。

通过学习刘秀祥老师的先进事迹，我更加深入地了解了教育工作者的精神追求，也更加清晰地认识到了自己所追求的目标。未来的路上，我将更加努力地学习，把自己拥有的技能和知识运用到实践中去，为孩子们带来更好的教育和更美好的未来。在教育事业的长久发展中，我们期待着更多的刘秀祥式的老师为我们传授经验，激励我们更加努力，发挥更大的作用。

我们要做一个拥有高尚师德的教师

——《刘秀祥：读书渡己，教书渡人》读后感

保定市启明职业高级中学　甄田泽

在《刘秀祥：读书渡己，教书渡人》中，刘秀祥不仅展现了自信和自强的精神品质，而且在孝顺母亲、感恩社会、回馈家乡等方面也体现了对国家和家庭的责任感。他不仅向学生传授知识，更点燃了他们的希望之光。这样一位杰出的人民教师，无疑是我们学习的榜样。因此，在阅读完这篇文章后，我深刻地认识到，要成为一名新时代的优秀教师，需要做到以下三点。

首先，作为老师，我们自身应该具有自信自强的优秀品质。自信是成功的首要秘诀。若非如此，刘秀祥便不会在高考失利后依然坚持学业，也就无法迈入大学，开启他奉献的一生。“天行健，君子以自强不息。”若无自强，刘秀祥便无法在家庭与学业之间取得平衡。从三年级开始，幼小的他便承担起了家庭的重担，但他从未放弃过学习。最终，他抓住了人生的机遇，走出了那个小村庄。自信与自强不仅是人生的态度，更是我们实现目标和梦想的强大力量。它们在激发我们行动欲望的同时，也助我们奋发向上、积极进取，让我们对未来的每一天都充满希望。

其次，作为老师，我们必须以身作则，在孝敬父母长辈的同时，帮助学生树立正确的人生观、价值观。羊有跪乳之恩，鸦有反哺之义。即使在经济困难、学业繁重的情况下，刘秀祥都坚持照顾患病的母亲，并且考上大学后还带着母亲一起上大学，这是一个多么有毅力、有决心、负责任的孝子啊。试想一下，不要说每天工作 18 个小时，就是每天保持 18 个小时的清醒状态，很多人都是做不到的。我们大多数人拥有稳定的生活环境和舒适的工作环境。

在这样的条件下，我们更应学习刘秀祥的精神，传承他的美德，心怀对国家、社会、学校和父母的感激之情，以身作则，将孝敬之心从自身传递给每一位学生，引导他们从尊敬父母做起，逐步成长为心怀感恩、热爱学校和祖国的未来栋梁。

最后，作为老师，我们要热爱学生，对学生的方方面面负责，为国家、社会培养人才。师者，传道授业解惑也。在教育教学中，我们应以德育为先，持续激发学生的潜能，培养他们的自信与梦想，鼓励每位学生勇于尝试，热爱学习，使他们深刻理解并坚信知识的力量能够改变命运。在学习过程中，我们要因材施教，发挥每位学生的长处，积极引导学生学习，密切关注他们的学习进展，并协助他们制订切实可行的学习计划和目标，激发他们对未来的热情和希望。在生活方面，我们要深入了解学生的心理状态和生活环境，提供细致入微的关怀与支持，帮助学生清除所有干扰和障碍，确保他们能够认真、专注、轻松、愉快地度过每一天。

刘秀祥谦虚地说，自己只是一个平凡的、默默奉献的教育工作者的缩影。我希望我可以不断地向他靠近，学习他，成为他。

苔花如米小，也学牡丹开

——学习刘秀祥心得体会

唐县六一小学　王　昆

很久以前就听说过刘秀祥“千里背母上学”的事迹，也观看过关于他的视频，那时我已经被深深地感动了。前几天我有幸聆听了刘秀祥老师的现场讲座，被感动之余，也被深深震撼。

我们永远不知道明天和意外哪个先来，生活总会给我们出各种各样的难题。刘秀祥，一个来自农村家庭的孩子，原本平静的生活因一场突如其来的变故而改变。父亲的意外离世让家庭陷入困境，母亲也遭受了巨大的精神打击。面对这一切，刘秀祥勇敢地挑起了家庭的重担。值得庆幸的是，他凭借自己的努力，最终考入了大学。刘秀祥的故事被媒体报道后，我们才了解到，在那遥远的山村里，有这样一位坚韧不拔的少年。报道一经发出，无数好心人纷纷表示愿意资助他完成学业，学校也特许他带着母亲一同进入大学校园。面对这些慷慨的捐款，刘秀祥却选择了拒绝，他宁愿通过兼职来维持生计。在随后的采访中，他坚定地表示，只要自己能够做到的事情，绝不会向他人求助。刘秀祥的这种坚强和自立，实在令人敬佩。大学毕业后，面对众多留在城市的机会，他却选择回到家乡，成为一名教师。他希望通过自己的力量，去教育更多的人，让他们也能像他一样，有机会接受教育。

通过学习刘秀祥的先进事迹，我感悟很深。面对苦难，为什么有人会被压垮，有人却能有所成就？我们常说：“苦难是人生的大学。”然而很少有人愿意经受苦难，因为我们不知道能不能承受得住，我们也不敢想万一承受不住，等待我们的会是什么。当我看到刘秀祥把仅有的一碗白菜汤分给母亲吃，却不慎将白菜汤洒落，又重新拾起，端给母亲时，我感动得泪流满面。就是这一碗白菜汤，让我看到了一个11岁孩子对父母的孝；就是这一碗白菜汤，让我知道了一个11岁孩子对生活的爱；就是这一碗白菜汤，让我懂得了一个11岁孩子面对挫折的态度。扪心自问，现在的我们对待父母，有没有像刘秀祥那样？现在的我们对待自己，是否还保留着刚刚踏出校园时的初心？现在的我们对待工作，是否把所有热情都投入其中？不由得想到现在已经工作的我，每天学校食堂变着花样给我们做好吃的，一日三餐不重样，我们有什么理由抱怨呢？刘秀祥在第一次高考落榜的时候，看到日记里写的那句话——"当你抱怨没有鞋穿的时候，回头一看，发现别人竟然没有脚"——就是在告诉我们如何看待苦难，满足自己拥有的一切，感恩我们的亲人，感恩我们的工作，感恩我们的单位。

"不经一番寒彻骨，怎得梅花扑鼻香。"刘老师用自己的亲身经历告诉我们，只要有梦想，就要去坚持，不怕任何艰难险阻，勇敢面对，就一定会看到胜利的曙光。"天行健，君子以自强不息；地势坤，君子以厚德载物。"刘老师用坚强与孝顺的实际行动诠释了中华民族的传统美德，谱写了一曲孝老爱亲、自强不息的青春之歌。

自强不息、乐观向上、勇于承担、发愤进取和乐于助人的他是我们学习的楷模。刘老师所取得的成就，正是他无私奉献的明证。我们现今无须像刘老师那样，骑着摩托车深入乡村招募学生，也不必挨家挨户地向家长阐述教育的重要性。作为一名普通的基层小学教师，我或许永远无法达到刘老师那样的胸怀与成就，但他的故事不断激励着我，即使岗位再平凡，也要尽心尽力做好每一件小事，努力成为一名合格的教师。我将始终把孩子们的需求放在首位：天气炎热时，提醒他们多补充水分；天气寒冷时，督促他们增添衣物；他们生病时，给予他们更多的关怀；若成绩不理想，耐心与他们交流，抽时间进行辅导……正如那句诗所言，"苔花如米小，也学牡丹开"。刘老师坚守梦想，不忘初心，用爱心培养人才，用行动阐释责任与担当，坚定地践行"让学生走出大山"的崇高信念，生动地展现了什么是大爱情怀，以实际行动散发着信仰之光，值得我们赞颂和效仿！

学习刘秀祥心得体会

唐县六一小学　刘淑旖

刘秀祥爱岗敬业、与命运顽强抗争的事迹和精神感动了社会各界。4月3日，集团董事长王建刚前往贵州省望谟县拜访党的二十大代表，全国“最美教师”，望谟县实验高中党总支副书记、副校长刘秀祥，并在望谟县实验高中参观。我们全体教师也感到非常荣幸，能够通过董事长在望谟县实验高中参观期间的对话记录，更深入地学习刘秀祥的精神和教育理念。

终于，在4月12日这天，在董事长的邀请下，刘老师来到学校做报告。虽然只是短短的两场报告，但让我受益颇深。接下来，我从班主任的视角出发，结合班级管理、教育等方面，谈谈自己的心得体会。

“当你抱怨没有鞋穿的时候，回头一看，发现别人竟然没有脚。”

4岁时，父亲去世，母亲精神失常，刘秀祥小小年纪便扛起了生活的重担，但他笃定“读书改变命运”，从未放弃求学。刘秀祥边刻苦读书，边打工赚钱维持生计。但命运又一次捉弄了他。高考前一周，由于长期营养不良，加之压力过大，刘秀祥病倒了，落榜了。那段时间，刘秀祥内心满是绝望，甚至想过轻生。但坚强的他不想轻易放弃，翻看日记，他看到了曾经写下的一句话：“当你抱怨没有鞋穿的时候，回头一看，发现别人竟然没有脚。”于是他决定复读，再战高考。最终，他的坚持得到了回报，他梦想成真。

在他的身上，我看到了乐观和坚强的品质。回顾以往的教学实践，我认识到，在未来的班级管理和教育工作中，我们应当着重培养孩子们乐观和坚强的品质。此外，我将更加注重教育的细节，以提高教学质量。我计划在今后的教学中，注重引导和鼓励，通过细致观察课堂内外的每一个细节，关注每一位学生的发展。我将从生活中的点点滴滴入手，营造一个和谐的学习环境。兴趣是激发学习动力的关键，我将在课堂上努力激发学生的积极性，挖掘他们的兴趣所在，并通过细节展现教师的关怀，从而在教学过程中培养出具有乐观和坚强品质的未来栋梁。

“一个人活着不应该让人觉得可怜，而应让人觉得可亲和可敬。”

2008年，刘秀祥“千里背母上大学”的故事被媒体报道，令无数网友动容，随之而来的还有方方面面的帮助。入学后，不少热心人士和企业都曾找到刘秀祥，表示愿意提供帮助，但都被他拒绝了。刘秀祥说，一个人活着不应该让人觉得可怜，而应让人觉得可亲和可敬。

少年、青年一代有理想、有担当，国家就有前途，民族就有希望。习近平总书记在庆祝中国共产党成立100周年大会上强调：“新时代的中国青年要以实现中华民族伟大复兴为己任，增强做中国人的志气、骨气和底气。”

志不立，天下无可成之事。今后，我将充分利用每大周的励志班会活动，鼓励学生坚定理想信念，立志做有志气的新时代中国少年。我们要不断地筑牢信仰之基，补足孩子们的精神之钙，增强孩子们的志气、骨气、底气。

“我走出大山，不是为了逃离大山，而是为了更好地回来。”

“走出大山不应该是为了逃离大山”，这是刘秀祥的人生信条。大学毕业后，刘秀祥并没有像很多人那样留在城市发展，而是选择回到乡村，回到大山深处，为乡村教育带去希望。他发起了“助学走乡村行动”，致力于帮助贫困学生完成学业，并且长期坚守在教育资源匮乏的地区，为当地的教育事业做出了巨大贡献。

在这里，我深刻地感受到了感恩教育对孩子一生的深远影响。“学会感恩、传承孝道”是中华民族的传统美德，值得我们继承和发扬。我想对我的学生们说：“不知不觉中，你们已经成长，充满活力，洋溢着青春的气息。回顾过去，对于那些曾经帮助过你们的人，你们应当永远保持一颗感恩的心，与爱同行。”

刘秀祥为我们树立了榜样，我要以此次报告会为契机，以刘秀祥为榜样，时刻反思自己，努力提升自己。

愿做萤火照亮他人

唐县启明中学　王　聪

听完刘秀祥的感人事迹，我的心情久久不能平静。他的优秀品格打动了我，震撼了我；他的敬业奉献精神激励了我，感染了我。

在读书期间，刘秀祥在无比艰苦的环境中仍然拼力学习。他一边肩扛重任照顾母亲，一边坚守信念熬夜苦读。有心人，天不负，他终于迈进了理想大学的大门。在他背母求学的故事广为人知后，他拒绝了大多数的资助，并说："一个人的困难和挫折不是你向他人或社会索取的资本，人活着要活得让人可亲、可佩、可敬，而不是可怜。"

读到这句话，我深以为然。宗璞曾言："花和人都会遇到各种各样的不幸，但是生命的长河是无止境的。在困境面前我们可能会灰心、失望，但生命的帆始终是要前行的。内心充满希望，勇敢无畏，命运之花定会更加绚烂。"

大学毕业以后，刘秀祥放弃了留在城市的机会，毅然决然地选择回到自己的家乡，成为一名乡村教师。因为在他的内心里始终有一束光，他要以萤火之光照亮一片黑暗。他想用自己走出的路来唤醒家乡孩子们心中的梦想，他想用一个人的努力改变更多人的命运。

这是刘秀祥选择的路，人迹罕至却意义非凡。在我们的人生旅途中，可能会面临多次抉择，我们应听从内心的召唤，坚定地走自己选择的道路，活出最真实的自我。

刘秀祥参加工作以后，将自己的全部精力奉献给了教育事业。他的心里时时刻刻都装着学生，他们成了他的全世界。尽管工作繁忙且劳累，他却从未有过任何抱怨。他像家人一样始终陪伴在学生身边，又如同超人一般，无处不在，无所不能。教书对他而言是充实且快乐的，学生的每一次成长，他都看在眼里，铭记在心。尽管家访的路途充满艰辛，但他从不畏惧，内心坚定的信念一直支撑着他不断前进。

我想真正的好老师一定是像刘秀祥这样，教书育人，点亮学生希望之火。作为老师，首先就应该有一颗赤诚之心，热爱教育、热爱学生，树立坚定的教育事业心。我们只有做到甘愿为实现自己的社会价值而自觉投身平凡工作，对教育事业心存敬重，甚至可以以苦为乐，才能产生巨大的拼搏奋斗的动力。

首先，要做好自己的本职工作，认真备好每一节课，具有端正的工作态度和强烈的责任感。

其次，要有无私奉献的精神。“春蚕到死丝方尽，蜡炬成灰泪始干”生动地描绘了教师的高尚品格。教师的工作往往繁杂琐碎。它要求我们细致入微，关注每一个细节，做到面面俱到；它还要求我们拥有无私奉献的爱心，不仅要深入了解学生的兴趣、才能、个性特征以及他们的精神世界，还要公平、公正地对待每一个学生。此外，它还要求我们要尊重学生的人格和创新精神，与他们平等交流，深入他们的内心世界，用我们的信任和关怀激发他们强烈的求知欲。

刘秀祥工作后，面对不正的学风，开始了励志演讲。他用自己的事迹唤醒了无数个正身处逆境、迷茫徘徊的孩子的梦想，他用自己的实际行动改变了很多贫困孩子的命运，他用自己的谆谆教诲在孩子心中种下了希望的种子。种子会生根发芽，长成参天大树，而他是桃李满园的播种者、守望者。

我认为，优秀的教师不仅仅是知识的传递者，更是智慧之火的点燃者和传播者。作为教师，我们必须具备教育者的人格魅力，其深厚的知识储备、高尚的品德和严谨的治学态度，会对学生产生深远的积极影响。这不仅能让学生亲其师、信其道，还能搭建起师生之间亲密无间、和谐融洽的桥梁。

在工作岗位上，刘秀祥默默无闻地履行着自己的责任与使命。他牵头发起乡村助学行动，帮助困难学生完成学业。面对无数赞誉，他只是说自己一个人的力量是渺小的，他只是做了自己认为对的事。

刘秀祥对工作充满热忱，对社会和国家心怀感恩，他是我们学习的榜样。我相信榜样的力量是无穷的，行走在茫茫原野的人会找到心的方向，迷失在暗夜的人亦会看到光的闪亮。

作为一名诺亚人，我们应不忘初心、牢记使命，脸上有笑、眼中有光、心中有爱、肩上有责，在平凡的岗位上，做那不熄的灯火，以照亮他人。

心中有丘壑，眼里存山河

——读刘秀祥故事有感

唐县启明中学　曹彩兰

心中有丘壑，眼里存山河。

——题记

刘秀祥，幼时家境贫寒，父亲离世后，母亲病重，兄姊离家，但他既没有逃避现实也没有屈服于命运，而是一面坚持上学，一面独自一人肩负起照顾母亲的责任。没有钱，去拾废品；没有房，搭棚子住；没有时间，就夜以继日……尽管高考失利，但他凭借顽强的毅力重新站了起来。其中的艰辛，只有他自己能够体会。然而，当他将被高考这最后一根稻草压垮时，想到的却是："当你抱怨没有鞋穿的时候，回头一看，发现别人竟然没有脚。"于是，他再次振作精神。刘秀祥在最艰难的岁月，靠自己顽强的毅力，读书渡己。因为他心中有希望，眼中有家人。

历经千帆，刘秀祥终于大学毕业了。多家知名企业向他伸出了橄榄枝。然而，面对诱人的高薪，他却坚定地选择返回故乡，成为一名教师。从他站上讲台的那一刻起，他便勤勉尽责、无私奉献，全心全意地对待每一位学生。他信任他们、支持他们，竭尽所能地帮助一批又一批学习有困难的学生，使他们找到了正确的方向，实现了梦想，改变了命运。这些感人的事迹，岂能用一个"苦"字概括！只因为他心中有学生、心中有家乡、心中有社会和祖国！

"心中有丘壑，眼里存山河。"刘秀祥用行动诠释了这句话。若人人如此，一切困难便不再是困难。在不同时间、不同地点，我愿以刘老师为光，大步向前！

心系学生

我们没有工作于山区之苦，没有家长反对孩子从教之阻力，有的是集团的关心、社会的支持，与之相比，苦从何来？因此，我们更应心系学生，鞠躬尽瘁。

我曾经因为学生作业质量差而火冒三丈，曾因学生回答问题躲闪扭捏而大发雷霆，曾因他们能力不足而怨天尤人，更因为学生成绩下滑而暴跳如雷，可现在静心想想，是真的学生太拖拉、太马虎、太差劲吗？我是否曾像刘老师那样，耐心地与他们交流，给予他们足够的帮助和支持呢？

在一次月考结束后，我注意到学生 L 正盯着试卷，满脸忧愁，不停地叹息。经过询问，我了解到，他因为倾尽全力答题却未能成功而感到沮丧。我为他分析了原因，发现他几乎没有运用我平日里传授的答题策略，而是凭借一股“蛮力”走进了考场。对他来说，这是学习方法的问题；而对我来说，这更是教学方法的问题。

也许，许多时候我们心系的不是学生，而是教学进程、教学任务、考试成绩，却唯独忽略了这一切的主体——学生。只有了解他们、亲近他们、用心帮助他们、鼓励他们，一切才能变得更好、更顺利！

心系诺亚

我之于诺亚，如刘老师之于故乡，故乡成就了刘老师坚强的品格，而诺亚成就了我的事业，给予我施展抱负的平台。心系诺亚，是我永不改变的初心。

回顾求职历程，无奈与苦涩涌上心头。我们这一届，求职难度非常大，几经辗转，我来到启明这片我事业起步的沃土。在这里，我感受到了家庭般的温暖，结识了许多兄弟姐妹般的朋友，享受到了各种节日福利以及免费的吃穿用度。正是启明，正是诺亚，给予了我物质和精神上的支持，让我实现了梦寐以求的人生价值！这一切，我将永远铭记！

心系诺亚，唯有鞠躬尽瘁、踏实工作、刻苦钻研、不断创新，助诺亚之舟乘风破浪，继往开来。

心系祖国

学生是祖国的未来与希望，刘老师为了祖国的未来，放弃了高薪工作，选择回乡执教，全心全意地帮助学生，并且带头发起了乡村助学行动，助力困难学生完成学业。刘老师不仅亲自投身教育事业，还创建了工作室，开展师生德育教育和对贫困学生的资助活动。刘老师不仅以坚韧不拔的精神实现了自我提升，更是倾心于教育事业，培养人才，以此来回馈社会和祖国。

我深受感动，意识到自己长期囿于家校两点一线，未曾思考过自己与社会的联系。我曾耳闻网络上关于助学的感人故事，诺亚集团更是在疫情防控期间伸出援手，慷慨解囊。以前总觉得这些事情似乎与我相距甚远，但现在我认识到，这并非因为我的经济条件不允许，而是因为我没有将自己融入社会，融入祖国的怀抱。在困难时刻，是祖国这把大伞为我遮风挡雨，让我感到安全无虞。我们每个人都应该像刘老师和诺亚集团一样，心怀祖国，为祖国注入不竭的力量，让祖国永葆青春！

心中有丘壑，眼里有山河。作为老师，我们要心系学生、心系学校、心系祖国，尽己所能贡献一份力量。如此，方能问心无愧，此生无悔！

榜样的力量

唐县六一小学　崔凤仙

自从聆听了刘秀祥老师的演讲，我的内心便不断涌现出一股难以言喻的勇气与信念。在如此艰难的条件下，刘老师依然能够坚持不懈，凭借其坚不可摧的毅力走到今天，实在令人敬仰。社会需要榜样的力量，需要更多像刘秀祥这样的人物。他们虽然看似普通，却在平凡中成就非凡，用实际行动使我们的国家逐渐变得更加美好。

刘老师用他那瘦弱的肩膀扛起了太多太多……每次看到视频中他为妈妈精心准备的那碗水煮白菜，我都会感动得热泪盈眶。他不向命运低头，用自己的坚持改变了人生。刘老师在学校担任了许多职务，任务繁重，可他没有一句怨言，还主动请缨任一个班的班主任。在刘老师的悉心教导下，这个班创造了奇迹，所有孩子都考上了大学，真可谓“一分耕耘，一分收获”。相信孩子们也庆幸能遇上这样的好老师。他的教育方式别具一格。他常常以自己为例激励每一位学生，让他们认识到读书的重要性。他为人正直，不放弃每一名学生，坚信自己一定会成功。虽然过程很艰辛，但最终他收获了丰硕的果实。

我想，我一定也能做到。在我看来，首先要培养内心的爱。这份爱不仅包括对工作的热忱，更涵盖了对学生们的深情关怀。我们要用真挚的情感去关注每一位学生。对于表现优异的学生，我们要给予充分的关爱；对于需要更多帮助的学生，我们更应投入额外的关心和支持。我们要用这份爱去捕捉他们在学习中的每一个微小进步，去发掘他们在生活和品德上的每一个亮点，并给予他们充分的认可和鼓励。这样，他们能感受到温暖，增强自信，拉近与老师心灵上的距离，将老师视为可以信赖的朋友。

我们班有个顽皮的小男孩，刚升入四年级时，他的学习成绩不佳，上课时爱说话，中午在宿舍里也总是闹腾，每天都有老师或学生向我反映他的问题。我尝试过严厉批评，但似乎并未产生预期的效果，他仍旧我行我素。后来，通过与他母亲沟通，我了解到他的父母都在北京工作，很少回家，他自小跟随爷爷生活，成了村里的“野孩子”。我立刻意识到，这个孩子其实是缺乏父母的关爱，他总是试图通过各种方式吸引他人的注意。于是，我就找他谈心，跟他约定，只要他能在中午安静入睡，我就会安排他每三天与家长视频通话一次；如果他上课能够专心听讲，我会奖励他一些小零食。慢慢地，这个孩子发生了显著的变化。到了期末考试时，他的成绩从二十多分提升到了六十多分。对于他的进步，我感到非常欣慰。只要我们投入了爱，相信孩子们会给我们带来许多惊喜。

刘秀祥的事迹影响并鼓舞着我们每一个人，他那句“人生而平凡，做而伟大”至今还在我的耳边回响。老师是知识的传播者，也是道德的引领者，让我们大家都行动起来，做一个有担当、敢担当的人，为家乡、为祖国贡献力量。

掬心奉教育　当好引路人

唐县启明中学　翟玉杰

三尺讲台，粉墨耕耘；春蚕烛光，润物无声。在“教育崛起、教师为基”的今天，一位平凡的教育工作者用自己的心血和汗水在风雨中守护、在信念中坚守，用自己的爱心演绎了一曲动人的奉献之歌。

“当你抱怨没有鞋穿的时候，回头一看，发现别人竟然没有脚。”刘秀祥4岁时，父亲去世，母亲精神失常；11岁时，兄姊离家出走。刘秀祥小小年纪就扛起了生活的重担，但他笃定“读书改变命运”，从未放弃求学。刘秀祥边刻苦学习，边打工赚钱维持生计，但命运又一次捉弄了他。高考前一周，由于长期营养不良，加之压力过大，刘秀祥病倒了，落榜了。那段时间，刘秀祥的内心满是绝望，但坚强的他不想轻易放弃。他翻看日记，看到了曾经写下的一句话：“当你抱怨没有鞋穿的时候，回头一看，发现别人竟然没有脚。”于是，他决定复读再战高考，并最终如愿以偿。艰难的求学路，让刘秀祥深刻地意识到，越是偏远的地方，越需要优质的教育，更需要优秀的教师。因此，他在从教过程中，一直是学生成长道路上的“引路人”。他说：“我愿做大山深处孩子的筑梦人。”因为自己淋过雨，所以他想为每个人撑伞。

“一个人活着不应该让人觉得可怜，而应让人觉得可亲和可敬。”2008年，刘秀祥“千里背母上大学”的感人故事一经媒体报道，便触动了无数网友的心弦。随之而来的，是来自四面八方的援助。入学后，许多热心人士和企业主动联系刘秀祥，表示愿意伸出援手，然而他却一一婉拒了。刘秀祥说，一个人活着不应该让人觉得可怜，而应让人觉得可亲和可敬。上大学后，刘秀祥从没停止过帮助他人。学习期间，他将部分勤工俭学的收入寄回贵州，用以支持初中时捡废品认识的两个妹妹和一个弟弟上学。“走出大山不应该是为了逃避大山”，这是刘秀祥的人生信条。大学毕业后，刘秀祥并没有像很多人那样留在城市发展，而是选择回到乡村，回到大山深处，为乡村教育带去希望。他组织开展了“助学走乡村行动”，帮助贫困学生完成学业，并且坚守在教育资源匮乏的地区，为当地的教育发展做出了巨大贡献。

曾经他在井底仰望星空，如今他甘当井底的梯子。“我所要做的，就是用自己的经历来启发孩子，唤醒他们心中的梦想，让他们坚信，人生要有梦想，要永远相信奋斗的力量。没有人愿意揭开自己的伤疤，但是如果能够给人力量，哪怕能多改变一个孩子，让山区的教育发生些许改变，我也要坚持下去!”要想让教育彻底阻断贫困的代际传递，我们的社会需要更多刘秀祥式的人物。贫困地区的孩子并非没有学习的天赋与热情，而是受限于落后的条件。倘若能在他们成长的关键时期，给予合理的教育和正面的引导，提供必要的物质帮助与教育支持，这些孩子可能就会因此改变命运。当无数个这样的孩子实现了命运的转变，当教育事业的进步惠及每一个孩子，我们才能真正成为教育强国。

曾经，我深信高尚的师德是震撼天地、令人动容的，仿佛黄继光挺身堵枪眼那般英勇，又如瞿秋白慷慨就义那般坚定。如今，我更倾向于认为，高尚其实很朴实无华。它并不闪耀着耀眼的光芒，反而朴实到几乎让人难以察觉，就像春日的细雨，悄然无声地洒落，滋养着学生的身心，温暖着家长的心灵。对于刚步入教师行业的我而言，感激有这些高尚的“大先生”在身边。他们的高洁风范犹如阳光一般，为校园带来了温暖与和谐。小而言之，他们是身边的师德榜样；大而言之，他们是国家教育的支柱。他们用平凡书写伟大，用普通孕育崇高，用自己的脚步丈量着校园，用大爱铸就明天。

用爱浇灌　润物无声

——学习刘秀祥老师事迹有感

唐县启明中学　苑晓翠

"无论人生多么不容易，都要微笑面对，要始终相信奋斗的力量。"刘秀祥不向命运低头的倔强，都写在他那张朴实的脸上，更浓缩在他每一堂思政课里。

用爱浇灌，让山里娃更加自信

刘秀祥校长从站上讲台那天开始，就将自己的全部精力奉献给了学生。无论何时何事，他总是以学生为先，为他们的学习和成长忙碌不已。为了辅导学生，他每天坚持陪伴他们早读，即使晚自习也从不缺席。他还亲自指导他们制订个人学习计划、提分策略以及大学和未来规划。他以自己的实际行动和对学生的深沉关爱，激励学生树立自信，永不言弃，坚信奋斗的力量。

他不仅在学习上关心、爱护学生，在日常生活中也给予学生无微不至的关怀。每逢周末，他将学生分批带到家里，亲自给他们做饭吃，让学生在改善生活的同时，也感受到家庭的温暖、爱的温暖。刘校长之所以能够赢得学生的信任，是因为他将大量时间投入学生身上，用心教学、用爱浇灌。我也要向刘秀祥校长学习，除了关注学生的学习，也要注意学生生活上的变化，让学生感受到老师的爱。

润物无声，正能量感染师生

越是偏僻贫穷的地方，越需要优质的教育，也更需要优秀的老师。从农村走出来的刘秀祥校长对这种情况感同身受。

当一名合格的教师要有思想境界和大格局。

他的教育方式别具一格。他常常会以自己为例激励每一位学生和老师。他总是为了同学们东奔西波，到处借钱。他为人正直，不放弃每一位学生，让学生坚信自己一定会成功。虽然过程很艰辛，但最终他收获了丰硕的果实。在日常的课堂和生活中，我经常向学生们分享一些我自己勤工俭学和努力学习的经历，如我如何在大学期间通过不懈努力获得了全额奖学金，我如何坚持每天去自习室，为了实现自己的目标而不懈奋斗。我希望通过这些故事，学生们能够明白，凭借知识的力量去生活，将会是无怨无悔的选择。

“相信奋斗的力量!”只要你坚持，没有什么事情是做不到的。读书不是唯一的出路，但却是唯一的捷径。只要有信念，就一定会成功。自从学习了刘秀祥校长的感人事迹后，我心里总会涌起一股强烈的勇气和信念。在那样艰苦的环境下，刘秀祥校长依然能够坚持不懈，凭借自己的毅力取得今天的成就。我们这些生活在幸福家庭中的人，更应该学习他面对逆境永不言败的精神。我深信，我也能够做到。在未来的工作和学习中，我将以刘校长为榜样，勤奋工作，不轻言放弃，关心并爱护每一位学生，不因他们的成绩而有所偏颇。无论是在课堂上还是在日常生活中，我都会以身作则，以优秀教师的标准严格要求自己。我将点燃自己，照亮他人；勤勉耕耘，乐于奉献。打铁必须自身硬，我将努力成为“大先生”，在教育教学中展现一名优秀教师的责任与担当。

刘秀祥校长将对亲人的爱延伸到更多人身上，而爱的背后是奋斗的汗水、梦想的力量。只有心中有梦，并为之不懈奋斗，才能书写最灿烂的青春。教育正需要这样的情怀和胸怀。作为一名儿子，他对母亲的一片孝心令天地动容；作为一名师者，他高尚的教育情怀令人肃然起敬。他的自强、自立、孝心、感恩，感染和影响了我。他为当代教师指出了一条光明而充满希望的道路。作为教师，我们要引导孩子们树立正确的价值观，为成为中华民族的栋梁之材而努力学习。

刘秀祥校长诠释了一名教育工作者应该秉持的教育初心。我将把刘秀祥校长的高尚情怀融入日常教学实践中，以最饱满的热情、最刻苦的精神、最坚韧的毅力投身教育事业，全心全意地将大爱传递给身边的每一位学生和同事。

每个人都难免遇到挫折，但我们必须坚持下去。我决心要勤奋学习、努力工作，并以刘秀祥老师为榜样，在日常教学中对学生倾注关心与爱护。我坚信，通过不懈的努力，我们定能发挥出奋斗的力量，为学校贡献自己的一份力量。

夜空中最亮的星

——学习刘秀祥事迹心得体会

唐县启明高级中学　赵曼瑶

有这样一位年轻的教育家，他曾千里背母上大学，从未放弃过求学的梦想；他曾在井底仰望星空，如今却甘当井底的梯子；他曾放弃百万年薪的工作，毅然决然地选择回到家乡做一名乡村教师。他就是大山深处的“守梦人”——刘秀祥。

就是这样一位优秀的教育家，来到我校进行了长达数小时的报告。从对老师的报告到对学生的报告，他的每一句话、每一个动作都震撼人心。刘秀祥老师好像是天空中最亮的星，指引无数个迷茫的人前行，成为无数人前行的动力。作为新教师的我，更要向刘秀祥老师学习。

自立自强，成就精彩人生。“天行健，君子以自强不息；地势坤，君子以厚德载物。”面对生活的艰难、命运的坎坷，刘秀祥自强不息，没有向现实低头，而是选择勇敢地面对。求学期间，他拒绝了外界的资助，同时还为许多在校学生联系兼职工作，为贫困学生减轻了家庭负担。他对母亲不抛弃，对学业不放弃，在如此窘迫的环境里坚强地走了出来。刘秀祥用实际行动诠释了“自立自强”的含义。

心怀梦想，追求最美人生。面对生活的窘迫和艰难，刘秀祥始终没有放弃读书的梦想。为了实现自己的读书梦，他打工赚钱；为了圆无数山里孩子的读书梦，他进行励志演讲，一遍一遍地讲述自身的经历，只为换取外界对大山里孩子求学的资助。如今，他又有了新的梦想，那就是“希望大山里的孩子们都有更好的未来，希望在大山深处也可以打造教育高地”。

奋斗自我，奉献多彩人生。艰难的求学路，让刘秀祥深刻地意识到，越是偏远的地方，越需要优质的教育，更需要优秀的教师。因此，他主动放弃城里优厚的待遇，选择回到家乡成为一名教师。为了让乡亲们明白上学的重要性，他骑着摩托车去学生家里家访、劝学。8 年时间里，他几乎跑遍了望谟县的每个乡镇，骑坏了 8 辆摩托车。后来，他陆续从 1000 多人那里争取到捐款，让 4200 多名学生受到资助。如今的刘秀祥已经扎根乡村教育十多年，他对记者说："教育彻底阻断了贫困的代际传递，让大山里的孩子有了更好的出路和更多的选择。"

这场有思想、有温度、有情怀的报告引起了一线教师们的强烈共鸣。刘秀祥老师那崇高的师德、师魂深深感动并鼓舞了众人，大家纷纷表示要向刘老师看齐，以饱满的热情投身教育事业，立志像刘老师一样扎根基层，为办好人民满意的教育奉献自己的力量。刘秀祥就像蒲公英的种子，洒在望谟县的大地上，给这片土地带来无尽的生机。

有幸亲临现场听刘秀祥校长的专题讲座，我同样深受启发、倍感振奋。刘校长分享了自己非凡的成长历程，强调了不懈努力的重要性，激励学生认识到读书能够改变命运，从而培养了一代又一代的乡村学子，让更多的乡村孩子得以掌握自己的命运。感谢刘校长带来的启迪和思考，扶贫先扶志，知识重要，志气更重要。刘校长说得好，分数不能决定未来的发展，品格才能决定未来的发展。因此，我坚信为孩子确立崇高的理想，特别是培养他们为人民服务的志向，才是我们真正的目标。

刘秀祥老师如夜空中那颗最闪亮的星，在我迷茫的时候，给我指明前进的道路；在我想要放弃的时候，给我前进的力量；在我沾沾自喜的时候，给我敲响警钟。在今后的工作中，我定会以刘秀祥老师为榜样，坚持"立德树人"，努力把学生培养成德智体美劳全面发展的社会主义建设者和接班人。

重回苦难之地，培育希望之花
——听刘秀祥老师讲座心得体会

唐县启明中学　耿　钊

为自己播下希望的种子

在我上学的时候，刘秀祥背母上学的故事就传遍了大街小巷。当时只知道他历经苦难，背着母亲走出大山。时隔多年，当再次读到这个故事的时候，我不由得心里一震。4岁丧父，母亲患有精神疾病，哥哥、姐姐离家。从三年级开始，他就不得不肩负起家庭的重担，成为家中的支柱。如此多的苦难，任何一项都足以压垮一个成年人，难以想象一个三年级的孩子是如何坚持下来的。然而，这仅仅是个开始。

捡废品、打零工、卖报纸、做家教、高考失利……我不知道拥有怎样强大的意志和信仰才能在这种条件下取得成功。此时，我的心里只剩下对刘秀祥老师的佩服和直击心灵的震撼。

麻绳专挑细处断，厄运专找苦命人。刘老师的故事让我想起了余华的《活着》。当福贵失去儿子有庆的时候，有这样一句描写，“我看着那条弯曲着通向城里的小路，听不到我儿子赤脚跑来的声音，月光照在路上，像是撒满了盐。”家庭遭遇的多重变故，使得弯曲的小路成为福贵心中难以愈合的创伤，月光仿佛化作了盐，撒在了他的伤口之上。然而，刘秀祥老师并未让崎岖的山路成为自己的负担，反而在那条路上播下了希望的种子，最终取得了卓越的成就。

凝聚思想——相信奋斗的力量

当我见到刘秀祥老师本人的时候，我的内心无比激动。刘老师演讲的第一句话令我印象尤为深刻。他说：“我就是多年前被广泛报道的背着母亲上大学的主人公刘秀祥。我还活着，我活得很好。”是啊，他能活下来在常人眼里已经是奇迹了，而且他活得很好。在生活中，是没有人愿意提及自己的悲惨经历的，而刘老师却举办了1200多场公益讲座，一次次诉说着自己的苦难，只为让更多的孩子通过学习改变自己的命运。两个多小时的讲座，我眼睛都不想眨一下。

孔曰成仁，孟曰取义，荀子以法入礼。能经得住时间考验的思想都是成体系的。听完刘老师的讲座，我感受到他的思想体系清晰明了。他结合自己的经历，并以习近平新时代中国特色社会主义思想主题教育观为引领，以立德树人为根本任务，以创办让人民满意的教育为宗旨，以教育公平为准绳，在望谟县的大山里，为一个又一个山里的孩子筑起牢固的理想信念，用知识改变他们自己的命运，用奋斗照亮他们的前程。

厚德重智，德育先行。德育最基层的践行者就是班主任。刘老师提到，班主任是学校工作的核心，最小的主任，最大的责任。刘老师工作最繁忙时，当三个班的班主任，带五个班的历史课，同时担任德育主任等诸多职务，每天只睡三四个小时。他每每激励学生，都会用他自己那句至理名言——相信奋斗的力量！因此，学生每次在学校看到他，都会说：“祥哥来了，赶快奋斗吧！”

刘老师同样提到了教育的滞后性。教师应该做学生生命中的贵人，坚信学生有无限的可能，可以在未来的社会生活中担任各种重要的职务，为家庭、社会、国家贡献自己的力量。

我对此深有体会。记得在幼儿园时期，老师布置了一项作业，让我们画一个小板凳。或许我天生缺乏绘画天赋，无论如何努力，我都无法画出一个像样的板凳。老师严厉地斥责我：“你太笨了，这个都画不好！”并且在放学时留我下来。直到我勉强画出一个勉强能看的板凳，老师才允许我离开。从那以后，我对绘画产生了极大的厌恶，无论画什么总是不尽如人意。正如刘秀祥老师所言，教育的真谛不在于眼前，而在于未来。我们不应只关注孩子们的不足，从而否定他们。相反，我们应该努力发掘孩子们的潜力，培养他们的批判性思维和独立能力。

从大山中来，回大山中去

历经磨难而过上优渥生活的人，往往会对磨难敬而远之。而刘秀祥老师在走出了大山，取得非凡成就、花团锦簇之时，为了大山里同他一样条件艰苦的孩子，又重回磨难之地。他荣获“最美教师”的称号，可谓是实至名归。

骑坏 8 辆摩托车，穿梭于大山之间，让近 2000 名学子重返校园；他任教的高中从自治州倒数第一到正数第一；从本科上线 70 人，到本科上线 1200 人；“助学走乡村行动”，让 4200 多名学生受到资助……

重回大山这么多年，刘秀祥老师从未停下脚步，他用超人的意志、坚定的信念，创造着一个又一个奇迹，在大山深处培育着一朵朵希望之花！

见贤思齐——在反思中前行

回顾自己的班主任工作和教学工作，面对繁重的任务，有时难免感到疲惫。听完讲座后，我深感惭愧。在未来的工作中，我将努力践行刘秀祥精神，坚信奋斗的力量！我将以身作则，为孩子们树立正面的榜样。我还要再次感谢诺亚，特别是董事长的良苦用心。作为诺亚集团启明中学北校区一名普通的英语教师，我将坚守初心，为党育人，为国育才，为实现中华民族伟大复兴贡献自己的一份力量！

用最初的心，做永远的事

唐县六一小学　尹　丽

在掌声与注视中，刘秀祥老师从容步入报告厅。他身着笔挺的西装，已不再是当年背着母亲求学的瘦弱少年。如今的他，神采奕奕，眼中闪烁着坚定的光芒。他曾说："我们每个人都要把自己活成一束光，无论黑夜怎样黑，你依然有光，照亮前行的路。"在那段艰难无助的日子里，他正是一步一个脚印、一级一级台阶地攀登，追逐着梦想的光辉，真正地把自己活成了一束光。

走出大山是毅力

在刘秀祥 4 岁那年，父亲不幸离世，母亲也因承受不住打击而精神失常。11 岁时，哥哥、姐姐相继离家，年幼的他不得不独自承担起生活的重担。然而，他坚信"知识能够改变命运"，始终没有放弃对学业的追求。刘秀祥边刻苦读书，边打工赚钱维持生计。但命运又一次捉弄了他。高考前一周，由于长期营养不良，加之压力过大，刘秀祥病倒了，最终落榜。那段时间，刘秀祥内心满是绝望，甚至想过轻生。采访视频中，他眼里含着泪水说："谁都可以落榜，谁都可以失败，但我不可以啊！我是在用我的生命读书啊！"看到这里，泪水模糊了我的双眼，我仿佛看到了那个在街边翻捡垃圾只为能饱餐一顿的少年，我仿佛看到了那个拖着病重的身体为饥饿的母亲端来一碗水煮白菜的少年，我仿佛看到了那个在课桌前埋头苦读的少年……与他相比，我们才是那些不该失败的人。我们无须背负母亲上学，无须依靠捡废品维持生计……当他在工厂辛勤劳作以凑齐学费时，我们却能与三五好友结伴旅行；当我们因微不足道的挫折而抱怨时，他却平静地接受，勇敢地面对。最终，坚强的他没有轻易放弃，他看到了自己曾经写下的一句话：“当你抱怨没有鞋穿的时候，回头一看，发现别人竟然没有脚。”于是他决定复读再战高考，并终于如愿以偿。那年，那个瘦弱的少年，凭借自己的毅力走出了大山！

回到大山是勇气

天色微明，教室门外，一位身着白色衬衣、理着平头的老师手持书本，静候着即将开始早读的学生。2012年，原本可以留在大城市、大企业的刘秀祥选择回到家乡，成为一名特岗教师。

他说：“比起一个人走出大山，更多山区孩子需要有人指引人生方向。”所以他发起“助学走乡村行动”，周末和假期就骑着摩托车走村串寨，四处劝学，去做更多山区学子的“引路人”。在8年时间里，刘秀祥几乎跑遍了望谟县的每个乡镇，骑坏了8辆摩托车。除了在学校做好教育工作外，他还在社会上开展公益性演讲，目前已演讲1000多场，听众达上百万人次。“开展励志演讲的目的，就是希望学生们更加自信。”这就是刘秀祥四处演讲的初衷。“刘老师的课太受欢迎了，今年我才听了4次。”刚听完主题思政课的吴银雨不禁“抱怨”。在吴银雨看来，听演讲最大的收获在于，他每天都会给自己定一个小目标，或是背50个英语单词，或是完成两套数学试卷……过去，高三（3）班的简合意性格比较内向，不喜欢和同学接触。“刘老师告诉我们，要阳光地面对生活，要对生活时刻保持思考！”上过多次“祥哥”的课后，小简也变得越来越开朗了。能够赢得学生的信任，是因为刘秀祥把大量时间都放在了他们身上，用心教学、用爱浇灌。在学生眼里，刘秀祥是他们的榜样。“刘老师的故事激励我读完高中、考上大学，我也想像他一样回馈社会。”刘秀祥曾经的学生李应芬，大学毕业后回到望谟，也成为一名教师。

他曾在井底仰望星空，如今却甘当井底的梯子。他用自己的经历启发孩子，唤醒他们心中的梦想，他用自己的勇气让山区的教育发生了改变！

幸运的是，我也成为一名老师，成为一名班主任。这六年，有辛苦和不易，有欢笑和泪水。面对纷繁复杂的班主任工作，我有时会感到焦虑不安；面对那些调皮捣蛋、不守规矩的学生，我也会情绪失控，甚至泪流满面。我曾多次抱怨，多次想要放弃，但了解了刘老师的事迹后，我对自己的工作有了全新的理解。这促使我不断反思，作为一名教师的初心究竟是什么？我意识到，我与刘老师一样，渴望传授知识给孩子们，助力他们成长。

走出大山是毅力，回到大山是勇气，不变的是少年的初心！希望我们人人都可以像刘秀祥老师这样，用最初的心，做永远的事！

学习刘秀祥事迹心得体会

唐县启明中学　陈梦萱

学习了刘秀祥的事迹，我印象最深的一句话是“相信奋斗的力量”。这是刘秀祥在将要放弃时用来鼓励自己的话。

他出生于一个贫困的家庭，平静的生活在他 4 岁那年被彻底打破。父亲不幸病逝，母亲因无法承受这一打击，患上了间歇性精神病。年幼的他对此一无所知，只能与哥哥、姐姐一同下田劳作，以勉强维持生计。慢慢地，由于不堪重负，刘秀祥的哥哥、姐姐纷纷离家出走，而年仅 11 岁的他，却依然坚守着，不肯放弃。

上了初中的他，带着母亲离开家乡艰难求生。因为没钱租房，他只能在学校附近山坡上搭建起一个四处透风的棚屋。他很愧疚，因为临走前他在父亲的坟前发下誓言，他一定要治好母亲的病，一定要活出个样子，一定会给母亲一个温暖的家。尽管刘秀祥的生活充满艰辛，他的学习时间比其他人少，但他的成绩始终名列前茅。凭借这样的成绩，考入大学对他来说似乎是顺理成章的事。然而，由于巨大的压力，他在考前一周病倒了，不幸落榜。面对困境，刘秀祥曾考虑过放弃，但在翻阅自己的日记时，他看到了自己曾经写下的一句话：“当你抱怨没有鞋穿的时候，回头一看，发现别人竟然没有脚。”于是他重振旗鼓，准备再考一次。再多的苦难都不能将他打倒，因为他坚信“奋斗的力量”。

回想当初，我们满怀热情，选择了“太阳底下最光辉的职业”。年轻气盛、充满活力的我们立志耕耘知识的花园，培育未来的花朵。可以说，在登上讲台之前，我们每个人都有着宏伟的志向，期望通过自己的努力成为一名优秀的教师。但随着时间的推移，我们发现现实和自己的理想差距如此之大。我们感叹于疲惫的日常琐碎，恼怒于学生的作业，郁闷于学生的课堂表现，感伤于对牛弹琴的传授……种种失意、困惑感扑面而来。我无数次自问：就这样放弃吗？就这样被打败吗？不，不能被打败，要坚信奋斗的力量！每一朵花都有盛开的理由，每一棵草都有返青的时候。坚持，用爱去宽容他们、呵护他们，赋予他们怒放的生命；坚持，用自己的人格魅力取得学生的信任，激起他们学习的热情。教育，是我们选择的道路，这条路漫长、艰难，充满太多未知。从现实出发，纵然会历经坎坷，纵然将来我们依旧平凡，但我们必须坚守心灵家园，坚信奋斗的力量！

康复后的刘秀祥决定重返校园，努力考取大学。经过一年的勤奋学习，刘秀祥在高考中取得了优异的成绩，成功考入了山东的一所大学。随后，刘秀祥带着母亲一同前往山东。学校得知刘秀祥的处境后，为他和母亲提供了住处。面对学校的资助，刘秀祥却婉拒了，他希望通过自己的力量去实现改变。毕业后，他更是拒绝了高薪职位，选择回到家乡，成为一名人民教师。因为他是通过读书走出大山的，深知读书的重要性，所以他回乡从教，只为了让更多的孩子从大山中走出来。

学是师之骨，德为师之魂。教师是学生在学校生活中接触最多的人，他的一举一动、一言一行、一思一想、一情一态，都在有意无意地对学生的心理和行为进行着指引。去年担任班主任期间，有一件事至今让我记忆犹新。新学期已过半，在一个返校的周日下午，突然从窗边传来一阵电话铃声。我拿起听筒，原来是学生家长的来电。她显得异常高兴，语气中透露出难以抑制的喜悦。她告诉我，孩子周末回家后非常开心。询问后得知，孩子因为得到了我的表扬而感到非常激动。看到孩子一脸幸福，作为母亲的她自然感到无比欣喜，因此，她特意打电话来表达她的感激之情。一次小小的表扬竟然使孩子这么兴奋，我觉得有些不可思议。第二天，我把她找来，并且谈起前一天的事。只见她笑了笑，腼腆地说："老师，我一直是个内向的人，所以一直不自信，因为您信任我，让我当您的课代表，这是我之前没有经历过的，我感觉到了被需要、被信任。而且上课我是不敢回答问题的，是您给了我信任和鼓励，我才鼓起勇气在课堂上举手。听到您的夸奖，我自然是喜出望外。”她性格内向，上课时几乎从不主动举手发言，得到的表扬也仅仅是寥寥数语。我深知，对于这样的孩子，如果老师表现出急躁，她可能会失去信心，跟不上学习进度了。自从我那次对她进行了表扬之后，我发现她无论在课堂上还是课后，都变得更加积极主动，学习成绩也稳步提升。

天行健，君子以自强不息。刘秀祥用他自强不息、乐观向上、勇于进取的“奋斗精神”感染了很多人。教学的路还很长，讲台上的每一分钟都值得珍惜，坚信奋斗的力量，走好当下的每一步路，就是成功。

担历史使命　育时代新人

——刘秀祥先进事迹学习心得

唐县启明中学　李克宗

最近，学校组织了对刘秀祥先进事迹的学习。他千里背母上大学，毕业后怀着信仰返乡任教，十年间用自己的故事激励学生，改变了一批又一批学子的命运……这些经历让我深感敬佩和震撼。从实现个人梦想到守护他人梦想，刘秀祥用他的励志人生展示了共产党人对党和人民的无限忠诚。我们应当以刘秀祥为榜样，汲取前进的精神力量，立足本职工作，践行二十大精神，努力成为新时代的“守梦人”。

越是危急越担当，越是艰难越向前。“伟大的背后都是苦难，成功的背后都是艰辛。”刘秀祥同志这样说。回想起刘秀祥的求学经历，真是催人奋进。4 岁时父亲因病去世，11 岁时姐姐、哥哥相继离家，而且母亲患有精神疾病，生活不能自理。为了照顾母亲，从初中到大学，他一直把母亲带在身边。功夫不负有心人，2008 年，刘秀祥考上了山东临沂师范学院。大学期间，刘秀祥一边上学，一边照顾母亲，一边打工。学校和社会各界给予了他们母子多方面的关心和帮助，但大都被他拒绝了。他说：“一个人的困难和挫折不是你向他人或社会索取的资本，人活着要活得让人可亲、可佩、可敬，而不是可怜。”毕业回乡任教后，他坚持把自己的故事讲给学生听，帮助无数学生改变了命运。我们要以刘秀祥为榜样，明白工作和生活并不是一帆风顺的，要有胆识和闯劲，做逆风中的“勇敢者”。面对困难和挑战，我们要敢面对、敢向前、敢作为，到祖国最需要我们的地方，为实现中华民族伟大复兴贡献自己的力量。

春蚕到死丝方尽，蜡炬成灰泪始干。我们要以奉献“小我”来助力“大业”振兴。“一定要回到我的家乡去从事教育，我想结合自身的经历去引导孩子们奋发向上，努力学习。我想，只要能改变一个人的命运，就够了。”这是刘秀祥的情怀和内心的选择。在贵州省望谟县，曾有一群因贫困而对求学失去希望的学生。刘秀祥不畏艰难，坚持深入乡村，亲自劝导他们重返校园。10年间，他骑坏了8辆摩托车。尽管面临外界的误解和责骂，他从未有过放弃的念头。他的努力使得1800多名学生得以重返课堂，并且他还成功牵线，为4200多名贫困学生找到了资助，累计资助金额超过1300万元。经过10年的努力，已有上千名学生考入大学，其中许多人毕业后选择返回山区，为家乡的建设贡献自己的力量。我们应该时刻怀有“功成不必在我，功成必定有我”的心态，发扬乐于奉献的精神，时刻牢记“江山就是人民，人民就是江山”，矢志不渝为人民服务，为人民奉献，用自己的辛苦指数换群众的幸福指数，争做为民造福的孺子牛。

不忘初心，坚持梦想。梦想是激发人不断成长的原动力。“因为我自己是通过读书走出大山的，我想回来告诉孩子、家长，读书是可以改变命运的。”刘秀祥相信，通过励志教育，可以改变山区学生的命运，激发学生的奋斗动力。他坚持让每个孩子都拥有信仰，让他们理解读书的重要性以及人生的价值所在。他希望更多的孩子能够明白，走出大山并非为了逃离大山，而是为了将来能够更好地回馈和建设这片土地。

盛世图景正阔步，青春奋斗正当时。让我们以刘秀祥为榜样，坚信梦想是前进道路上的不竭动力，用成熟的思想引领自觉的行动，以满腔的激情投身工作，承担起历史赋予我们的责任，用实际行动努力谱写崭新的篇章。

作为教师的我，将以刘秀祥同志为楷模，保持高昂的工作热情，努力成为学生学习的合作者、参与者和引导者，成为学生的贴心朋友。同时，我将努力成为教育教学的实践者、反思者和研究者，力求成为一位觉悟高、观念新、业务精、能力强、善于创新的教育工作者。

相信奋斗的力量

——学习刘秀祥事迹心得体会

唐县六一小学　李苗娟

在我们看不到的地方，有的人无忧无虑地享受着生活，有的人忙忙碌碌地为了生活，有的人辛辛苦苦地支撑生活，有的人一直在生活的道路上奋斗不息。

有这样一个人，4 岁时便失去了父亲，母亲患上了精神疾病；11 岁那年，肩负起家庭的全部责任，开始艰难地照顾母亲。当其他同龄的孩子还在母亲的怀抱中撒娇时，他却带着母亲踏上了艰苦的求学之路，并在父亲的坟前立下誓言，决心要带母亲走出大山，不混出个人样绝不回来。从此，他便开始了带着母亲求学的艰难奋斗之路。

有这样一个人，现任望谟县实验高中党总支副书记、副校长，贵州省省级名师工作室主持人，中共二十大代表，省宣讲员，省劳模工作室主持人。他带着令人羡慕的光环，守望着大山，影响着一群又一群孩子去铸就自己的梦想。

正是因为他怀揣梦想，任何困难都无法阻止他继续艰苦奋斗的步伐。他，就是我心中的榜样——刘秀祥。

我在教育的岗位上辛勤耕耘了十余年，其间不仅担任班主任，还经历了无数的欢笑与泪水，总体而言，生活是充实的。我曾以为，能够培养出优秀学生的老师就是好老师，因此我竭尽所能地教导学生。然而，刘老师的事迹让我深刻认识到，孩子们的学习与成长不仅需要老师的指导，更需要我们的影响和无私奉献。

记得两年前，我班上有个李同学，他上课时总是坐不住，不是在搞小动作就是在发呆，对学习提不起丝毫兴趣。然而一旦下课，他就像换了个人似的，精力充沛地追逐打闹。因此，我找他谈话，希望他能遵守课堂纪律，按时完成作业，努力成为一名优秀的学生。但他总是显得漠不关心，既不回应也不反对。这让我感到有些沮丧，情不自禁地对他发了脾气。他看到我生气，才勉强点头表示同意。就在这时，刘校长经过我身边，她轻声对我说："给孩子多一些机会，多去了解他们。"我感到一阵羞愧，难道是我的方法出了问题吗？为什么这个孩子不愿意与我交流？我开始反思自己的行为，意识到我对孩子缺乏足够的耐心和了解，我的方法过于简单粗暴。

因此，我下定决心调整我的方法。我拨通了他母亲的电话，以了解他的家庭背景。原来他来自一个单亲家庭，父母离异给他的内心留下了深深的失落和创伤。我不禁反问自己，我们是一所寄宿制学校，孩子们长时间与老师在一起，我难道不应该首先给予孩子爱，然后再去管教他们吗？

在全面了解情况之后，我在课堂上向他提出最基础的问题，鼓励他参与课堂活动，感受学习的乐趣，并在课间与他进行深入交流，帮助他排解内心的困扰。当他身体不适时，我会带他去买药，并亲自为他倒水，甚至在晚上帮他盖好被子。常言道："精诚所至，金石为开。"他感受到了我的关怀，对我的态度也由抗拒转为接受。慢慢地，我注意到他发生了积极的变化。

在了解了刘老师的事迹后，我更加深刻地认识到，刘老师骑车家访2000多人次，是在用自己的梦想激励更多的孩子去实现梦想、改变命运。我也要在心中筑起梦想，让奋斗从现在开始，永不止步。

爱中育责　立德培才

唐县启明中学　王新梦

在全社会普遍关注教师队伍建设的背景下，我校开展了一系列学习刘秀祥的活动，包括聆听刘秀祥的讲座和阅读《坚信奋斗的力量》纸质书。通过这些活动，我深深感受到刘秀祥老师的宽广胸怀和宏伟志向。

在听刘秀祥讲座时，我对他的一句话感触很深："我的每一场讲座都是不收费的，但它并不是免费的。我提出每一场演讲都要资助两名学生。"当他说完这句话时，我丝毫不怀疑他的初心。他的行为是光明磊落的，他的目标是明确的，并且从中我感受到了他的社会责任感。在听到他讲述如何将不想读书的学生劝回学校时，我不禁想到了我们班的孩子：七年级（6）班的渠同学。上个月的月考成绩公布后，一向开朗的梁同学变得沉默寡言。我曾尝试与他交谈，但似乎并未取得预期的效果。于是，我向我们年级的翟老师寻求帮助，希望她能给予渠同学必要的安慰和劝导。经过她的努力，渠同学终于敞开心扉，表达了他内心的焦虑和困惑。在随后的日子里，我多次注意到他在课堂上的不专注，以及对学习的抵触情绪。某天中午，我对他进行了严肃的批评，但他回应说他一直没有学会，不想学了。我的心中不禁泛起一阵酸楚，难以想象他每天面对数学课时的不安与焦虑。那时，我与他达成了一个协议：每天至少完成一道数学基础题，每天进步一点点。今天，渠同学主动来找我，我们一起讨论并解决了许多数学题。看到他的进步，我感到非常欣慰。

在后续阅读当中，我又读到了刘秀祥同志带领贫困生重树信心的案例，让我收获很多。大多数人对刘秀祥的了解可能始于他"千里背母上大学"的故事。从中我们得知他出身贫寒，幼年丧父，母亲患病，兄姐离家，似乎命运对他极为不公。然而，正是这些苦难锻造了他坚韧不拔的意志，成为他奋斗不息的动力源泉。童年时期的边读边农经历和少年时代的半工半读生活，塑造了他成熟稳重的性格，生活的重担也迫使他养成了勤俭节约的习惯。高考的失败、复读，每一道难关都异常艰难，但他一一克服。2008年，刘秀祥终于收到了山东临沂师范学院的录取通知书。读书能够改变命运，这是刘秀祥所倡导的精神，也是他行动的驱动力。他偶然结识的三个兄弟姐妹，在他的资助下重新回到了校园。出乎意料的是，其中的一个妹妹最终还是辍学了。这一连串事件如同推动齿轮转动的巨齿，促使刘秀祥不断前行，不断做出选择。或许正如那句老话所说："授人以鱼，不如授人以渔。"三年又三年，他扎根在望谟县的大地上，一点一点地改变着人们的思想。读书可以使人明智，读书可以使人出人头地。

古人常言："书中自有颜如玉，书中自有黄金屋。"唐诗亦云："朝为田舍郎，暮登天子堂。"读书是平凡人改变命运的唯一捷径，不学习如何能够实现自我转变呢！在班会课上，我经常向孩子们讲述我和我的小学同学的不同人生轨迹。并非出于怀旧，而是希望他们明白，不接受教育，人生将会受到限制。一眼望穿的未来并非理想。只有在充满挑战和困难的道路上，我们才能开辟出一条光明大道。

当然，在他千里背母上大学的感人故事中，除了洋溢着坚定的求学信念，还深刻体现了他强烈的责任感和孝心。面对幼年丧父、母亲患病的困境，刘秀祥的哥哥姐姐选择了离开，而刘秀祥却选择始终陪伴在母亲身边。他不畏艰辛，种地、销售农产品、拾荒、打工……为了生计，他尝试了各种工作。他历经千辛万苦，曾面临无米之炊、露宿桥洞等艰难困境，难以想象一个少年是如何度过这些苦难的。即便如此，他从未放弃过母亲。

孝顺是中华民族的传统美德，是我们不可缺失的道德底线。尊师重道同样如此。每逢假期，我都会引导孩子帮助父母完成一些他们力所能及的琐事；每当教师节来临，我都会鼓励他们为老师准备一张贺卡。每一次行动都是一次实践，每一次实践都会在他们心中留下深刻的印记，有助于塑造他们优秀的品格。同样，在日常的课堂和生活中，我也会为他们准备一些小惊喜，如一份糖果、一个面包或一句鼓励的话语。虽然这些物品本身可能并不昂贵，但它们传递了我对孩子们的关怀和重视。

让我们以人育才、以事育才，在点滴生活中给予孩子们关爱，在关爱中渗透我们的道德责任。春风拂面，扫去灰尘，露出属于他们的熠熠光辉！

重视德育，是学生素质教育不可或缺的重要组成部分。只有品行优良，才能育人成才。国家民族的信仰就是我们的德育中心。

在逆境中拼搏　在平凡中坚守

保定市启明职业高级中学　邓佳颖

学习先进事迹，循着成功的轨迹，寻找自己的人生方向。在学校的组织下，我得以学习全国“最美教师”刘秀祥的先进事迹，这让我受益良多。

学习刘秀祥事迹，我看到了他在逆境中拼搏的精神。

在我们的日常生活中，有些人常常会感慨自己缺乏优越的成长环境，将自己平凡的人生归因于普通的家庭背景。然而，刘秀祥先生的杰出事迹向我们展示了即便缺乏优越的天赋、富裕的家庭背景，也绝不能放弃奋斗的意志、积极向上的动力以及突破困境的勇气。

我读书的时候有一个校友，他的家庭状况已经不能仅用困难来形容了。他的父亲是一名残疾人，母亲智力发育不全。我能够想象，如果将这家人的境遇公之于众，网络评论区可能会充斥着怎样的负面情绪。然而，这对姐弟并没有沉溺于自怜，也没有放弃对生活的追求。在政府和社会的援助下，他们完成了学业。我最近一次听到的消息是，姐姐已经加入了一家外资企业。

刘秀祥先生和我的校友一样，他们并没有优越的出身，但是依然努力着，努力让自己活出别样的色彩。

学习刘秀祥先生的事迹，我感受到了他在平凡中坚守的决心。

在自己的努力下，刘秀祥收获了成功，他从小山村走进了大学校园。学历本来为他铺就了一条离开农村的坦途，但是他并没有选择离开，而是选择了回归，回到自己出生的地方，成为一名人民教师。他要帮助更多像他一样的学生走出农村，让他们也有机会去追寻更好的人生。

看到刘秀祥先生的选择，我想到了另外一位优秀教师——辛忠起。他从保定学院毕业后便选择了支援新疆建设，在那里做了十八年的小学教师。面对大家的疑问，他说他选择了平凡，但是并没有平庸，每一个走出沙漠的孩子都是明天的希望。

是的，每一个孩子都是明天的希望，都关系着千家万户的幸福安康。教师是一个平凡的职业，但每一名人民教师的人生都是不平庸的。在未来的工作中，希望我也能拥有在逆境中拼搏的精神、在平凡中坚守的勇气，在学生的青春岁月中书写属于自己的绚丽人生。

不忘初心

唐县启明中学　苑丽娜

用爱心做事，用感恩的心做人。

——题记

“贵州第一孝子”刘秀祥“千里背母上大学”的事迹引起了社会的广泛关注，随之而来的还有来自各方的支持与援助。临沂师范学院为他们提供了临时住所，并为他安排了勤工助学的岗位。入学后，不少爱心人士和企业曾找到刘秀祥，表示愿意提供帮助，但都被他婉言谢绝。他说，一个人活着不应该让人觉得可怜，而应让人觉得可亲、可敬。

虽然生活已经很困难，但刘秀祥从没停止过帮助他人。大学期间，他将部分兼职收入寄回贵州，用以支持初中捡废品时认识的两个弟弟和一个妹妹上学。

大学毕业后，刘秀祥在选择毕业去向时遇到了难题。经过不懈的努力，他最终在一家企业谋得一职，担任总经理助理。他在工作中勤勉尽责，赢得了总经理的青睐，生活也逐渐向好。然而，就在这时，他接到一个电话，来电者是他曾经资助过的一名女孩。女孩告诉他，她将无法继续学业，毕业后就要结婚。听到这个消息，刘秀祥再也无法平静，他决定回到他曾经走出的大山。在城市的高楼大厦中，不缺少一位白领，但在望谟的简陋教室里，却急需一位能够熟练运用新教育方法，并能给予孩子们心灵慰藉的老师。他深知，放弃学业就等于放弃了人生的无限可能。他该如何拯救这些孩子呢？答案是重返三尺讲台，传授知识，培养人才。恰逢县里即将举行特岗教师招聘，他报名参加，并取得了第一名的优异成绩。他本可以选择在城区的学校工作，但他毅然决然地选择了困难的地方：望谟县。

他把自己的全部奉献给了学生，事事为了学生，时时想着学生。在他的不懈努力下，考取本科大学的学生人数逐年攀升，从 2012 年的 70 人增长至 2020 年的 1200 多人。他的付出改变了 1800 多名贫困孩子的命运。最令我印象深刻的是，他不仅在学习上帮助学生，生活上也对学生无微不至。周末，他将学生带回家里，改善学生的生活。他全心全意对待学生，将学生当成自己的孩子，建立起学生对他的信任。

不忘初心，方得始终。刘秀祥用实际行动诠释了“不忘初心”的深刻内涵。他出身于贫瘠的山区，最终选择回归那片土地。他的回归肩负着使命——拯救更多孩子，挽救他们的思想与灵魂。看到他的事迹，我不由得又想到了自己。同样作为一名老师，我的初心有没有改变呢？

记得刚来这所学校应聘，我只是想找一份工作，还没有真正意识到这份工作的重要性。随着时间的推移、教学经验的积累、与学生互动的深入，我逐渐认识到肩负的责任之重。我认为，教师的职责不仅限于传授知识，更在于引导孩子树立正确的价值观。

我要向刘秀祥老师学习，将学生当成自己的孩子，用心去教他们。在教学过程中，我们必须转变思维，真正站在学生的立场上思考问题。在我们班中，有几位学生在第一次月考中语文成绩仅为三四十分，这是我从教生涯中前所未见的低分。面对这样的成绩，我陷入了深思，开始反思我的教学方法是否过于枯燥或者讲解速度过快。我邀请他们到办公室，询问他们在学习语文时遇到了哪些困难，需要我提供哪些帮助。起初，他们吞吞吐吐，不敢回答。我鼓励他们放心大胆地说，任何问题我们都可以共同解决。他们最终透露，问题在于他们小学的基础知识薄弱，许多字词不会写，写作文时也不知如何落笔。听到这些，我意识到了问题所在。我向他们建议，上课时要认真听讲，遇到不懂的地方要及时向老师请教。同时，我也特别关注他们在课堂上的学习状态。经过半年多的努力，他们逐渐取得了进步，成绩从三十多分提升到了五十多分。在最近的一次考试中，他们终于达到了及格线。

蚕丝吐尽春未老，烛泪成灰秋更稠。教师肩负着至关重要的职责，不仅要传授知识，更要引导学生成长，成为他们的引路人。我们应当始终铭记教育的初衷，无论何时何地，无论面对何种挑战或诱惑。同样，在个人成长的道路上，不忘初心、牢记使命同样重要。作为塑造未来、培育希望的园丁，我们的责任重大，更应承担起时代的重任。

以榜样为力量　用行动向前行

——学习刘秀祥先进事迹心得体会

唐县六一小学　刘丽娟

“羔羊跪乳，寒鸦反哺”，那些有关孝悌的故事流传了千年。今天，刘秀祥用他稚嫩的双肩扛起了一个家，同时也成就了自己的未来，谱写了一曲孝老爱亲、自强不息的青春之歌。这几天，我们一直在学习刘秀祥的先进事迹，他凭借自强不息、乐观向上、勇于承担、发愤进取及乐于助人的精神，成为我们学习的楷模。

“我在教书的过程中，一直都告诉自己，一个都不能放弃，一直都不能放弃，相信奋斗的力量。”这是刘秀祥曾经说过的一句话，他也是这样做的。从幼年带着患病的母亲上学，到放弃大城市优越的生活回到家乡教书，他通过自己的不懈奋斗成就了现在的人生，这就是奋斗的力量。

看到这里，我不禁感慨，奋斗的力量是如此之大。作为一名教师、一名班主任，我们会接触到形形色色的学生。有时候学生的表现可能与我们的期望有所出入，但只要我们愿意努力，愿意付出，愿意奋斗，结果肯定比选择放弃要好得多。因此，面对困难时，不要抱怨，因为抱怨无法解决问题，我们要坚定信心，努力学习，寻找解决之道，通过奋斗，将不利的局面转变为令人羡慕的成就。

生如蝼蚁，当有鸿鹄之志；命如纸薄，应有不屈之心。“无论人生多不容易，都要微笑面对，要始终相信奋斗的力量。”刘秀祥不向命运低头的倔强，都写在他那张朴实的脸上，更浓缩在他的行动中。我们更应该去奋斗，相信奋斗的力量。

刘秀祥放弃大城市优越的生活，毅然决然回到家乡去教书，四处开展公益演讲。他希望通过励志演讲，让孩子们变得更加自信。鸡蛋，从外面打破是食物，从里面打破则是生命。他从思想上教育学生，让他们自省，从而实现自己的人生价值。

面对学生，我们应当在思想上与他们进行更多的交流。尽管有时候苦口婆心似乎没有立竿见影的效果，我们仍不能放弃努力。只有真正走进学生的内心，唤醒他们的自我意识，我们才能实现教育的真正目的。以我班的赵同学为例，在家上网课的两个月期间，他仅提交了两次作业。无论我如何与他的家长沟通，家长总是说管不了孩子。开学后，我与赵同学进行了深入的交流，了解他内心的想法，并通过激励来增强他的自信心。经过多次鼓励和指导，他取得了显著的进步：书写变得清晰，上课更加专注，作业也能及时完成，甚至在课余时间主动练习写字。这证明了，一旦学生从思想上意识到了问题，并付诸行动，他们就一定能够取得进步。赵同学已经做到了这一点。

“不经一番寒彻骨，怎得梅花扑鼻香。”刘秀祥作为我们的榜样，指引我们前行，我将把最近的学习收获付诸未来的实际行动。只要有梦想，就要坚持，不畏任何艰难险阻。那样，我们终将看到胜利的曙光。

榜样如光照亮前路

唐县启明中学　李　桥

听完刘秀祥的事迹报告，我深受感动。他出生于一个贫困的家庭，原本平静的生活在他 4 岁时遭遇了变故：父亲不幸病逝，母亲也因沉重打击而患上了间歇性精神病。年幼的他对此一无所知，只能与哥哥、姐姐一同下田劳作，以勉强维持生计。随着时间的推移，由于无法忍受这种艰辛的生活，刘秀祥的哥哥姐姐相继离家出走。在这样的逆境中，当时年仅 11 岁的他依然坚持着。

升入初中的他，不得不离开家乡，带着母亲四处流浪。没有房子住，他们只能租住在四处透风的猪棚里。他深感内疚，因为他曾对着父亲的坟墓立下誓言：一定要治好母亲的病，活出个样子，给母亲一个温暖的家。

进入高中后，他刻苦学习。多年的辛勤付出即将在高考中开花结果，然而，就在高考前一周，他不幸病倒，最终以 6 分之差落榜。这时，他萌生了自杀的想法。可就在他翻看日记时，当中的一句话给了他活下去的动力："当你抱怨没有鞋穿的时候，回头一看，发现别人竟然没有脚。"他豁然开朗，决定复读一年。功夫不负有心人，他最终以优异的成绩被山东的一所师范大学录取。

他一手牵着母亲，一手扛着蛇皮袋，踏上了大学之路。他的故事登上了《人民日报》，"千里背母求学"的事迹赢得了众人的赞誉。许多热心人士和企业向他捐款，然而他却一一婉拒了。他说："一个人的困难和挫折，并不是你向他人或者社会索取的资本。"他坚持用自己的努力换来自己的人生。在自己不富裕的情况下，他还资助了三个在拾荒时认识的弟弟、妹妹。

观看完短片的我，难以想象如此瘦弱的他如何承担起肩上的重担，又如何度过那些漫长的黑夜，是什么力量支撑他一次次战胜挫折？然而，在聆听他那充满激情的演讲后，我找到了答案——梦想。他说，若一个人没有梦想，即便拥有万贯家财，生活也如同行尸走肉。梦想，每个人都有，但像他这样不仅拥有而且付诸实践的人却寥寥无几。因此，刘老师，感谢您，我也将努力追逐自己的梦想，并感谢您赋予我勇气！

“走出大山不应该是为了逃离大山。”这是刘秀祥的人生信条。艰难的求学路，让刘秀祥深刻地意识到，越是偏远的地方，越需要优质的教育，更需要优秀的教师。大学毕业后，刘秀祥并没有像很多人那样留在城市发展，而是选择回到乡村，回到大山深处，为乡村教育带去了希望。他组织开展“助学走乡村行动”，帮助贫困学生完成学业。他坚守在教育资源匮乏的地区，为当地的教育发展做出了巨大贡献。

作为教师，我深知自己的职责是教书育人，可我一直有个疑问：我们教书是要培养什么样的人？我想现在我明白了，是为了培养勇于担当、敢于担当的栋梁之材。既然我们选择了站在黑板前，就等于选择了永恒的奉献。这不仅是一份使命，更是一份沉甸甸的责任。只有怀着一颗强烈的责任心投身于教育事业，我们才能抵御工作的疲惫与厌倦；也只有这样，我们才能将工作做得更细致、更出色，才能在纷繁复杂的教学工作中发现幸福与快乐的源泉。

他的教育方式别具一格。他常常以自己为蓝本，激励每一位学生，让他们认识到读书的重要性，并且总是不辞辛劳地为学生奔波，四处筹措资金。他为人正直，从不放弃任何一个学生，坚信自己定会成功。他说：“我所要做的，就是用自己的经历来启发这些孩子，唤醒他们心中的梦想，让他们坚信，人生要有梦想，要永远相信奋斗的力量。”他说：“没有人愿意揭开自己的伤疤，但是如果能够给人力量，哪怕能多改变一个孩子，我也要坚持下去。”因为他曾经在井底仰望星空，所以他甘愿当井底的梯子。

回首来时的路，我深深地明白：生命在于奋斗，教育在于奉献。在精英荟萃的教育事业中，我是一名新手，缺乏丰富的教学经历，也未掌握精湛的教学技巧。然而，我将坚持不懈地向刘老师学习，汲取那份“春蚕到死丝方尽，蜡炬成灰泪始干”的无私奉献精神。我将像刘老师一样，带着满腔的热情和不屈的斗志，全身心地投入语文教学工作中。教育是一项艰巨而长远的任务，“路漫漫其修远兮，吾将上下而求索”。

刘老师的一句话让我记忆深刻：要把自己活成一束光，一束不仅照亮自己而且能照亮他人的光。

老师，您的话语我已经铭记于心。感谢您教导我，成功需要肩负责任、心怀理想，并且努力奋斗。您就像冬日的暖阳，温暖我们的心灵；您如同黑暗中的路灯，为我们照亮前行的道路……

百折不挠，向阳而生

唐县启明中学　康亚倩

我们总以为这个世界是美好的，每个人都生活得无忧无虑、吃穿不愁。但当我了解了刘秀祥的有关事迹，阅读了《坚信奋斗的力量》这本书，我才明白，不是每个人的生活都充满阳光。

刘秀祥被当地人称为“贵州第一孝子”。在长达七年的时间里，他带着患有间歇性精神病的母亲辗转于望谟、安龙、兴义三地之间，一边读书，一边捡废品、打短工，饱受人情冷暖，历尽人生百态。尽管困难重重，但刘秀祥一直坚信：只有读书才有机会改变命运。他越过了人生中一个又一个的坎，用实际行动证明了一个人无论出身如何卑微，只要怀着美好的希望，勇于面对困难、战胜困难，最终定会成为一个对社会有用之人。刘秀祥历尽千辛万苦，本来可以在大城市里找到一份很好的工作，但是他不忘初心，坚持回乡任教。在过去9年的时间里，他全身心扑在工作岗位上，为望谟县教育事业和打赢教育脱贫攻坚战谱写了新篇章。他资助贫困学子，帮助3000余名山区孩子圆了上学梦。他结合自己的亲身经历，通过1500余场全国巡回励志演讲，感染并影响了无数学生。正是因为刘秀祥这种百折不挠的精神，才能在贫瘠的土地里浇灌出美丽的花，才能在这太阳之下结出累累硕果。刘秀祥，一个向阳而生的人，尽管遭遇了无数困难，却依然能够说出“世界以痛吻我，我却报之以歌”。他曾经在井底仰望星空，现在却愿意成为那井中的梯子。与之相比，作为一名教师的我，感到自愧不如。刘秀祥那崇高的人生追求、高尚的师德情操以及无私的奉献精神，无不激励着我奋勇前行。

首先，看了刘秀祥的事迹，我不由得想起了董事长的一句话：“脸上有笑、眼中有光、心中有爱、肩上有责。”这句话非常全面地总结了教师应具有的精神风貌。走上教师这个岗位，我们首先应当有一个积极乐观的心态去面对各种各样的困难，就像刘秀祥一样百折不挠。这样，学生才能从我们的态度中感受到对生活的热爱，并以更加积极乐观的态度去生活和学习。此外，教师这一职业的独特之处在于我们肩负着每一位学生的成长与幸福，必须细心观察他们的每一个变化。这是我们义不容辞的责任，同时也是一种深沉而甜蜜的幸福。

“肩上有责”这四个字意味着我们不仅要对孩子负责，还要对家长负责，更要对学校负责。我们要对学生负责，规范学生的行为，了解学生的思想动态，对每一个学生进行有针对性的教育；我们要对家长负责，除了关爱孩子、呵护孩子，还要培养他们良好的习惯，教他们如何做人、如何学习、如何生活，还家长一个健康、快乐、活泼、聪明的孩子；我们要对学校负责，应坚定地树立教师的良好形象，提升教育能力，提高个人素质。总之，教育学生是我们一辈子的神圣事业。

看完刘秀祥的生平事迹，最令我感动的是他那坚韧不拔且充满乐观的人生态度。他曾说过：“当你抱怨没有鞋穿的时候，回头一看，发现别人竟然没有脚。”在面对挑战和困境时，我们应如何应对和克服，这是我们需要向孩子们传授的。在日常生活中，我们应以刘秀祥为榜样，向学生讲述他的故事，以此激励他们不断向前。

“不经一番寒彻骨，怎得梅花扑鼻香。”刘秀祥用自己的亲身经历向我们证明，无论面对何种艰难险阻，只要勇敢地去面对，就一定能够见证胜利的曙光。“天行健，君子以自强不息；地势坤，君子以厚德载物。”刘秀祥用实际行动诠释了中华民族传统美德的内涵，他自强不息、乐观向上的奋斗精神，是我们激励自己、鼓舞他人的最好素材。

学习伟大精神　谱写育人华章

唐县启明中学　张紫莹

人最宝贵的是生命。生命每个人只有一次。一个人的生命应当这样度过：当他回首往事的时候，不会因虚度年华而悔恨，也不会因碌碌无为而羞愧。

——保尔·柯察金

早在孩童时期就曾听闻南方一名大学生不远千里背母上大学的报道，那时的我还小，并没有深入了解，只觉得这个大学生太勇敢了，太能拼了。再次听说这件事的主人公——刘秀祥，我已步入工作岗位。听了党的二十大代表刘秀祥做的报告，我不禁感慨："人的力量是无穷的，人的潜力是无限的。"

对刘秀祥事迹真正全面地了解，还要得益于此次报告会。我们到场时，报告厅里已经开始循环播放刘秀祥的采访视频。出身寒门，少年丧父，母亲被确诊为精神失常，手足离家出走……任何一件事压在我身上，都极可能把我压垮。然而，刘秀祥并没有向命运屈服。他做得最勇敢、最正确的决定就是继续读书。报告厅里，一位彬彬有礼又身姿挺拔的青年男子，声情并茂地讲述着自己是如何通过读书来改变命运的。最打动人心的是，无论家境如何、处境如何，他都没有放弃学业。他的这些奋斗史成为他胸前的勋章，闪闪发光。

刘秀祥与命运抗争的故事之所以可以留在人们心中广为传颂，是因为他在学业有成，可以拿几十万元年薪时，却毅然决然地回到大山反哺家乡。刘秀祥想到了小时候家境贫寒的自己，想到了还有太多学生与自己当年一样，因为教育资源匮乏而无法拥有美好人生。从最初资助十几个孩子开始，到后来刘秀祥通过自己的影响力，获得外界的各种帮助，渐渐将资助规模扩大到1700多人。许多贫困学生都因为刘秀祥，走出了小乡村，走上了不同的人生道路。

令我深受触动的是，《坚信奋斗的力量》一书中关于刘秀祥劝学的故事。在9年的时间里，刘秀祥走遍了望谟县的160多个村子，硬生生骑坏了8辆摩托车。因各类原因欲让子女中途放弃学业的家长，在他的说服、引导下，全面摒弃了“读书无用论”。这145户人家的178名学生，有的上了高中，有的上了大学，有的成了村里的致富带头人……9年的时间里，1800名学生因他重返校园。

9年时间，说长不长，说短不短，但倘若9年如一日地做一件事——劝学，那么这件小事也变得无比耀眼。同样身为教育工作者，我自愧不如刘秀祥。记得初任班主任之际，我带着新鲜感和责任感，坚信只要用心，便能做好这份工作。但我未曾料到的是，班主任工作竟是如此繁杂。初入职场时，对工作环境和制度不熟悉，面对学生层出不穷的问题，宛如置身于突如其来的暴风雨中，让我这个新手教师应接不暇。那时的我，几乎每天都在崩溃的边缘，疲惫成了我生活的常态，唯一支撑我继续前行的，是对孩子们的责任感。尽管放弃的念头不时闪过脑海，我还是将肩上的重担视为己任，日复一日地坚持着。在劝学的道路上，刘秀祥从未考虑过放弃。他所经历的磨难，如今都化作了他荣誉的勋章。

刘秀祥历尽各种艰辛与磨难，先后被称为“孝心大使”“爱心大使”和“励志巨人”。他所获得的诸多荣誉，都是其血泪的见证。人们只看到他荣誉满身，但我更能感受到他背后的辛勤与坚韧。或许正是因为我们共同的“教师”身份，才让我们心灵相通。我希望能够讲好他的故事，激励更多的人。

或许由于年幼无知，抑或是家庭环境的影响，又或者是小学基础薄弱，我们班确实有两三个孩子表现出厌学情绪，甚至考虑退学。面对这种情况，我感到难以置信，同时也经常以自己的经历为例，并引用刘秀祥的故事来启发他们。那些认为学习无用的孩子，往往与家庭教育有关。在这样的家庭背景下，改变孩子的观念确实不易。那么，如何激发他们去追求更广阔的人生呢？关键在于展望未来。我们要告诉学生，如果不好好学习，长大后可能只能做最底层的苦力；好好学习，掌握一些技能，你可能会拥有一份轻松、高薪的工作，而不仅仅依靠体力劳动来谋生。毕竟，事实才是最有说服力的。

精神易于传承，但落实却颇具挑战。这需要成千上万的教育工作者站在前人的肩膀上，创新并发展出适应当前时代的教育模式，以确保教育过程更加顺畅和高效。

感天动地刘秀祥，教育先锋敢担当；知难知艰勇奋进，留名青史传人间；且行且思提素养，学习精神我先行；立足实际求发展，不负集团培与养。

只为心中那份希望

——学习刘秀祥事迹心得

唐县六一小学　刘月红

“寒门再难出贵子”，曾经的这句话深深刺痛了多少平民百姓的心，但刘秀祥的事迹给了这句话多么有力的回击，也给寒门子弟们亮起一座灯塔，燃起内心深处、自卑背后的那份希望，给他们的未来注入成功的希望。

刘秀祥的为师之道让作为一名小学教师的我也深受启发。尽管在我们的班里，因家庭贫困而退学的学生寥寥无几，但依然存在对学习失去信心的学生。都说有时候改变一个孩子一生的或许是老师的一句话，也或许是老师的一种行为。可见，作为教师，我们的言行对学生而言是多么重要。刘秀祥的经历和他身上散发的光芒足以照亮孩子们的内心，让他们对学习和人生重新燃起希望。因为刘秀祥本身就是一个标杆、一面旗帜、一个榜样。所谓“近朱者赤”，他从骨子里透出的对生活的乐观、坚毅及对母亲的孝敬，有着任何教科书都无法超越的感染力。他是一本生动的、充满思想和灵魂的教科书，对学生的影响深远。教育者首先应正己身，努力成为一个充满阳光、积极向上、知识渊博、力量充沛的人，以便更好地教育和引导学生，让他们朝着理想的方向迈进。虽然知识改变命运对于小学生来说看似有些遥不可及，但让他们感受拼搏的力量、成功的喜悦、进步的美好，树立自信心，对孩子来说也是一种质的蜕变。

我们要善于让学生给自己制订短期目标。无论学习还是生活，只要心中有目标、有希望，前路就不会迷茫。以刘秀祥为例，他最初的愿望不过是让母亲和自己过上衣食无忧的生活。为了实现这一愿望，他不畏艰难，历尽千辛万苦，却从不感到苦涩。一旦梦想成真，他感受到的只有成功的喜悦和幸福。因此，尽管我们可能并未面临刘秀祥那样的生活挑战，我们仍然可以为自己设立一个短期目标，并为之努力奋斗，体验挑战的过程，享受最终的喜悦。

刘秀祥作为寒门学子，学业有成、事业有成，其中的艰辛足以影响和激励更多的学子努力完成学业，足以影响和激励我们所有的在职教师全身心投入教书育人工作中去。他如灯塔般照亮前路，指引我们阔步向前，追寻心中的那份希望！

心存光明，向阳而生

唐县启明中学　郝梦楠

别人的书都是注解，自己的心才是原文。

——题记

“其实没有人愿意揭开自己的伤疤，但如果能够给人力量，我都觉得非常值。”这是来自贵州大山深处的刘秀祥老师说的一句话。刘秀祥，贵州省望谟县的一位平凡教师，多年来，他以自己的实际行动帮助望谟县的学生们走出大山，实现了一个又一个大学梦想，因此被人们亲切地称为“最美老师”。他的生活轨迹宛如电视剧情节，令人叹息、同情甚至无奈，但他从未迷失方向，也未曾选择放弃。在充满挑战的人生道路上，他如同一支离弦之箭，燃烧着全部的力量，朝着唯一的目标勇往直前。

近期，我非常有幸学习了刘秀祥老师的事迹，从中获益良多。接下来，我从三个方面谈谈自己的感想。

找准人生方向，敢于和命运抗争

在这个一切正好的年代里，年纪正好的我们有着正好的一切。有人拼命努力想活出自己，有人怨声载道，埋怨命运的不公。我难以想象，一个少年如何承受幼年丧父、哥哥姐姐离家出走、母亲患有精神疾病、求学之路艰辛以及生活条件拮据的多重打击。将这些困境中的任何一项施加于他人，都可能令人难以承受。巴尔扎克曾说：“不幸，是天才的晋升阶梯，信徒的洗礼之水，弱者的无底深渊。”对于刘秀祥而言，他的人生轨迹无疑属于前者。在父亲去世后，他背着母亲开启了艰难的求学之路。然而，命运再次与这个少年开了个玩笑——6 分之差让他与本科大学无缘。但他依旧没有被压垮，重拾信心，最终以优异的成绩考上了临沂师范学院。

人生，最重要的不是所站的位置，而是所朝的方向。圆规，之所以能画圆，是因为脚在动，但心不变。人生，只要有坚定的方向，并为之奋斗，全世界都会为你让路。

用爱行走于尘世，把善良种在心间

刘秀祥实现了走出大山的愿望，但为了家乡的教育，他还是放弃了大城市的生活，回到了那个偏远的小山村。为了让孩子上学，刘秀祥开始和家长“斗智斗勇”，哪怕被狗追，摔伤了也毫不退缩。

什么是善良？善良，是心中的灯塔，时时照亮我们的脚步；善良，是正义的利剑，带领我们一路披荆斩棘；善良，是心底的柔软，让我们被这个世界温柔以待。如果世人都把善良种在心间，用爱行走于尘世，相信世界会更美好吧！

把平凡做到极致，把简单做到纯粹

刘秀祥的前半生充满着伤痛、重压和被社会遗弃的无助，但他的后半生却充满着阳光、鲜花和欢声笑语。当一个又一个的赞誉涌向他时，他淡淡地说：“我只是一名普通乡村教师，但只要社会有需要，我会一直做下去。”

人这一辈子，看上去很长，其实又很短；看上去可以做很多事，其实真要做成、做好几件事却又很难。所以，我们要在自己热爱的领域，找到人生努力的方向，然后投入全部心血，专注精神，持之以恒。这样，我们就能把平凡做到极致，把简单做到纯粹。

生活中的我们往往纠结不放，逐渐模糊了那些美好的向往。我也是其中的一分子，也经常抱怨命运的不公，总是不满足于当下拥有的一切，总以为生活对我们有诸多的亏欠。然而，了解到这样一个人、这样一段人生后，我才幡然醒悟——原来，我们绝大多数人是那么幸运，因为至少我们还能有所拥有，至少我们的生活还是充满阳光和鲜花的。

心存光明，向阳而生。世界纷繁复杂，黑暗与光明共存，但我们前进的脚步会更加坚定，相信遍布荆棘的人生路上也会一路花香。

教师的使命与担当

唐县启明中学　马晓童

曾经，他背母上学，被网民称为“贵州第一孝子”。而今，他回到家乡，成为扎根山乡教育事业的坚毅守望者。他背母千里只为求学，返回大山只为劝学。一个梦想，一份信念，8 辆摩托车，1800 多名学生重返校园……他摆脱了大山，又回到了大山，并以一己之力，改变了望谟县落后的教育现状，使其一跃成为贵州教育强县。

刘秀祥，一位平凡的人民教师，曾背负母亲跋涉千里求学的孝子，如今正实现着他曾经立下的誓言与梦想。他的故事，让我感受颇深。

刘秀祥老师的坚韧品质令我深感敬佩。逆风飞扬，永不言弃。从 11 岁起，他便独立承担起照顾患有精神疾病的母亲的重任，并在求学的道路上坚持不懈，凭借坚定的信念完成了学业，实现了自己的梦想。这一过程的艰辛感动了无数人，最终他如愿以偿，考入了山东临沂师范学院。

面对人生的坎坷和挫折，他展现出了克服困难的能力以及接受挫折的心理准备。因此，我们应当向刘秀祥学习，面对逆境时，无须恐惧，更不应选择逃避或退缩，而应勇敢地直面挑战。我们要成为生活中的强者，正确理解挫折的意义，增强自身的心理承受能力，以便更好地适应社会的竞争环境。

刘秀祥老师拒绝 55 万元年薪，毅然扎根深山，助力山区教育发展的义举令我钦佩。刘老师曾经的梦想就是走出大山，给母亲一个温暖的家。然而，当他大学毕业面对企业提供的高薪职位时，他却选择了拒绝。原因是：“我的妹妹不想上学，初中毕业就要嫁人。”刘老师想到了和自己一样境遇的孩子们，因此，他坚定地回到大山里。因为自己淋过雨，所以他想为每个人撑伞。

他致力公益，成立爱心基金，资助贫困生1800多人，开展公益励志演讲1000多场。他还走遍所有的村庄，只为了通过家访改变更多孩子的命运。后来，他又发动更多的教师加入助学队伍。2016年，他成立了“刘秀祥工作室”。2012年，刘秀祥刚回到望谟县时，本科录取人数仅为70人，而到了2022年，这一数字激增至1302人，本科上线率达到了55.48%。这正是刘秀祥及其团队无私奉献的成果。

刘秀祥基于亲身经历的励志演讲是一阵有力的春风，唤醒了无数孩子内心对读书、对梦想的坚持。梦想开始发芽。刘秀祥，就是那束光。他对教育和公益事业的执着，如同一汩永不枯竭的清泉，不断地滋养着这些梦想。最终，这些梦想像树木一样茁壮成长，或洒下一方清凉，或散发一阵芬芳，带来更深更远的改变。作为一名教师，我对其感到深深的敬佩。

此外，刘秀祥老师注重德育工作，他的三句话令我铭记在心：教师应胸中有书，目中有人；要做学生生命中的贵人；教育不在当下，而在未来。

我们要学习榜样的力量。刘老师一句“梦想比金钱重要，一个人的命运可以改变更多人的命运”，让我感受到了他作为一名教师的伟大，也让我明白了要当一名合格的教师，首先要热爱自己的工作，用心用情投入工作，关心爱护学生，用自己的一言一行去影响学生，把学生培养成有灵魂的人、品德高尚的人，助力学生实现自己的梦想。我想这是我们每一名教师的使命和担当，也是我今后工作和努力的方向。

新时代的教师要做“四有”好老师。正如刘老师所言，我们作为教师，应带着学生在知识的海洋里遨游。他还说，要给学生一滴水，自己要有一桶水。确实如此，拥有扎实学识是一位教师最基本的要求。

教师，特别是班主任，在学生的人生旅途中扮演着至关重要的角色。作为学生生命中的贵人，我们必须坚信，我们的学生将来都有可能成为各行各业的佼佼者，而不能仅仅以分数的高低来衡量一个学生的价值。立德树人，德育为先。

教育并不在当下。作为一名教育工作者，我们应该把教育当成终身事业来做。十年树木，百年树人。教育的真正价值体现在未来，它关乎为我国培养出能够支撑中国现代化强国建设的接班人。因此，在未来的工作中，我将致力于培养自己“有思想、有格局、有境界”的品质。

刘秀祥老师坚定信仰、不忘初心，用爱心育人，用行动诠释责任与担当，自觉成为“引导学生走出大山”的坚定信仰者和忠诚实践者，生动诠释了大爱、责任与担当的真谛。我将以刘秀祥老师为榜样，尽最大的努力把工作做好，并把育人工作当成自己的事业。

人，生而平凡，做而伟大。

学习刘秀祥模范事迹心得体会

唐县启明中学　薛瑞卿

我们永远不知道明天和意外究竟哪个先到来，生活总是给人们出各种各样的难题。有一个家庭，原本平静幸福的生活被突如其来的变故打破——父亲的骤然离世让家庭陷入困境，母亲也因之遭受了精神上的打击。外出打工的兄姐再未归来，家中最小的孩子不得不独自肩负起照顾家庭的重担。无论走到哪里求学，他都会带着母亲。尽管处境艰难，但这位孝顺的儿子最终实现了自己的梦想，成功考入了大学。

这位千里迢迢背着母亲去上学的孝子名叫刘秀祥。提及刘秀祥的童年，只能用一声叹息来形容。为了维持自己和母亲的生活，他曾经挖药材、捡废品、打零工，甚至在工地搬钢筋，晚上睡猪圈……那些我们难以想象的辛酸与困苦，他都一一尝过。在命运对他百般考验时，刘秀祥并未放弃学业。他于 1995 年进入小学，开始认识到世界的绚烂。小学升初中考试中，他取得了全县第三名，但因经济原因未能就读重点初中，转而进入一所民办初中。在那里，他凭借优异的成绩获得了免试资格。在新的学习环境中，他日以继夜地努力，将所有时间和精力都投入学习。2007 年，刘秀祥参加了高考，但因身体状况最终未能如愿。然而，他并未就此放弃，而是复读了一年，最终成功考入大学。

刘秀祥历经无数艰难险阻，却从未中途放弃。他深信，唯有读书才能改变命运。凭借坚定的意志，他支撑自己走上了成功之路。大学毕业后，刘秀祥选择回到故乡，成为一名人民教师，因为他牵挂着家乡的孩子们。回到家乡三年后，除了在课堂上授课，刘秀祥还会走访学生家庭、网吧等地，寻找失学儿童，他试图用自己的经历激励他们重返校园。因此，在近十年的教学生涯中，刘秀祥帮助 1800 多名孩子重返课堂，完成了学业。

刘秀祥说，阻断贫困代际相传的关键就是教育。如果一个贫困地区的孩子能够通过读书走出大山，那下一代的命运就会不一样。他是这么说的，也是这么做的。越是贫穷的地方，越需要优质的教育，也更加需要优秀的老师。对此，刘秀祥感同身受。作为儿子，刘秀祥是孝顺的；作为一名教师，刘秀祥是合格的、有境界、有格局的。提及学生的变化，刘秀祥的喜悦溢于言表。在八年深入乡村助学的旅程中，他观察到随着脱贫攻坚和教育扶贫工作的加强，真正因贫困而无法接受教育的孩子已经变得稀少。然而，他发现更多问题存在于人们的观念之中。刘秀祥深刻地认识到，扶贫不仅要给予物质上的帮助，更需要智力上的支持，思想观念的转变才是关键。这正是他将工作重心转移到德育教育上的原因。刘秀祥的公益励志演讲已经举办了超过一千场，吸引了上百万的听众。他的力量通过这些演讲传递给了无数孩子，在他们心中点燃了希望的火花。

刘秀祥作为一名优秀的教师，像一盏指路明灯，指引着学生走向正确的人生道路。所以，教育就应该把道德教育与文化教育放在同等高度，统筹兼顾方能为国培养栋梁之材。

那么，我们要如何育人呢?

首先，要求学生做到的，老师应当首先做到。老师不光要注意言教，更要注重身教。我们的一言一行、一举一动都被学生看在眼里、记在心里。因此，我们要处处为人师表，为学生做好表率，以德服人，做好人类灵魂的工程师。

其次，要用一颗诚挚的心去呵护学生。每个孩子都拥有不同的家庭背景，我们对他们的教育方法也应因人而异。这要求我们不仅要关爱、尊重学生，还要努力促进他们在品德、智力、体质等方面全面发展。此外，我们应经常与学生进行情感交流，成为他们的知心朋友。

最后，积极进取，不断进步。作为一名教育者，坚持学习和自我提升是时代的必然要求。我们必须树立终身学习的理念，通过阅读不断扩展知识视野，更新知识体系，这是专业发展的必经之路。

爱在继续，责任也在继续。我们只有多一点耐心，多一分爱心，不断提升自己的素养，才能促进学生发展，让爱走得更远。

师者，何为？

——听刘秀祥《立德树人：教师的使命和担当》报告有感

唐县启明高级中学　薛丽佳

“所谓大学之大，非谓有大楼之谓也，乃有大师之谓也。”何谓大师？师者，何为？刘秀祥校长给了我们一个很好的答案。

以身为范，立德树人。人之行，莫出于大孝，孝是为人之本，乃做人之根。“千里背母，求学之路漫漫”，辛酸苦痛，非一言能述，亦自是不用述一言，便可知其中艰辛。其意志之坚、孝心之诚，诚为吾辈楷模。陶行知先生曾言：“为师者，立于三尺讲台之上，身正、行端、心明，方能引学生心悦诚服，敬畏效仿。”刘秀祥校长教育的成功秘籍就在于其自身品行之端正，立德树人，以身为范。这是无形的感召，亦是最有力的方式。榜样的力量自是无穷。陶行知先生亦曾总结：“学高为师，身正为范。”

献身教育，甘之如饴。“教育彻底阻断了贫困的代际传递。”知识改变命运，教育改变未来。刘秀祥校长说自己是教育的受益者，深谙教育的重要性。毕业后，他投身于教育事业，回到山区，专注于教育教学的研究，学习先进的教育理念。十年间，他走访了多个地方，成功地将1800多名学生带回了课堂，用自己的行动响应了国家的号召。在党的第二十次全国代表大会上，习近平总书记描绘了“中国式现代化建设”的宏伟蓝图，并提出了“如何确保中国式现代化发展后继有人”的问题，而解决这一问题的关键在于教育。“一代人才，一代使命；一代教师，几代人才。”教师应承担起极高的责任感和使命感，为党培养人才，为国家培育栋梁。他们必须能够忍受寂寞，承受压力，全身心投入教育事业，不懈努力，在教育领域中寻找幸福感和荣誉感。

踔厉奋发，相信奋斗的力量。“当我们在抱怨没鞋穿的时候，回头一看，发现别人竟然没有脚。”刘秀祥校长像一根于乱石绝壁中钻出的杂草，生命力之顽强令人诧异。正是因为他成功地用坚定的意志和不懈的努力改写了自己原本风雨飘摇的人生，我们才愿意相信他口中所说的“奋斗的力量”，去深思“生命的意义”。司马迁有言：“人固有一死，或重于泰山，或轻于鸿毛。”我们尊重平凡，却决不能甘于平庸。为师者应不断通过奋斗去实现自我价值，以赤诚之心、奉献之心、仁爱之心投入教育事业，不断提高教书育人能力，成为学生敬佩的好老师。

学校不是封闭的伊甸园，有广袤的天地；教育不是空谈理想和口号，有先驱者躬身示范。推进中国式现代化，一线教师大有可为，也要相信事在人为。最后借用刘秀祥校长的一句话作为总结：“做躬身入局者，你我皆是主角!”

我的教师梦

唐县启明中学　邵　敬

在中国当代教育界，有很多优秀的教育工作者，他们的很多宝贵教学经验值得我们学习。在诺亚集团组织的一次报告会上，让我印象最深的是一名叫刘秀祥的校长。刘秀祥不仅带患病母亲上学，而且在毕业后毅然放弃55万元高薪回乡教书，愿做大山深处孩子们的守梦人。他那坚韧不拔、无私奉献的精神在我心中激起了强烈的共鸣，让我久久不能平静。

做追梦者，亦做守梦人。为了追梦，他背母上学；为了筑梦，他回乡育人；为了守梦，他扎根大山。从大山中来，回大山中去。他教书育人，不忘初心，帮助贫困学生改变命运，成为学生成长道路上的光。刘秀祥老师与诺亚集团董事长王建刚的成长历程、创业经历以及所取得的成就，有着惊人的相似之处。几乎相同的经历和对教育事业的共同的热爱与奉献，使他们走到了一起，也带来了改变更多学子命运的机遇。作为诺亚集团的一名教师，我将向董事长和刘秀祥老师看齐，忠诚于人民的教育事业，以实际行动诠释优秀教师的真正内涵。

用孝心成就传奇，用爱心传递初心。刘秀祥老师将对亲人的爱延伸到更多人身上。作为儿子，他对母亲的孝心令天地动容；作为一名师者，他高尚的教育情怀令人肃然起敬。1998年，我在天津求学期间，曾得到一对夫妻的资助，他们如同我的亲生父母一般，直至今日，他们的爱心依旧深深地影响着我。周围的人常说我幸运，因为我遇到了生命中的贵人，这不仅仅是物质上的援助，更是一种精神上的激励，鞭策我不断前行。“滴水之恩，当以涌泉相报”，当我经济独立后，我也经常伸出援手，帮助那些处于困境中的人。每当我看到朋友圈中的水滴筹项目，我都会尽我所能提供帮助。我还积极参与县里组织的各种公益活动，将他人和社会给予我的恩惠传递给那些需要帮助的人。在课堂上，我经常教导孩子们要心怀感恩，孝顺父母，感激社会，以培养他们健全的人格和正确的人生观。实际上，社会上有很多像刘秀祥老师这样的人，他们以高尚品质促进社会和谐发展，传承着中华民族的传统美德。

做追光者，走好“赶考路”。我们每个人都要成为刘秀祥，追梦，筑梦，撸起袖子加油干，风雨无阻向前行。大家在不同岗位上，心往一处想，劲往一处使，定能走好新的“赶考路”。

作为一名老师，要有甘为人梯的奉献精神。教给孩子一滴水的知识，我们就要拥有一桶水的知识。我们不仅要加强自身的文化修养，学习研究学科方面的教学问题和新技术、新思维，将理论融入实际教学工作中，还要汲取他人的宝贵经验，形成自己的教学风格。生活中，我们要像对待自己的孩子一样，真诚地去爱每一位学生，用自己的爱心、细心和关心让孩子健康成长。

我要以刘秀祥老师为榜样，以对学生尽心、对工作尽职、对社会尽责的态度，以满腔热情全身心地投入工作中，踏踏实实做事，兢兢业业工作，在平凡的岗位上做出不平凡的成绩。我要把个人奋斗融入国家发展的洪流，做一个对国家有用、被时代所需之人。

人，生而平凡，做而伟大

——听刘秀祥事迹报告会有感

唐县启明高级中学　霍鑫坤

羔羊跪乳，寒鸦反哺。在关于孝悌的故事流传千年之后，他以现代的方式翻唱了源自沂蒙的古老歌谣，他用稚嫩的双肩挑起了一个家，同时也成就了自己的未来，谱写了一曲孝老爱亲、自强不息的青春之歌。他不是别人，他就是曾经“背母上大学”的“全国最美教师”刘秀祥！

和煦的春风吹过，把刘秀祥老师吹来了！刘秀祥老师为我们启明全体教师开展了以“立德树人——教师的责任与担当”为主题的讲座。作为教师，我们必须将“德”置于首位，并从意识层面着手改变自我。教育者首先应接受教育，始终秉持终身学习的理念。分数并非衡量人才的唯一标准，品格才是决定未来的关键。我们不应仅以成绩来评价学生，而应致力于发掘学生身上的闪光点，重视并培养学生的德育。我们要用自己的心去唤醒学生，培养学生的孝心，帮助学生立志，让学生在未来能够反哺父母、反哺家乡、反哺社会！

教师要做学生生命中的贵人。作为教师，我们要细心了解学生的个人情况，用爱去呵护每一位学生，从思想上改变学生。教师的一个动作、一句话都可能会对学生产生深刻的影响，甚至可能改变一个学生前行的路。在未来的工作当中，我们应该注意自己的言行，并且全身心地投入自己的工作当中，即便不能成为学生的贵人，也不要给学生错误的示范。

刘老师特别强调了班主任的重要性。在班级中，每位学生的成长都与班主任紧密相连。作为一位初任班主任的年轻教师，在过去的一个多学期里，我深刻感受到了班主任对学生发展的引导作用。当刘秀祥老师指出班主任不仅是学生成长的导师，也是德育的教育者，更是思想的引领者时，我深表赞同。我刚开始接手这个班时，班上有一名女同学经常上课分心。我多次与她进行深入交流，并与她的家长沟通，以了解孩子的个人和家庭情况。我注意到她其实有许多优点，于是将她任命为生活委员，并不断给予鼓励。现在，她变得非常积极，学习成绩也稳步提高。这让我感到极大的满足。

无论夜有多黑，我们总会发亮，不仅照亮自己，也照亮别人。对于那些身处黑暗中的人，哪怕只有一点点光亮，也足以给他们带来希望。刘秀祥正是那束光芒，他不仅照亮了自己的道路，也温暖了他人，照亮了启明师生的心灵。

“才始送春归，又送君归去。若到江南赶上春，千万和春住。”与刘老师相处的时光转瞬即逝，但他留下的信念和思想时时刻刻都在激励着我。人，生而平凡，做而伟大。我们每个人都将活成一束光，照亮前行的道路！

有一种感动，浸润心田

唐县六一小学　辛乐乐

有一种温暖，无需言语，便能传递，那便是感动；有一种鼓励，无需掌声，便能触及心灵深处，那也是感动；有一种力量，不求震撼世界，却足以令人动容，那还是感动。而这份感动，悄然滋润着我们的心田。

生活中，许许多多的人用自己的一点一滴感动着我们。刘秀祥，一位来自贵州深山的青年，他“千里背母上大学”的事迹被媒体广泛传播，引起了社会的强烈共鸣，并成为一个广为流传的感人故事。

数年间，刘秀祥一边艰难求学，一边不离不弃地照顾母亲，而支撑他从苦难中一步步“熬”出来的力量，就是“坚持”。这份坚持感动了千万人。河北诺亚集团董事长王建刚，也被这份坚持深深触动，因此特地带领团队到刘秀祥所在的学校交流办学经验，并邀请他到诺亚集团为师生们做报告。这让我有机会更深入地了解刘秀祥的感人事迹。

刘秀祥参加高考时，由于身体原因，最终以 6 分之差落榜，但他凭着自己内心的坚韧，经过一年的辛苦复读，终于如愿以偿地考入山东临沂师范学院。

这也让我想到了自己。在我的大家庭中，我是第一个有机会成为大学生的人，全家的期望都压在了我的肩上。然而，命运似乎跟我开了个玩笑，尽管我之前的学习成绩一直不错，但高中时成绩却急剧下滑。幸运的是，我遇到了一位优秀的班主任，她不断地鼓励我、支持我。我一点一滴地进步，最终考入了梦寐以求的大学。这段经历也让我坚信坚持的力量是无限的。

此外，刘秀祥的另一点深深触动了我。在众多偏远地区，许多孩子面临无法接受教育的困境，这可能是由于家庭经济困难，或是他们自身对知识的无知。他们可能并不了解，通过学习，他们有能力改变自己的命运。刘秀祥深知教育的力量，因此，在他的求学过程中，他资助了数名来自贫困家庭的孩子。其中一些孩子坚持了下来，并且拥有了光明的未来。这样的改变进一步坚定了刘秀祥扎根山区、在家乡担任人民教师的决心，他想通过教育改变山区的教育现状和山里孩子们的命运。

刘秀祥的事迹充分体现了他对学生全心全意、对工作恪尽职守、对社会承担责任的态度。我将以全国“最美教师”刘秀祥为榜样，带着满腔的热情，全身心地投入教育事业中，脚踏实地地工作，勤勉敬业，带着这份深入人心的感动，在平凡的岗位上创造非凡的成就。

信念的力量

唐县启明中学　马冰倩

逆境既是一种考验，亦可视为一种难得的机遇。智者会选择迎难而上，而愚者则可能因此消沉。与其依赖他人，不如坚定地依靠自己的力量。那些看似遥不可及的未来，终将成为刘秀祥如云淡风轻般的往事。

终日与阳光下的孩子们相伴，我感受到他们如诗歌般浪漫，如夏日的花朵一样绚烂多彩，他们尽情展现着青春最美好的一面。直到我了解到“背母求学”的刘秀祥的故事，我才深刻理解到，那些没有伞的孩子必须学会在风雨中奔跑，即使前方布满荆棘，也要勇敢地迈向远方。他那瘦弱的身躯承载着沉重的责任，他一边照顾母亲一边努力学习，最终以优异的成绩考入了理想的学校。在这个过程中，也并非没有人向他伸出援手。他却说：“一个人的困难和挫折不是你向他人或社会索取的资本，人活着，要让人觉得可佩可敬，而不是可怜。”只有经历过磨难的人，才能有如此的坚毅和淡然吧。

我们是幸运的，曾经尝过糖果的甜蜜，却往往忽视了经历苦难后那份更深层的甘甜。由于学生的家离学校较远，他们不得不选择住校。幸运的是，学校为他们提供了优越的学习和生活环境，老师的关怀和家长的牵挂无处不在，他们每天都有机会与各科老师面对面交流。然而，由于他们正面临中考的压力，课业负担较为沉重，导致不少学生出现了叛逆心理。面对这样的情况，我作为老师，积极地引导他们，努力扭转他们的思想。学校还组织观看了关于刘秀祥事迹的专题讲座，学生们非常专注，许多孩子甚至被感动得热泪盈眶。我和一名学生交流，他哽咽着告诉我：“刘秀祥老师实在太坚强了，要是我面对这样的情况，我肯定坚持不下来。”当时我拍了拍他的肩膀，视作安慰。我也问自己，如果面对同样的情况，我能坚持下来吗？过去的已经过去，在日后面临挫折时，我们全校师生一定会以刘秀祥为榜样，坚强地跨过各个难关。

大学毕业后，刘秀祥依然保持着本真，选择回到家乡当一名乡村教师。他不计较个人得失，慷慨地将大部分收入用于资助贫困学生，全心全意地奉献给教育事业。通过家访、改善学生生活条件等方式，他细致入微地关注每一位学生的成长。对待教学工作，他鼓励学生建立师生间的相互信任，成为学生成长道路上的榜样。刘秀祥还秉持以学生为中心的教学理念，无私地传授知识，解答疑惑，弘扬大义。

做一个平凡的人，干一些伟大的事。作为人民教师，我们不仅要关注教学成绩，更应效仿刘秀祥，用爱心传递正能量，弘扬积极向上的精神。我们应以身作则，及时为学生提供帮助和关爱，让学生感受到教师的温暖，从而帮助他们打开心扉，引导他们走出青春期的迷惘。现在，趁着阳光正好、微风不燥，趁着正值年轻，让我们学习刘秀祥不畏挫折、无私奉献的精神，让我们的教育之路和人生之路越走越宽，渐行渐远。

道德楷模之歌

唐县六一小学　杨敏青

学习刘秀祥好榜样
背着母亲上学堂
助学路上历艰辛
精神可嘉被颂扬
精神可嘉被颂扬

学习刘秀祥好榜样
六一学子努力向上
自信自立又自强
从小立志做栋梁
从小立志做栋梁

学习刘秀祥好榜样
六一教师有担当
心中有爱
眼中有光
爱生如子桃李芬芳
爱生如子桃李芬芳

颂扬董事长好榜样

严管大爱育栋梁
年年喜报美名扬
唐尧教育谱新章
唐尧教育谱新章

有信仰的人会发光

——学习刘秀祥事迹心得体会

保定市启明职业高级中学　聂　硕

“世界以痛吻我，我却报之以歌。”每个人的一生都不是一帆风顺的，会遇到各种各样的问题。面对这些问题，我们不能退缩，要以积极向上的态度来面对。

“读书渡己，教书渡人。”刘秀祥同志的事迹，让我对这句话有了更深刻的理解。他是背母求学的好男儿。生活的重压和精神的考验并未使他屈服，强烈的自尊心驱使他凭借自信和自强的品质，勇敢地承担责任，努力学习，克服重重困难，最终成功考入大学。他是一位感恩图报的优秀学子，坚信知识能够改变命运。面对大公司的高薪邀请，他毅然放弃，选择返回家乡，投身乡村教育，帮助那些处于困境的学生。作为一位教书育人的良师，他全心全意地对待每一位学生。8 年的教学生涯中，他走遍了 160 多个村庄，说服家长让辍学的孩子重返校园，帮助他们考上大学，从而改变了他们一生的命运。他是一位励志成长的典范，意识到扶贫先扶智，发起公益巡回励志演讲，用自己的奋斗故事激励那些处于困境中的孩子。他也是公益助学的热心人，发起了“助学走乡村行动”，联络全国爱心人士和企业进行一对一资助，帮助困难学生完成学业。他心怀梦想，孝顺且有担当，知恩图报，用自己的行动去帮助周围的人。他是青年的楷模，师生学习的榜样，新时代的典范。

作为一名人民教师，我更应以刘秀祥同志为榜样。当前，我们的教育教学环境持续改善，拥有更丰富的教育资源。在未来的职业生涯中，我或许无法达到刘秀祥同志那样的伟大成就，但我必将严格自律，努力成为一名具有理想信念、高尚道德情操、扎实学识和仁爱之心的“四有”好老师。我将不懈努力，增强个人的责任感和使命感，为祖国的教育事业贡献自己的绵薄之力。

教育的成功首先是思想道德教育的成功。作为一名新晋教师，在未来的职业生涯中，首要任务是培养坚定的理想信念。我要深入学习习近平总书记的重要讲话精神，提升个人的党性修养，树立崇高的道德情操，并致力于达到献身教育、甘为人梯的崇高境界。同时，我要向经验丰富的老教师学习，学习他们以德立教、爱岗敬业、忠于职守的职业精神，加强职业道德修养。我要真正热爱教育事业，对自己的工作岗位充满热情，并且脚踏实地地完成本职工作，将满腔的爱奉献给教育事业，奉献给学校的学生。

若想给孩子一滴水，教师必须拥有一桶水。个人的知识储备至关重要。作为青年教师，我们正处在吸收知识的黄金时期，因此，在课余时间应不断深化理论学习。白天，除了在学校授课、批改作业、处理班级事务以及参与教研活动外，我们还应充分利用业余时间进行听课学习。只有这样，我们才能更有效地传授知识、指导学业、解答疑惑。

必须坚守以学生为中心的教育理念。这要求我们不仅要提升学生的知识技能，还应关注他们的心理发展，对待学生要如同对待自己的孩子一般。在教学过程中，我们应当学会设身处地为学生着想。期望别人如何教育我们的孩子，我们就应如何教育别人的孩子。我们应以对待自己孩子的真诚去爱护他们，用正面的情感去触动他们的心灵，激起他们情感的涟漪——这是一种责任。作为教师，我们应用自己的爱心、耐心和关心，确保孩子们能够真正健康、快乐地成长——这才是我们最大的愿望。

我决心以刘秀祥同志为榜样，对学生尽心、对工作尽职、对社会尽责，坚持左手奖励、右手指引、爱在中间的教育原则，以满腔热情投入工作，踏踏实实做事，兢兢业业工作，争取在平凡的岗位上做出不平凡的业绩。

做学生生命中的贵人

——学习刘秀祥老师事迹心得体会

唐县启明高级中学　孟　达

刘秀祥老师因“千里背母上大学”的事迹在社会上引起了广泛关注，并两次荣登“中国好人榜”。2012 年，大学毕业的刘秀祥拒绝了高薪工作，坚定地选择回到家乡从事教育工作。自那时起，刘秀祥将自己的全部献给了教育事业。他穿梭于村庄之间，致力于通过教育改变更多山区孩子的命运；他投身公益，牵线搭桥，让爱心人士和企业能够“一对一”资助成千上万的贫困学生；他举办公益励志演讲超过千场，听众人数达到百万，用自己的实际行动向家乡的孩子们和正在成长的青少年传递奋斗的力量。2020 年，刘秀祥荣获中国青年五四奖章和全国“最美教师”称号。4 月 12 日，在诺亚集团董事长王建刚和校领导的协助下，我有幸现场聆听了刘秀祥老师的讲座，深受感动，收获颇丰。在此，我想用四个词语概括我的感受：纯粹、奋斗、梦想、唤醒！

第一，刘秀祥老师是一位纯粹的人。作为儿子，他毫无怨言，背着母亲千里迢迢上大学，三十多年来，他无微不至地照顾母亲，用实际行动向我们展示了孝心的真谛；作为教师，他心系学生，十几年来全心全意地投入教育事业，深入乡村劝学，不遗余力地帮助每一个孩子，改变了无数孩子的命运，用实际行动向我们展示了坚持的意义；作为一名党员，他满怀激情地向我们传达了党的二十大精神，让我们深刻理解了具有中国特色的社会主义现代化的意义，增强了我们对实现人民满意教育的信心，他用坚定的声音向我们阐述了信念的内涵。

第二，人生应当奋斗，坚信奋斗的力量。刘秀祥老师的一生是奋斗的一生，他让我们深信，通过读书可以改变命运，通过奋斗可以开创未来。他向我们展示了这样一个道理：人，虽然生来平凡，但通过行动可以变得伟大。每天醒来，我们都应带着对新一天的感激之情，去奋斗、去挑战、去超越，让每一天都因我们的奋斗而变得难忘！正如总书记所言，幸福是奋斗来的。作为教师，我们也应不断挑战自我，持续学习，成为躬身入局的实践者，成为学生的楷模！

第三，人一定要有梦想。刘秀祥老师自幼便怀有走出大山、改变命运的梦想。成为教师后，他十年如一日地致力于帮助学生实现走出大山的梦想，他既是梦想的实践者，也是梦想的筑造者，他让我们坚信梦想的力量。每个人都应该拥有梦想，我也渴望成为一名优秀的教育工作者，去点燃更多孩子的梦想之光！

第四，要相信唤醒的力量。每个老师都是学生成长的导师，是学生思想的引领者。我们要有唤醒学生的责任和力量，应该做一个有思想、有格局、有境界的老师，唤醒学生，做学生生命中的贵人！

经过此次学习，我深受启发。在以后的工作和生活中，我将向刘秀祥老师看齐，不断奋斗。人的成功往往不在起点，不在终点，而在转折点！

守教育之初心　干幸福之事业

——学习刘秀祥先进事迹心得

唐县启明中学　苏　惠

有一种人生最为美丽，那就是教师，平凡的人生，壮丽的事业；有一首歌谣最为动听，那就是奉献，无私的奉献，播撒着未来的希望。三尺讲台，是我们默默耕耘的土地，扎根这片土地，是我们的光荣和自豪。这是我读罢《刘爱祥：读书渡己，教书渡人》后最大的感触。刘秀祥带给我很多感触，我为现在所从事的工作深感幸福。

从事教育工作，我备感自豪与幸福，它源于不忘初心、传道授业、立德树人。这份工作承担的不仅是传道授业的社会职责，更是立德树人的历史使命。

刘秀祥自强不息、艰苦奋斗，勇做追梦者，亦做守梦人。为了追梦，他背母上学；为了筑梦，他回乡育人；为了守梦，他扎根大山。从大山中来，回大山中去，教书育人，不忘初心，帮扶贫困学生改变命运，做学生成长道路上的光。他的坚守令我敬佩不已，为我今后的工作注入了更多的力量。

今年，我迎来了作为教师的第二十二个年头。见证了一届又一届学生学业有成，我深感欣慰。在与孩子们的互动中，我们共同成长。二十多年的教学生涯里，许多孩子给我留下了深刻的印象。记得在一次写作练习中，一位学生这样写道："我曾是个害羞的女孩，对语文并不敏感，直到遇见了她——一位气质高雅、谈吐文雅的语文老师，我才开始喜爱语文。"这简单而真挚的话语，不仅让我感到自豪，也激发了我更强烈的责任感和使命感。在我看来，虽然教育工作日复一日，看似平凡，但对于孩子来说，却是他们成长道路上不可或缺的一步。他们需要积累知识、提升能力、塑造品格，就像幼苗需要灌溉、呵护、关怀和期待……这正是教育工作的伟大之处。在课堂上，我与孩子们一起学习、成长，满怀激情地在他们的心田里播撒知识的种子，浇灌智慧的雨露。课后，我与孩子们深入交流，共同阅读，在阅读中沐浴知识的阳光，感受语言文字的魅力。每当我看到孩子们洋溢着热情的笑脸，我便油然而生一种从事教育工作的幸福感。

教育的幸福在于不忘初心、心存感激、执着坚守。作为教师，看到孩子们的成长与进步是幸福，来自学生的爱、家长的尊重更让我心存感激，我将继续坚守教育之志。

在刘秀祥取得了骄人的教育成绩后，许多名校都想“挖”走他，但他却坚守在家乡，做一名大山的守望者，继续为改变大山的教育面貌而竭尽心力。

因为坚守而有所改变，是教育者最大的幸福。在受信任的老师面前，孩子们更愿意积极地展现自我，渴望获得肯定与赞扬。每位学生的背后，都有家长无条件的支持与配合，他们理解并配合教师的工作。教育的初衷让我感受到了来自学生和家长的爱与尊重。为了回报这份爱与尊重，我作为一名教师，坚定地守在这份平凡而伟大的岗位上，不计得失、不求回报，即使历经艰辛与困惑，也始终不忘初心，坚定地朝着目标迈进，向着成为人类灵魂工程师的崇高目标前进。

刘秀祥的榜样与精神坚定了我继续走教育之路的决心。一路前行，桃李芬芳，下自成蹊。展望未来，我愿继续坚守教育的初心，致力于幸福的教育事业。

平凡铸就伟大 英雄来自人民

——学习刘秀祥事迹心得体会

唐县启明高级中学 张 宣

刘秀祥出生在一个边远贫困山村。在他4岁那年，父亲因病去世，母亲则患有严重的精神性疾病，生活无法自理。不久后，他的哥哥姐姐也纷纷离家出走。面对重重困难，刘秀祥并未退缩。作为家中最小的孩子，他独自扛起了家庭的重担，无论去哪里上学，都会带着母亲。为了继续学业，为了照顾母亲，无论生活多么艰难，无论命运多么不公，他始终没有放弃对知识的追求。最终，他考入了大学，通过读书彻底改变了自己和家庭的命运，成就了非凡的人生。他的成长故事激励着我们每一个人：要想改变自己的命运，实现梦想，让人生绽放光彩，我们必须勇于承担责任，树立不屈不挠的信念，并且不懈地为实现理想而奋斗！

刘秀祥始终如一地用孝心书写人生。百善孝为先，最美是孝心。从小学三年级起，刘秀祥就和母亲相依为命。为筹钱给母亲治病，他利用周末和假期拼命地捡废品、上山挖药材。考上了县里的中学后，为兼顾学习和照顾母亲，刘秀祥把母亲带到了县城。没有住处，他就在离学校不远处的山头上搭了一个简陋的棚屋。没有经济来源，他白天读书，晚上捡废品卖钱。2008年，他考取了山东临沂师范学院。为了照顾母亲，刘秀祥毅然带着生活不能自理的母亲远赴山东读书，他一边读书一边打工挣钱维持生活。从小学到初中到高中再到大学，刘秀祥用实际行动谱写了一曲孝老爱亲、自强不息的青春之歌。他的孝心故事教育我们，孝为人之根，孝为德之本，要想成为一个对社会有用的人，成为一个品德高尚的人，必须勇于为父母担当，涵养孝老爱亲的优秀品德，始终如一地孝敬父母，以孝治家、以孝立身、以孝显德。

感恩既是一种品德，也是一种责任，更是一种担当。刘秀祥是从苦难中走出来的孝子，是从苦难中走出来的新时代青年，他坚持用爱心温暖社会。他不但有孝心，而且有爱心、有担当。在高中时期，尽管生活条件艰苦，他依然坚持从通过捡废品赚取的微薄收入中抽出一部分，用于资助三四个贫困小学生。大学毕业后，刘秀祥不遗余力地投身于公益事业，成功地促成了企业和爱心人士对 1900 多名贫困学生的资助。此外，他还进行了超过 1000 场的全国巡回励志演讲。他通过分享自己经历的艰辛、坚韧和对梦想的追求，激励青年学生坚信奋斗的力量，鼓励他们成为有梦想的人，并通过个人的不懈努力去实现自己的梦想。他用实际行动让我们明白，岁月静好来之不易，要在人生道路上走得更正、走得更远，必须具备为社会做贡献的勇气和责任感，以及乐于助人的崇高品德。我们应时刻铭记感恩之情，懂得回馈，持续不断地以实际行动来报答党和国家，以及社会和人民。

刘秀祥矢志不渝地用奉献回馈时代。新时代是奋斗者的时代，也是奉献者的时代。2012 年 7 月，刘秀祥大学毕业之际，尽管北京、西安、南京、深圳等地的多家企业向他伸出了橄榄枝，提供了诱人的职位，他却一一婉拒，选择回到家乡，成为一名普通的教师。在那里，他不仅负责五个教学班的课程，还兼任三个班的班主任，同时兼顾学校的德育、团委、教研组和年级部的工作。他不辞辛劳，走遍全县的各个乡镇进行家访，深入了解学生的情况，用自己的思想和行动去影响更多的人。他致力于让更多的山村孩子成长为德智体美劳全面发展的社会主义建设者和接班人。他的事迹启示我们，每个人生来都是平凡的，要想不陷入平庸和碌碌无为，必须愿意为时代承担责任，发扬甘于奉献的牺牲精神，自觉实践社会主义核心价值观，坚定不移地用奉献来回馈时代，从而成为国家和社会的栋梁之材，成为引领时代的奋斗者、开拓者、奉献者。

学习刘秀祥老师先进典型事迹，就是要坚持用榜样的精神来涵养敢于为自己担当、勇于为父母担当、乐于为社会担当、甘于为时代担当的品格，培育自强不息的进取精神、孝老爱亲的优秀品德、乐于助人的高尚情操、甘于奉献的牺牲精神，坚持以永不懈怠的精神状态和一往无前的奋斗姿态争做时代先锋，用实际行动诠释新时代担当实干的高贵品质。

学习刘秀祥事迹心得体会

唐县启明中学　马程阳

我们永远无法预知明天与意外哪个会先降临，生活总是不期而至地抛出各种难题。在刘秀祥 4 岁那年，他的父亲突然去世，家庭的平静被打破，生活变得更加艰难。母亲因无法承受这一打击，患上了精神疾病。到了他 11 岁的时候，哥哥姐姐因为无法承受家庭的重负，相继离开了家。从那时起，年幼的刘秀祥便肩负起了照顾家庭的重任，他通过捡拾废品来维持生计，长期以水煮白菜为食。尽管命运如此严酷，一连串的苦难接踵而至，刘秀祥老师却没有被命运击垮，反而愈挫愈勇。最终，他让自己的梦想结出了丰硕的果实，成为我们这个时代的英雄，一个值得我们亲近、尊敬和钦佩的楷模。

4 月 12 日，诺亚集团荣幸地邀请到全国优秀教师、望谟县民族中学的刘秀祥老师莅临我校进行演讲。能够亲耳聆听刘老师那感人肺腑的演讲，我感到无比激动。在此，我要向学校、诺亚集团以及董事长表达最深切的感激之情，感谢他们为我们提供了这样一个宝贵的学习机会。

刘秀祥老师的感人事迹不胜枚举。通过聆听他的报告，我深刻领悟到了奋斗的力量和信仰的力量。他的生活经历，无疑是“天将降大任于是人也，必先苦其心志，劳其筋骨，饿其体肤，空乏其身”这一古训的真实写照。我难以想象，一个人需要多么坚强的意志力才能承受如此多的苦难。在逆境中，刘老师依靠自己的坚韧意志和信仰，完成了华丽的蜕变，真正实现了用知识改变命运。他不仅奉献了自己，还激励了周围的人，感动了全国的每一个人。这种精神，深深地触动了我。

同样令我深受感动的是刘秀祥老师深厚的家国情怀。在长达两个半小时的演讲中，刘老师不仅用他广博的学识普及了历史文化知识，还通过他那铿锵有力的言辞传递了对党对国的热爱之情。的确，作为教育工作者，我们必须深入思考：为谁培养人、如何培养人、培养什么样的人。除了传授学生书本知识，我们还应重视培养学生的品德修养。

从刘秀祥老师的身上，我学到了他不向命运屈服的勇敢，学到了他敢于揭开自己“伤疤”激励后代努力学习的坚强，学到了他为教育事业奋斗终生的坚定决心。“其实谁都不愿意把自己的伤疤掏出来给别人看。”刘秀祥说。可是，每次演讲他都会说到自己的经历，以激励他人，只为“能够帮助一个个孩子转变思想，让他们相信读书可以改变命运”。

通过了解刘老师的事迹，我对教师这一职业有了更深刻的理解。我将在今后的工作中不断努力提升自我，积极投身于学生教育，心怀感激地为学校服务，并致力于回馈社会，身体力行地学习和实践刘老师的教育理念。

追随光，向前行

唐县六一小学　张苗凤

“雄关漫道真如铁，而今迈步从头越。”师者，以德而耕，收获山河。我想就是这样的信念，支撑着刘秀祥不断探索、不断创新，让他的每一天都那么的与众不同，就像沙滩上的珍珠，在每一个成长蜕变的时刻，都会闪闪发光。读书渡己，教书渡人。自强不息，才能自助助人。在刘秀祥的身上，我看到教育是一场温暖的修行。在他的身上，我看到了“有理想、敢担当、能吃苦、肯奋斗”的新时代好青年的模样。

刘秀祥在幼年时期就失去了家庭的庇护，父亲去世，母亲生病，兄弟姐妹离家，一个仅 11 岁的孩子不得不以稚嫩的肩膀承担起照顾母亲和维持生计的重任，同时还要艰难求学。“天行健，君子以自强不息；地势坤，君子以厚德载物。”面对生活的艰难、命运的坎坷，刘秀祥自强不息，没有向现实低头，而是选择勇敢地面对。求学期间他拒绝外界资助，同时还为许多同学联系兼职工作，为贫困生减轻家庭负担。他对母亲不抛弃，对学业不放弃，从如此窘迫的环境里坚强地走出来，用实际行动诠释了“自立自强”的含义。

“世界以痛吻我，我却报之以歌。”他是最美的“守梦人”。他走出大山不是为了逃避大山，而是为了汇聚众人的力量投身于乡村教育。改变大山里孩子们的命运，是他毕生的追求和信念。他用读书改变了自己的命运，又用教育的星火去点燃大山里孩子们想改变命运的希望。

用爱唤醒梦想，以德培养人格，坚定学生自信自强的信念，让他们学会爱，并将爱传递下去。刘秀祥如同一束光，温暖了学生的心。他坚持“一个都不放弃，一直都不放弃”的原则，凭借对学生深切的理解和关爱，唤醒了学生的责任感，使他们在感受到存在、获得与成就的同时，重新找回了梦想。

他的事迹让我深受感动，也让我深受触动。教师，一支粉笔染双鬓，三尺讲台度春秋。作为教育者，我们都应该像刘秀祥一样，师者如光，微以致远。立师德、铸师魂、练师功、树师表，是我们共同的心声，更是我们教育人生的铮铮誓言！无奋斗不青春，讲台就是我的舞台，用情怀书写担当，让我们追光而行，不断前进……

不啻微芒，造炬成阳

——听刘秀祥老师讲座有感

唐县启明高级中学　柳天娇

提到刘秀祥老师，我会不由自主地想到一个“历尽磨难，千里背母求学”的“苦情”形象。然而，在听取了刘秀祥老师做的演讲报告后，我对他的印象有了彻底的改观——他是那么鲜活，那么向上。在我看来刘秀祥老师如此翻转的原因有二：一是“教育”；二是“向下扎根”。

教育是刘秀祥老师在逆境中闪耀的光芒，也是他坚定不移的信念。即使道路布满荆棘，也无法阻挡他前进的步伐。正是这份对教育的执着追求，帮助他走出大山，为他带来了稳定的生活，并使他拨云见日。教育是刘老师成功的基石，让他在育人的事业上更进一步。

向下扎根，让刘秀祥的人生和山里孩子的命运紧密联系在了一起。十年来，他坚守初心、踏实做事、认真研究、不断创新，创造了一个又一个教育奇迹。

他是一位真诚对待学生的老师，坚信“精诚所至，金石为开”。为了使一个学生重返课堂，他不惜家访 20 次；为了陪伴学生，他每天清晨五点半就来到教室；为了学生的成长，他每周带不同的学生到家中，亲自为他们烹饪美食……他以真诚之心对待每一位学生。为了激发学生的潜能，他在公开讲座上甚至不惜揭开自己过去的伤疤。真诚的付出终将得到回报，他的学生中有的中考成绩达到 258 分（裸分 203 分），高考成绩更是高达 586 分；有的中考成绩 105 分（裸分 50 分），最终考入了本科院校；甚至有的班级在高考中全员达到了本科录取线。

刘老师的讲座真诚而又富有激情，我开始认真地反思，我的差距在哪里？我又应该怎样去做？态度和耐力是至关重要的，我可能没有什么过人的天赋，但我相信只要我的态度足够端正，在教育领域不断深耕，持之以恒，总会成为一个不错的人民教师。此外，我特别留意到刘老师强调的一个要点——寻找学生的需求点。时代在进步，学生在变化，我们作为教师更应随之转变观念。我们需要探索每位学生的需求，精准地激发他们的潜力，持续地激励他们前进。同时，我们应意识到事物总在变化之中，要不断更新我们的方法和理念，以帮助学生成长，并助力每个孩子创造更加辉煌的未来。

不啻微芒，造炬成阳。刘老师的讲座给了我一记猛力，促使我反思。“胸中有书、目中有人、有思想、有格局、有境界”是我前进的目标。我虽然只是教师队伍中平凡的一员，但我相信坚定信仰、保持真诚、持续积淀、用心钻研、持续创新、维系耐心，终将使我“做而伟大”。

沧海横流，方显英雄本色

——读《坚信奋斗的力量》有感

唐县启明中学　田朋欣

穷且益坚，不坠青云之志。

——题记

多年后，“千里背母上大学”的刘秀祥再次成为热议的焦点，他的故事被众多媒体广泛报道，许多人再次被他的孝心深深打动。而这一次，除了他那颗赤诚的孝心，他那坚韧不拔、奋力拼搏的精神更是值得我们赞颂。

刘秀祥于1988年出生于贵州一个偏远山区的普通农家。他幼年丧父，母亲因无法承受家庭的重大变故而精神失常，哥哥姐姐也相继离家。从那时起，年仅11岁的刘秀祥便独自肩负起家庭的重担：除了要继续自己的学业，他还需耕种田地、种植蔬菜、捡拾废品以维持生计，并且还要照顾患有疾病的母亲。

生如蝼蚁，当有鸿鹄之志；命如纸薄，应有不屈之心。升学之际，小小少年刘秀祥又面临一次抉择：能改变自己命运的中学在县城里，没有生活自理能力的妈妈却在老家。一头是希望，一头是母亲，是放弃生活的希望，还是放弃母亲？没有过多犹豫，刘秀祥选择一肩挑，他要带着妈妈一起去县城读书。离开山村的那一天，刘秀祥跪在父亲的坟头，许下了诺言：“爸，我要带着妈妈出去了，我会把妈妈的病治好，我一定会给她一个温暖的家，如果我出去混不出个人样，我绝不回来。”

没有房子住，他就搭草棚、睡猪圈；没有经济来源，他就利用假期等闲余时间捡破烂、到工地打工。支撑着他单薄脊梁的，除了母亲，还有读书。他坚信，读书可以改变命运！

麻绳专挑细处断，厄运专找苦命人。在命运的摆弄下，已经跌入谷底的刘秀祥，原本以为自己即将触底反弹，一切都将好起来，然而命运再一次让他认识到现实究竟可以有多残酷。那一年的高考，刘秀祥以 6 分之差遗憾落榜。刘秀祥说，谁高考失利都可以被原谅，唯独他不能。“我是拿生命在读书，我是和命运在做抗争。我觉得老天特别不公，有这样命运的人，却让他饱受摧残与折磨，最终以落榜而告终，很不公平。”

高考失利，成了压倒刘秀祥的最后一根稻草，他开始抱怨，抱怨所有的一切。这时，所有的坏情绪都朝他涌来，瞬间将他淹没。生活已无希望，满眼望去都是绝望。这一刻，他想到了自杀，与命运的抗争终究还是败了。他好不容易从自杀的念头中挣脱出来，可还是找不到继续生活下去的动力。如果有可能，他也想好好活下去，如果有可能，他也想过上幸福的生活。

于是刘秀祥想在日记里翻找活下去的动力，结果满篇都是苦难，要么是今天没有饭吃，要么就是母亲又犯病了，一点美好的东西都没有，不翻还好，越翻越感到绝望。直到翻到 2002 年 5 月 19 日的那篇日记，没有生活记录，只有一个简短的句子：“当你抱怨没有鞋穿的时候，回头一看，发现别人竟然没有脚。”看到这句话后，刘秀祥一下就释然了，没什么大不了的，相比一些孤儿，起码他还有母亲，回到家里，他还能喊一声“妈”，足够了。而后，他重整旗鼓，选择了复读。

皇天不负苦心人，这一次，刘秀祥终于被幸运之神眷顾了，他如愿考上了大学，也是在这次求学之路，留下了“千里背母上大学”的佳话。

穷则独善其身，达则兼济天下。大学毕业后，刘秀祥放弃了高薪工作，毅然决然地选择回到大山。时隔多年，刘秀祥又回到了那个生他养他的地方。离开前，他是聆听教诲的学生，如今，他已成为一个播撒希望的园丁。读书改变了他的命运，现在他要向大山里的孩子们传授这个道理。他凭借一己之力，先后将 40 多个孩子从打工工地拉回了校园，真真切切地改变了他们的命运。他还成立爱心助学基金，发起“助学走乡村行动”，帮助 1800 多名困难家庭学生完成学业。

刘秀祥凭借自己不屈的意志、坚韧的品格，终于走出了那一片泥沼，迎来了满天星光。一个人如此，一个民族乃至一个国家更应如此，熬过风雪加身，前方必有炫目霞光！

相信梦想与奋斗的力量

唐县启明中学　韩　帆

2023 年 4 月 12 日上午 10 点，刘秀祥励志报告会在六一小学报告厅举行。我很荣幸，聆听了这次报告会，收获颇丰。现将此次报告会的收获和学习心得记录下来，与各位交流。

一、刘秀祥个人简介

刘秀祥，1986 年出生，2008 年因“千里背母上大学”的事迹在社会上引起了强烈反响，并荣获“中国好人”称号。2012 年，大学毕业的刘秀祥拒绝了高薪就业机会，坚定地选择回乡教书育人。自那时起，刘秀祥将自己的全部献给了教育事业。他走遍了全县每一个村庄，致力于通过教育改变更多山区孩子的命运；他投身公益，帮助上千名贫困学生完成学业；他开展了近千场公益励志演讲，听众人数超过百万。他用自己的实际行动向家乡的孩子们展示了奋斗的力量。2020 年，刘秀祥先后荣获中国青年五四奖章和全国“最美教师”称号。

二、个人学习心得

1. 人生必须有梦想，相信梦想的力量。

刘老师说过：“梦想是支撑一个人奋斗的根本，没有梦想，我们就和行尸走肉没有任何区别。”刘秀祥老师出生在贵州一个贫困的农村家庭，父亲去世，母亲患上精神疾病，哥哥姐姐离家出走，生活的重担都压在了他身上。但是即便在如此艰苦的条件下，刘老师依然没有磨灭心中认真读书、考上大学、走出大山的梦想。相反，这一梦想成为支撑刘老师走过求学时艰难困苦的良方。最终，刘秀祥老师考上了大学。

心中有梦，眼里有光，未来就会充满希望。刘秀祥老师的事迹不仅激励着我，也激励着我班里的孩子。在我所任教的班里，有一位特殊的孩子，这个孩子无论上课还是下课，总是沉默寡言。后来经过多方了解，这位同学的父亲于三年前因病去世，孩子一直无法接受这个变故。所以，在大课间，我找到了这个孩子，向她讲述了刘秀祥老师的事迹。孩子听完以后，懵懂地问我："老师，我也可以考上大学吗?"我拉着孩子的手，坚定地告诉她，只要你怀揣上大学的梦想，并且持之以恒，你就能像刘秀祥老师一样，考入大学，走出大山。在那一刻，孩子的眼中闪烁着明亮的光芒。后来，她在课堂上积极踊跃地回答问题，课后也变得十分活跃，结交了许多新朋友。最近几次考试，这名学生的成绩稳步提升。有一天，这个孩子来找我，她说："老师，谢谢你。"我相信，这一刻，梦想的种子已经在孩子心里生根发芽，美好的未来在等着她。

2. 人生必须奋斗，相信奋斗的力量。

俗话说，"无奋斗，不青春"。无论是求学还是工作，刘秀祥老师一直在奋斗的路上。求学时的艰难、工作上的困苦，都没有打倒坚强的刘秀祥老师，反倒成为激励他更加努力奋斗的力量。奋斗的力量，也让刘秀祥老师收获了丰硕的果实。

青春就是用来奋斗的。作为一名青年教师，我也更加需要奋斗。我会积极主动地去听老教师的示范课，反复认真备课，快速提升自己的业务水平。

作为一名基层班主任，我更需要向刘秀祥老师学习。我要利用课余时间，积极主动地与学生和学生家长进行沟通，了解孩子的方方面面，全面掌握孩子的动态。

三、今后工作的方向

1. 关心关爱每一个孩子，做好学生的引路人。

刘秀祥老师对学生的关爱渗透到方方面面。作为一名班主任，我也要向刘秀祥老师学习，在方方面面关心关爱学生，做好学生校园里的“大家长”、学习路上的“引路人”。

2. 坚定追逐梦想的脚步，用更加饱满的热情对待工作。

刘秀祥老师数十年如一日扎根乡村教育，以饱满的热情投入工作。作为一名和刘秀祥一样的基层教师，我应该和刘秀祥一样，以饱满的热情、昂扬的斗志、积极的心态面对工作，在工作中更加认真负责。

聆听了刘秀祥老师的报告会，我收获颇多。这次报告会，让我明确了未来的工作方向，也坚定了我为教师这份职业奉献终身的决心。在未来的日子里，我将以刘秀祥老师为榜样，心怀教书育人之梦，行教育奋斗之实，积极投身教育事业，在平凡的岗位上，做好自己的每一份工作，为教育事业奉献自己的全部。

命运是一种选择

——学习刘秀祥事迹有感

唐县启明中学　赵　娟

学习刘秀祥的事迹之后，我被深深地震撼了。

刘秀祥，这个“背母上大学”事件的主角，在生活中却没有主角的光环。

屋漏偏逢连夜雨，船破更遇打头风。刘秀祥，一个出生在大山深处、家境贫寒的孩子，似乎并未得到命运的青睐。生活对他而言，仿佛是一场严酷的考验。在他 4 岁那年，父亲因病去世，留下了三个年幼的孩子。母亲在沉重的生活压力下患上了间歇性精神病，失去了自理能力。不久后，哥哥外出打工，音讯全无，姐姐也离开了家，下落不明。家中仅剩母亲和年幼的刘秀祥，这对孤儿寡母相依为命。11 岁的刘秀祥不得不独自承担起家庭的重担，开始照顾生病的母亲。

为了养活自己和母亲，刘秀祥挖过药材，捡过废品，打过零工，抬过钢筋，睡过猪圈……那些我们不敢想的心酸，他都经历过。在命运对其百般折磨的时候，刘秀祥还是没有放弃读书，他深知知识是改变自己命运的唯一道路。在一路的跌跌撞撞之后，他成功考上了大学。

与刘秀祥相比，我们的小小挫折简直不值一提，我们没有理由更没有资格抱怨、摆烂。

许多人梦想着离开山区，摆脱那片贫瘠的土地。然而，刘秀祥在大学毕业之际，面对众多大城市单位的邀请，却做出了一个与众不同的选择——他回到山区，加入了为期三年的特岗教师计划，并成为望谟中学的一名教师。三年的特岗教师生涯结束后，刘秀祥决定留下。他决心在山区扎根，致力于教育事业，帮助更多像他一样渴望知识的孩子，让他们能够接受更优质的教育。

刘秀祥清楚自己的选择意味着什么，也知道工作的难度，但是他义无反顾。

这份勇气、这份担当、这份吃水不忘挖井人的品质，值得我们所有人学习。

曾经的刘秀祥是一个自尊心极强的男孩，不愿提及自己的过去，甚至掏钱把学校内报道自己的报纸全买下来。如今，为了让孩子们醒悟，他在上千次演讲中把自己的伤疤撕开，只为了激励孩子们。刘秀祥一遍又一遍地拿着自己的故事当范例，讲给孩子们听，让孩子们相信学习可以改变命运，相信命运可以掌握在自己手中。

他用自己的经历点燃无数孩子心中的希望。

他的事迹让我明白，作为一名教师，既然选择了教育这个职业，那么就要像刘秀祥一样，相信自己的选择，相信奋斗的力量。

刘秀祥先进事迹心得体会

唐县启明高级中学　郭前东

2023 年 4 月 12 日下午 4 点，中共二十大代表、全国“最美教师”、中国青年五四奖章获得者、贵州省劳动模范、望谟县实验高中副书记兼副校长刘秀祥在我们学校操场一隅的多功能厅进行了以奋斗为主题的励志演讲。尽管外面大风呼啸，但是聆听这次演讲的我却正襟危坐、全神贯注、心潮澎湃！从下午 4 点到 6 点 30 分，从自我奋斗，到带领望谟县师生奋斗，再到号召全国各地教育阵线上的所有师生奋斗，刘秀祥用亲身经历生动、深情、激昂地向我们诠释了什么是奋斗，我们为什么要奋斗，我们如何奋斗。

说实话，刘秀祥的这次演讲的确让我受益匪浅。先秦时期的孟子在流传千古的文章《生于忧患，死于安乐》中说：“故天将降大任于是人也，必先苦其心志，劳其筋骨，饿其体肤，空乏其身，行拂乱其所为，所以动心忍性，曾益其所不能。”在历经人生给他准备的各种苦难——诸如背母求学、打工谋生、因病落榜、下跪求学……之后，刘秀祥做到了凤凰涅槃！他不仅考入了大学，顺利完成了学业，还在毕业后收到了来自全国各地知名公司的高薪工作邀请。为了更深入地体验这个精彩纷呈的世界，为了证明自己存在的价值，他一直坚持读书。刘秀祥激励我，作为个体必须坚持奋斗。唯有如此，一个人方能赢得更优质的生存权和发展权！

了解到家乡的很多孩子因为没能接受教育而过早地失学，刘秀祥放弃了高薪，毅然决然地回到自己的家乡投入教育事业。梁启超在《少年中国说》中说：“少年强则国强，少年智则国智，少年富则国富，少年独立则国独立，少年自由则国自由，少年进步则国进步，少年胜于欧洲则国胜于欧洲，少年雄于地球则国雄于地球。”这成了刘秀祥再次踏上人生奋斗征程的精神动力、内在力量和灵魂指引。身兼数职、定位欲点、动员力量……让数以千计的处于失学边缘的基础极其薄弱的孩子完成了人生的华丽转身——考上大学，从此完成人生蜕变！刘秀祥对教育可以改变命运的坚定信仰，对代表着国家民族未来希望的学生的强烈热爱，对自我职业发展的精准定位，激励着我作为一个教育工作者一定要热爱教育、热爱学生！只有这样，一个教育工作者才能够发光发热、实现价值！

结合我自己的实际，在今后的教育工作中，我要尝试不同的办法来寻找每一个学生的欲点；要用更加科学和合理的方式来教育、启发和激励学生；要站在中华民族伟大复兴的政治高度开展教育工作；要用方法总比困难多的道理来克服诸如学生成绩上不去、学生综合素质不行、学生缺乏学习动力等困难；要秉持“学高为师，身正为范；百年大计，教育为本”的理念，为了启明、唐县、保定、河北乃至全国的教育事业奋斗终生！

学习刘秀祥心得体会

唐县启明高级中学　贾新月

2023 年 4 月 12 日，唐县启明高级中学组织全体师生共同聆听了刘秀祥老师的讲座——《立德树人——教师的使命与担当》与《相信奋斗的力量》。

在讲座期间，刘秀祥老师引经据典地向我们解读了党的二十大报告内容，并声情并茂地讲述了从“千里背母上大学”到大学毕业后放弃大城市的工作机会，毅然回到自己的老家望谟县从事基础教育工作的心路历程和感人事迹。他强调，要跟学生站在同一频道上，“要相信每个人的潜力都是无限的”“分数不能决定未来的发展，品格才能决定”，并呼吁“做躬身入局者，你我皆是主角”“人一定要有梦想，有了梦想就能找到奋斗的方向”。刘秀祥老师在分享他的经历时提到，他喜欢写日记，在人生的至暗时刻，是日记中的一句话拯救了他：“当你抱怨没有鞋穿的时候，回头一看，发现别人竟然没有脚。”正是这句话，将刘秀祥老师从绝望中拯救了出来。

刘秀祥老师以自己的亲身经历为例，向学生阐述他人生中的五个转折点，并提到“人生中最重要的是在每个人生拐点中的选择和坚持”，并相信自己做出的选择都是正确的。在讲到德育工作时，他强调“唤醒、孝心、立志、反哺”这四个关键词，并提到教师一定要“心中有书、目中有人，要有思想、有格局、有境界，要做学生生命中的贵人”。特别令人难忘的是他对“唤醒”的阐释：先唤醒教师，再唤醒学生，唤醒教师扛起责任和担当，唤醒学生明白奋斗的价值。刘秀祥老师在向我们分享班主任工作时说道：班主任是学校工作的核心，是最小的主任，最大的责任，是学生成长的导师，是学生德育教育的具体落实者，同时也是学生思想的引领者。

刘秀祥老师还有一句话让我非常认同，就是要找到学生的欲望点、需求点，以此激励学生向更好的方向发展。令人羡慕的是，刘秀祥老师找到了他班上所有学生的需求点。这也是我需要思考的问题：如何发现学生的需求点。最后，借用刘秀祥老师向我们分享的一句话来勉励自己：人生而平凡，做而伟大！

学习刘秀祥榜样的力量

唐县启明中学　刘伟峰

“故天将降大任于是人也，必先苦其心志，劳其筋骨，饿其体肤……”这句古语恰如其分地描绘了刘秀祥的个人经历。他出生于贵州弄林村，4 岁时父亲因病去世，母亲受此打击患上精神疾病，姐姐和哥哥不堪重负相继离家，家庭的重担落在了刘秀祥稚嫩的肩上。然而，他不放弃，背母求学，一路艰辛，志在千里，挺起了中华的脊梁。

“知恩图报，善莫大焉。”人的一生，不应只是对财富的累积，而是要活出一个充满情感与活力的精彩人生。家乡养育了刘秀祥，因此他放弃城市的优越条件，毅然回到家乡当了一名教书匠，以帮助大山里的孩子走出贫穷和求学的迷茫。他坚信知识改变命运，他想通过自己的微薄之力，为家乡的孩子们撑起一片希望的天空。

“士贵立志，志不立则无成。”刘秀祥从小就志在千里，无论生活多么困难，他从未放弃自己的梦想。他用自己的亲身经历，书写着荡气回肠的励志人生，也让无数人从他身上看到了责任、担当，以及奋斗向上的积极人生态度。

“学高为师，身正为范。”作为一名优秀的教师，他用自己的故事和行动激励着无数学子，唤醒他们对知识的渴望。他积极投身于教育事业，无私地奉献着自己的青春。他关心学生，为他们购买水果和礼物，用爱心温暖他们的心灵。在教学领域，他刻苦钻研，不断提升自己的专业素养。在生活方面，他全心全意地投入教育事业，以校为家，以爱为教。他用自己的一言一行，感动着无数学生，帮助他们追逐梦想、改变命运。这正是教育的真谛，一种朴素而伟大的爱。他用心教学，用爱育人，谱写着教育的壮丽篇章。

榜样的力量，如此动人心弦，如此让人惊叹。掩卷而思，我久久不能平静，刘秀祥的励志故事让我热血沸腾，刘老师的无私奉献让我高山仰止。

向刘秀祥学习，来自内心的呐喊；向榜样学习，从今天做起；向中国的脊梁学习，争做中华好儿郎。

百折不挠，向阳而生

——学习刘秀祥心得体会

唐县启明中学　杨　莹

阅读了《坚信奋斗的力量》这本书，我感慨万千，深受感动。此前，我已耳闻刘秀祥的事迹，但通过这次深入的阅读，我对这位意志坚定、充满孝心的人物有了更加深刻的认识。

他的经历就仿佛是命运一次次跟他开的玩笑。他出生在一个六口之家，虽然家境并不富裕，但至少充满了幸福。然而，他们很快遭遇了一个沉重的打击——刘秀祥的父亲刘如刚在春节前几天因肺癌去世。那一年，刘秀祥还未满4岁。家中的顶梁柱就这样消失了，刘秀祥的母亲不得不撑起这个家。尽管劳累，但看到几个孩子懂事地为家中分担，她依然感到欣慰。然而，不久后，又一场变故悄然逼近。那一年，村中大旱，所有村民都颗粒无收，而家中的粮食到年底也将耗尽。刘秀祥的母亲因无法承受干旱带来的粮食危机而精神失常。刘秀祥的哥哥姐姐在他11岁时也因无法忍受家庭的困境而离家出走，至今音信全无。残酷的命运似乎刻意针对刘秀祥，一次次地将他击倒，但他却一次又一次地顽强站起，不向命运屈服。

最令我感动的是，在如此艰难的环境中，年仅11岁的他，勇敢地承担起了家庭的重担，一边求学，一边打工，同时还要照顾生病的母亲。他从未有过放弃的念头，而是坚信“唯有读书才能改变命运”。怀揣着对生活的希望，他曾在垃圾场捡废品，在工地搬建筑材料，在洗浴中心搓背。在第一次参加高考时，由于营养不良，他在考试前几天病倒了，最终以6分之差与本科院校擦肩而过。他迷茫了，甚至产生了自杀的念头。这时他的一本日记本从桌上跌落，一句话映入了他的眼帘：“当你抱怨没有鞋穿的时候，回头一看，发现别人竟然没有脚。”这句话又给了他力量，使他在迷茫中找到了前进的方向。他重整旗鼓，去兴义复读了一年，最终考上了山东临沂师范学院。他背母上大学的事迹也被《大众日报》《临沂日报》《山东商报》等媒体报道，社会上的好心人士也纷纷为他捐款。刘秀祥感受到了社会的关爱和帮助，他心存感激，将这些爱心转化为了奋斗的力量。

毕业后，他放弃了那些待遇优厚的工作机会，而是决定返回贵州望谟老家，投身教育事业。在那里，他为当地的教育发展和教育扶贫贡献了自己的力量，开启了新篇章。通过分享自己的经历，他激励了3000多名山区的孩子实现求学梦想，帮助数百名曾经辍学的学生重新回到校园。“人一定要有梦想，有了梦想之后。一定要为之努力奋斗！当你们坚持不下去的时候，就想想我的经历，我都能走出来，你们也一定能!”刘秀祥的演讲深深触动了在场的师生，激发了大家珍惜当前时光、勤奋学习的热情，并树立了大家不懈奋斗的远大理想。

他担任德育主任，通过演讲、培训等多种方式对学生施加积极影响，并从宏观角度为他们规划职业生涯。他组织社团活动，通过体育和文化活动帮助学生树立自信。作为党员，他积极发挥模范带头作用，将学生视为自己的家人，以春风化雨的方式引导他们成长。他无疑配得上“最美教师”的称号。

刘秀祥在工作期间，发现众多贫困学生需要帮助，但仅靠个人的微薄力量是远远不够的。于是，刘秀祥发起了“助学走乡村行动”，希望社会各界爱心人士伸出援助之手，帮助贫困学生走出大山。为此，他写了一封公开信。在信中他写道：“爱是无私的，爱是纯洁的，爱是真诚的，社会上的弱势群体，不正需要我们用爱心来帮助吗？请大家行动起来，加入这个爱心公益大家庭，把你我的爱心献给他们，让我们共同努力把更多的爱心献给更多需要帮助的人!”他还经常骑着摩托车走访那些贫困学生家庭。他顶着烈日、冒着风雨奔走在乡村道路上，将各种爱心物资、爱心款及时送给贫困学生以及贫困农户，圆了孩子们的上学梦。

作为教师，我十分敬佩刘秀祥。从他背母求学到返回故乡投身教育事业，唯一始终如一的，是他的坚持不懈和回报社会的坚定意志。我亦应学习刘秀祥全心全意为学生着想的精神。正如他所言，“无论是在发达城市，还是边远的乡村，教育归根到底是一种唤醒，而启发学生对生活、对老师、对父母、对国家、对世界的深情才能使学生获得源源不断的力量”。我们缺的不正是这种“唤醒”吗？我要学习刘秀祥的这种教学理念，全身心地爱学生，从而“唤醒”他们。在课下，我要像对待家人一样对待学生，细心观察他们心理上的微妙变化，及时发现并解决问题，成为学生和教育的助力者。优秀的教育充满力量，它不仅能提升学生学习的幸福感，还能推动学生个性的成长。

此外，在教学能力和职业道德方面，我也会向刘秀祥老师看齐，不断提高自己的专业素养，树立良好的师德师风。我将时刻保持一颗对孩子和教育的热爱之心，竭尽全力为教育事业、为学生贡献自己的力量！

“最美教师”刘秀祥先进事迹学习心得

唐县启明中学　袁东叶

今天，学校组织部分教师代表学习聆听了刘秀祥老师自强不息的励志感人故事。刘秀祥用自己的真实经历告诉我们：我们都是奋斗者，我们都在努力奔跑，我们都是追梦人。

作为一个生命个体，刘秀祥老师顽强的生命力让人佩服；作为一个儿子，他对母亲的一片孝心令天地动容；作为一名师者，其高尚的教育情怀令人肃然起敬。我们每个人都要学习他执着追求人生目标的毅力和精神境界。刘秀祥老师的自强自立、孝心和感恩，感染和影响了许多人，特别是我们青年人。他的故事谱写了一曲孝老爱亲、自强不息的青春奋斗之歌。

刘秀祥老师诠释了一名教育工作者应该秉承的教育初心：“做学生成长路上的引路人。”

教师要有爱心。这份爱心体现为对学生全方位的关怀——不仅关注他们的学业，还包括思想和生活的各个层面。学生遇到困难时，刘老师多次伸出援助之手。他去全国各地进行公益演讲，只为了呼吁各界人士援助贫困山区的学生，让他们有读书的机会，通过读书走出山区，改变命运。

教师要有耐心。耐心对待学生，不仅要帮助学生解决学习上遇到的难题，还要为学生的未来考虑，为学生的成长搭梯建桥。对于那些有辍学打工念头的学生，刘老师多次耐心上门进行沟通劝学，善用耐心转化他们，使他们放弃错误思想和行动，重返校园，选择正确的道路。

教师要有恒心。恒心就是坚持初心不改。他从山区走出来，又返回山区任教，只为改变山区孩子们的命运。刘老师大学毕业后放弃大企业开出的丰厚年薪，毅然决然地回到望谟县任教。他用自己的故事激励更多贫困学生怀抱希望，点燃他们心中“勤奋学习—走出山区—改变命运”的信念之火。他是山区教育的“燃灯者”，也是山区孩子们的“守梦人”。

刘老师的事迹在警醒我们，在有限的时间内，应尽可能地为教育事业做出更多有益的贡献。每个人的命运都掌握在自己手中，我们既然没有先天的资本，那么就要靠后天的努力，相信奋斗的力量。我只是一名普通的教师，但我要像刘秀祥老师一样，在自己平凡的岗位上，脚踏实地做好每一件小事，为国家的发展培育英才。

我们要做像刘老师一样的老师，用灵魂去感化灵魂，用言行去带动言行。刘秀祥老师的“大孝”和“大爱”是我们学习的榜样。他才是真正的“明星”，是应该广为传播的正能量。我们应当引导孩子们树立正确的价值观，让他们早日成为中华民族的脊梁。

不屑与命运斗争之人，皆患无病呻吟之病

唐县启明中学　刘玉凤

人生如河，渡船千艘，唯有自渡。

刘秀祥于1988年3月出生在贵州穷苦乡村，经彻骨之痛终得偿所愿，渡人终渡己。在他4岁那年，父亲因病去世，母亲因受到强烈的精神打击而患上了精神疾病，后来兄姐离家出走，杳无音信。正所谓天不遂人愿，苦难总给予苦难人，刘秀祥用稚嫩的双肩扛起那片由断壁残垣构成的天。刘秀祥依靠捡废品、打零工赚钱来维持生活。生活波折太多，令他无法喘息；命运的折磨，让他与本科院校失之交臂。不努力是无法与命运抗争的！他再次拼搏，考上了山东临沂师范学院！

没见过风沙，莫言大漠荒芜；没见过血肉，破了油皮怎言苦难迷人？无病呻吟之痛，腐蚀人心与意志，可悲可叹！刘秀祥从苦难之中走出，又重新走回命途之难中。自他登上讲台的那一刻起，便致力于打破将苦难强加于学生的不公，让学生走向更广袤的天地。如此精诚之意，可敬可叹！

人们提起刘秀祥，皆是赞不绝口。面对这些赞誉，刘秀祥说："一个国家、一个社会需要榜样的力量，更多的人都在平凡的岗位上默默奉献。我其实也就是一名普通的乡村教师，做的事影响力不算大，但只要需要，我会一直做下去。这些荣誉属于每一个默默奉献的人，我只是一个缩影！"

从苦难中走出来的人，会用最大的气力与命运做抗争。不屑与命运抗争之人，皆患无病呻吟之病。与其歌颂苦难，倒不如歌颂我们自身的意志。

请一而再，再而三地向前看！去看高空长川、大漠瀚海，去做向上飞翔的鹰！

听刘秀祥老师报告心得

唐县启明高级中学　杨宗华

4 月 12 日，河北诺亚集团邀请全国“最美教师”、中共二十大代表刘秀祥老师来我们学校做励志演讲。刘秀祥的家乡是贵州的一个边远贫困山村。在他 4 岁时，父亲不幸病故，母亲精神受到重创，患上了间歇性精神病，生活不能自理。随后，哥哥姐姐因不堪窘迫的生活而相继离家，至今杳无音信。生活的重担一下全落在幼小的秀祥身上。他与患有精神分裂症的母亲相依为命，每天都要为母亲洗脸、梳头、洗衣、做饭。他辗转望谟、安龙、兴义三个县市，一边照顾生病的母亲，一边打工求学。2008 年，他考上了山东临沂师范学院，最终通过自己的努力圆了大学梦。他依然带着母亲来到山东。2012 年毕业后，他放弃优厚的待遇，选择回到贵州的山区成为一名平凡的教师，帮助成百上千的贫困学生实现了他们的大学梦。在教学工作之余，他还不遗余力地参与公益活动，进行全国巡回励志演讲超过 1000 场，影响听众达百万人，改变了 1800 多名贫困学生的命运。刘秀祥以自己的行动，谱写了一曲孝老爱亲、自强不息的青春赞歌。

4 月 12 日上午，刘秀祥老师为我们做了《立德树人：教师的使命与担当》主题演讲。刘秀祥老师从深入学习宣传贯彻落实党的二十大精神讲起，列举了中国式现代化的三个阶段以及实现现代化的思路与途径，为我们接下来的工作指明了方向。中国式现代化要解决后继有人的问题，就要求我们做到为党育人、为国育才，革新自己的观点，因材施教，培养学生思考问题、解决问题的能力。在演讲中，刘秀祥老师引用了曾国藩先生的一句话：“做躬身入局者”，并在其后补充道：“你我皆是主角。”这番话激励我们深入理解学生，更新观念，积极行动，承担起培养未来接班人的责任。

刘秀祥老师对我们提出了要求，我们应该胸中有书、目中有人，要有思想、有格局、有境界。

刘秀祥老师给我印象最深的一句话是："教育不在当下，而在未来。"我们不仅要做到终身学习，还要意识到教育也是终身的。我们的职业生涯将持续数十年，而这一代的学生将来也会教育他们的下一代。可能他们的下一代同样会成为我们的学生。因此，培养好这一代，实际上是在为下一代树立一个优秀的榜样。教育是连续的，就像能量在食物链中传递一样，我们作为传递者，应当将自身的知识和智慧传递给每一个学生。同时，我们也需要不断更新自己的知识，充实自我，以确保能够持续地培养下一代。

奋楫扬帆正当时，星光不负赶路人。时光不负奋斗者，荣光属于实干家。所以，我们要争做新时代的孺子牛、拓荒牛、老黄牛。

学习刘秀祥先进事迹心得体会

唐县启明高级中学　贾路丹

“当你抱怨没有鞋穿的时候，回头一看，发现别人竟然没有脚。”这是贵州省望谟县刘秀祥老师日记中的一句话，他用自己的亲身经历向所有人证明了“奋斗的力量”。

自幼，他便饱尝生活的艰辛。在他 4 岁那年，原本平静的生活被彻底打破——父亲不幸病逝，母亲也因沉重打击而患上了间歇性精神病。年幼的他对此一无所知，只能与兄姐一同下田劳作，以求勉强糊口。然而，长时间的艰苦生活让兄姐们选择了离家出走，唯独 11 岁的他，依然坚守着。可是命运弄人，在历经无数磨难后，刘秀祥在首次高考中名落孙山，未能考入理想的本科大学。他首次感到天意不公，难以承受的心理压力让他萌生了轻生的念头。那时，他感到彻底的绝望。但是，就是他日记本中的这句话——“当你抱怨没有鞋穿的时候，回头一看，发现别人竟然没有脚”——彻底唤醒了原本陷入绝望泥潭中的他。他再一次踏上了高考的追梦路，最终通过自己的努力考取了山东临沂师范学院，如愿以偿地圆了自己的大学梦。

刘老师是一位优秀的人民教师，他以党的二十大精神为指导，通过列举多种实例，从中华人民共和国的崛起、强大到富裕，再到脱贫攻坚战的胜利和疫情防控战的成功，深入阐述了中国共产党的伟大和社会主义制度的优越性。为了实现建设现代化强国的目标，我们每个人都应努力奋斗。在这个过程中，教师扮演着至关重要的角色，肩负着为党培养人才、为国家培育栋梁的重任。刘老师在大学毕业后，拒绝了高薪工作，毅然决然地投入家乡教育工作中。刚刚工作时，刘老师担任多项工作，他不嫌苦不嫌累，为学生们倾尽心血。在教师这项工作上，刘老师一直在为学生的学习生活倾注努力，和学生们一起共赴美好未来。刚开始，望谟县只有几个学生可以考上大学，但随着刘老师以及一群人的努力，望谟县现在每年有一千多名学生考上大学。刘老师的教学方法对我们这些新教师影响颇深。他在演讲时说立德树人是教师的使命与担当；分数论不出英雄，品格决定未来；教学生之前先培养学生的美好品德，再谈成绩；不要以成绩高低来评判学生；要成为学生生命中的贵人。

通过学习刘秀祥先生的先进事迹，我更加深刻地了解了教育工作者的使命与担当，也更加清晰地认识到了自己所追求的目标。未来的路上，我将更加努力地学习，把自己所拥有的知识和技能运用到实践中去，为孩子们带来更好的教育和未来。教育是一项久久为功的事业，我们期待未来出现更多的刘秀祥先生，为我们带来经验传承，激励我们更加努力，发挥自己的价值。

学习刘秀祥教育思想之所感

唐县启明高级中学　孙　丽

古有刘备三顾茅庐，今有王建刚董事长为了教育事业更好发展的千里之邀。作为河北诺亚集团的负责人，王建刚董事长于4月3日亲自前往1700多公里外的贵州省望谟县，邀请刘秀祥老师为师生们做一场分享。4月12日，我们终于见到了他。

2008年，他“千里背母上大学”。那一年，我刚进入高中。现在，他作为党的二十大代表，为家乡的教育、为大山里的教育发声，而我也成为一名一线教师。虽然相隔千里，却因为教育而结缘。

看着演讲台上那个瘦瘦黑黑却眼神发亮的人，之前的一切疑惑都有了答案。他那坚定的眼神告诉我们，教育这件事是他自己的选择，是他的信仰。

一位好的老师，不只是上好一门课，更重要的是要带给学生正确的价值观、积极的生活态度和直面挫折的勇气。

刘秀祥说，向上的成长需要从向下的扎根开始。

师者，须有仁爱之心。爱是教育的源泉，陶行知先生说过一句话：“没有爱就没有教育。”教育与其他职业的最大区别就在于，它需要源源不断的爱，去发现学生的闪光点，去呵护尚未绽放的花苞，去关爱未曾成熟的果实。刘秀祥老师绝对是一个有大爱的人，若一个人连自己的父母都不爱，更何谈爱别人？

师者，须有责任心。刘秀祥“千里背母上大学”，这是一份对母亲的爱，也是作为子女应尽的责任。当他得知自己资助的一个妹妹不想读书时，他毅然回到家乡任教。他不仅精于“授业”“解惑”，更是把“传道”作为自己的责任和使命。他跑遍了各个乡镇，走村串寨进行劝学，就是为了让更多的孩子通过读书走出大山，通过读书改变命运。他把“让更多学生走出大山”当成了自己的责任和使命。

师者，须有坚如磐石的信仰。一颗丹心照初心，愿以己心照华夏。教师的职责与担当体现在对学生的精神引导和价值塑造上。当今社会，如果学生缺失信仰和价值观，是很令人担忧的问题。刘秀祥在思想和行动上都展现了共产党员的先锋模范作用，成为引领学生素质教育的舵手。他的思想和亲身经历如同一盏盏明灯，照亮了学生前进的道路，启发并激励着他们。他用自己的理想信念和善行美德去唤醒和感化学生。

“相信奋斗的力量。”这是刘秀祥在将要放弃时鼓励自己、鞭策自己的话，他也将这种精神力量传递给了他的学生。他不忘初心和信仰，勇于担当，用爱育人。作为一名一线教师，我为其坚强的精神所激励，为其爱人、爱国的胸怀所感动，我立志为祖国的教育事业贡献自己的力量，为祖国的未来做好引路人！

刘秀祥先进事迹学习心得

唐县启明中学　崔伟红

奋斗成就梦想，无奋斗，不青春。在那段慌乱躁动的少年岁月，年幼的刘秀祥一步步往前，追随梦想的光亮。前路坎坷，刘秀祥没有向命运低头，他背母求学，用亲身经历鼓舞着广大贫寒学子……

刘秀祥出生在贵州省望谟县的一个偏远小山村，从小家境贫寒。然而，在逆境中，刘秀祥没有向命运低头。即使外出上大学期间，他也带着患病的母亲。大学毕业后，刘秀祥毅然放弃年薪55万元的工作，甚至放弃大城市的优渥生活，回到家乡，成为一名乡村教师。他一方面用自己的亲身经历鼓励学生们树立信心，用知识改变命运；另一方面组织开展“乡村助学行动”，帮助贫困学生完成学业。

艰难的求学路，让刘秀祥深刻地意识到，越是偏远的地方越需要优质的教育，更需要优秀的教师。因此，他在从教过程中，一直是学生成长道路上的引路人。因为自己淋过雨，所以他想为每个人撑伞。

学习完刘秀祥校长的事迹，我不禁热泪盈眶。作为一名普通的人民教师，说实话，我做得远远不够，在责任心方面、思想境界方面，还亟待提高。“师者，传道授业解惑也。”老师就是学生的照明灯，是教授学生知识、传授学生做人道理的人生导师。我应该学习刘秀祥校长羊羔跪乳、乌鸦反哺的孝心，学习他穷且益坚、不坠青云之志的决心，学习他敢为人先、勇于承担的责任心。

通过本次对刘秀祥校长事迹的潜心学习，我更深刻地理解了“身在其位，必谋其职”的含义。作为一名普通的人民教师，我身处教育的最前线，我的一言一行都与学生的成长和未来息息相关，每一个决策都牵动着家庭的希望与幸福。面对那一双双充满期待的眼睛、那一朵朵正在绽放的蓓蕾，我片刻不能放松，时刻不能退缩。无论多么艰难困苦，我都会坚持追逐自己的梦想，勇往直前！

学习刘秀祥先进事迹心得

唐县启明高级中学　高亚静

4月21日下午，我们有幸聆听了党的二十大代表、全国“最美教师”刘秀祥的讲座。刘秀祥校长是一个饱受苦难却无比坚强的人。他是贵州省黔西南州望谟县实验高级中学副校长，他是感动临沂年度新闻人物，他是贵州省五一劳动奖章和青年五四奖章的获得者，他是贵州省黔西南州十大杰出青年，他还是我们心中的“最美教师”，是带领学生走出深山、迈向光明的引路人。少年时期，父亲去世，母亲患病，兄姐离家，然而重重苦难并未压垮他，反而促使他坚定地走上了背母求学的艰辛之路；高中阶段，面对经济困境，他通过捡废品、打零工、卖报纸和做家教来维持生计，尽管高考前病倒导致成绩不理想，最终未能如愿进入大学，他却用“当你抱怨没有鞋穿的时候，回头一看，发现别人竟然没有脚”来安慰自己；大学期间，虽然学校和社会各界给予了许多关注和援助，他却大多婉拒，坚持自力更生。毕业后，他义无反顾地返回山区，致力于家乡的教育事业……尽管命运多舛，刘秀祥校长从未屈服，而是通过自己的努力开创了美好的未来。刘秀祥校长的故事启示我们，感动人心的不是苦难本身，而是从苦难中汲取力量，再回到苦难中去改变它。它更进一步地告诉我们，一个人应当活得有尊严，而不是博取他人的怜悯和同情。

他告诉我们，人不能选择出身，但可以选择自己的道路。即使幼年父亲就已经去世，哥哥姐姐离家，还有一个在很多人眼中是他的累赘、包袱的罹患精神疾病的母亲，但是他想到的永远都不是自己遭受的苦难有多难，而是为自己没能给母亲的生活提供保障而懊悔痛心。每一个人都想活得轻松顺利，他明明有那么多机会可以过上轻松富裕的生活，可他没有；他明明有那么多机会可以变成一个只顾自己的利己主义者，可他没有。

儿行千里，背母同行。他历经常人难以想象的坎坷磨难，却没有屈服于命运，反而能怀揣梦想，用坚持和努力注解不一样的人生选择。通过刘秀祥校长的经历，我们不难发现：生活当中，或许存在很多磨难，在磨难面前，与其选择醉生梦死、肆意而为或默默忍受，不如勇敢地去面对它、克服它，这些磨难最终都会成为让我们变得更好的机遇。每个人都应该做自己力所能及的事情，坚持和用心去做，为社会出一点力，发一点光。

山外无疑很精彩，但是刘秀祥校长却为了山里的孩子宁愿放弃山外的精彩。他用实际行动告诉那些跟曾经的他一样贫穷或迷茫的孩子：人生必须有梦，一旦有了梦想，就应该去坚持和努力。相信奋斗的力量，我们终将披荆斩棘，一路前行，到达成功的彼岸。

学习榜样故事，争做育人先锋

唐县启明中学　赵瑞娟

为了提升教师团队的专业素养，诺亚集团与学校联合举办了向全国“最美教师”刘秀祥学习的活动。此次活动给我留下了深刻的印象，并让我深刻理解到，我们常常抱怨的工作压力和生活疲惫，在刘秀祥老师所经历的挑战面前，显得微不足道。

刘秀祥，1988 年出生于贵州一个偏远的普通农村家庭，排行老三，家中还有姐姐和哥哥。尽管家庭条件并不宽裕，五口之家却也充满欢乐和幸福。然而，命运却给他开了一个残酷的玩笑——父亲的去世打破了他平静的生活，摧毁了他的童年。母亲因承受巨大打击而患上了间歇性精神病，哥哥和姐姐无法忍受生活的艰辛，相继离家出走。刘秀祥稚嫩的肩膀不得不扛起家庭的重担。

面对家庭和生活接二连三的变故，他没有抱怨、没有气馁、没有就此堕落，更没有向命运屈服。因为他明白只有学习才能改变他的现状，只有努力奋斗才能改变他的命运。

因此，在艰难的环境中，他并未放弃学业，也没有丢下母亲，而是决定带着母亲前往县城继续求学。为了维持生计，他每天放学后都会去捡瓶子，通过卖瓶子来养活自己和母亲。经过不懈的努力，刘秀祥最终考入了重点高中。然而，命运似乎再次与他开了个玩笑，三年后的高考，他仅以 6 分之差未能进入大学。但他并未因此气馁，而是选择复读一年，再次挑战高考。这一次，他终于实现了自己的愿望。在求学期间，他通过兼职工作来养活母亲并赚取学费。即使生活不断给予他挑战，他始终没有放弃。大学毕业后，面对大城市提供的高薪职位，他毅然决然地返回家乡，全身心投入教育事业。

经历的种种磨难，不但没有把他打倒，反而使他越挫越勇，养成了坚毅的品格。他所展现的这种品格，以及在面对困难时毫不退缩、勇往直前的精神，是非常值得我们学习的。我们应该学习他面对困难不抱怨、不屈服的态度，学习他无论如何都不放弃自己母亲的孝心，学习他对教育事业的忠诚与热爱！

刘秀祥这种在逆境中顽强的精神和面对命运不公不服输的劲头，深深触动了我，让我在生活和工作中发生了很大的改变。我不再感觉每天早起跟班是自己的负累，而是感觉自己充满斗志。此外，作为一名一线教师，我应该深入了解学生学业上的困难，并为他们提供解决方法。所以，非常感谢公司为我们提供的学习机会，让我对工作更加有激情和干劲。

刘秀祥先进事迹学习心得体会

唐县启明中学　李瑞霄

“当你抱怨没有鞋穿的时候，回头一看，发现别人竟然没有脚。”这是刘秀祥在萌生轻生念头时用来激励自己的话。最终，他成功考入了山东临沂师范学院。

很难想象，一个刚上三年级的小朋友，在遭遇接二连三的打击后，竟然承担起了生活的重压和照顾母亲的责任。即便在这样的情况下，他的学业成绩也丝毫未受影响。这该是一个怎样的人啊?

我怀着好奇和敬佩的心情查阅了更多的资料。了解得越多，对他的敬佩也就越深。

在考取初中和高中后，他不得不离开家乡，带着母亲四处漂泊。由于生活所迫，他曾在学校附近搭建简易草棚栖身，也曾租住在一位老爷爷家的猪棚里。四处漏风的房子，让他感到非常愧疚。因为临走前他曾在父亲的坟前发誓：我一定要治好母亲的病，一定活出个样子，一定会给母亲一个温暖的家。

考上高中以后，他努力学习，多年的艰苦努力就要在高考时开花结果。然而，就在高考前一周他病倒了，这极大地影响了他的考试成绩，最终以 6 分之差落榜。一连串无情的打击使他萌生了轻生的想法。这时，他日记中的一句话给了他活下去的动力：当你抱怨没有鞋穿的时候，回头一看，发现别人竟然没有脚。

他瞬间又产生了继续读书的想法，可当他找遍了当地所有学校，终因成绩不够拔尖、经济条件过于困难而遭到拒绝。有一所民办学校他去了好几次，在第五次去的时候，他跪在校长面前，并发誓在这一年的时间里一定认真学习，保证一年之后考上大学。最终，校长被他的坚持和决心打动。功夫不负有心人，第二年他考上了山东临沂师范学院。

在艰苦求学的过程中，刘秀祥不仅乐观向上，还帮助三个同样深陷生活困境的弟弟妹妹。在大学毕业后，他心怀感恩，毅然决然地放弃了55万元的年薪，选择回到贫困的家乡，去改变更多孩子的命运。他将自己的力量发挥到了极致，也成就了更多的学生。反观我们当前的生活环境，我们的条件如此优越：家长的教育观念先进，生活条件富裕，教师的教学态度严谨。然而，在这样优质的教育环境中，仍有不少学生表现出逆反心理，对学习感到厌倦，不愿意完成学业，这实在令人感到悲哀。

作为教师，我们不仅要教书更要育人，还要培养学生正确的价值观。我们要让学生认识到如今的幸福生活是某些人不敢奢求的，要珍惜当下的时光，不要等失去后再追悔莫及。学习的道路上可能不会一直一帆风顺，但是再大的困难，只要不放弃，一定会有解决方案。希望所有的学生都能把刘秀祥老师当成自己人生路上的明灯，树立自己的人生目标，脚踏实地，勇往直前。

作为教师，我也会以刘秀祥老师为榜样，尽我所能去帮助每一位学生，为我国的教育事业尽一份微薄的力量。只要老师与学生齐心协力，我国一定会涌现出更多的人才！

润物无声，正能量感染师生

唐县启明中学　田紫焱

越是偏僻贫穷的地方，越需要优质的教育，也越需要优秀的老师。从农村走出来的刘秀祥对此深有体会。

刘秀祥老师出生于一个贫困家庭，他从小就立志要改变家乡落后的教育面貌。他说："我知道家乡还有很多孩子和我一样，甚至比我更困难。但是，他们和我一样是祖国的花朵，是国家未来的希望。我应该去帮助他们走出大山，看到更广阔的世界。"刘秀祥毕业后回到家乡当了一名人民教师。他始终怀着对教育事业的满腔热忱，把教书育人作为自己的人生理想，把改变贫困山区孩子的命运作为自己的神圣职责。他将自己的全部身心投入教育事业，用自己的行动证明了一名教师对教育事业和山里的孩子所秉持的坚定信念和崇高理想。

作为一名人民教师，我们应该向刘秀祥老师学习。他是新时代的楷模，是我们广大教师的杰出代表，他的感人事迹和崇高精神，极大地激发了广大党员干部和人民群众学习先进、争当先进的热情。

在刘秀祥老师身上，我们看到了一位优秀教师对教育事业的无限忠诚和热爱，看到了一位优秀教师对工作认真负责、精益求精、甘于奉献的敬业精神，更看到了一位优秀教师对山区教育事业和大山孩子无私关爱、无私奉献、不计得失、无怨无悔、不求回报的高尚情操。他用自己的行动诠释了新时代人民教师的精神风貌和师德风范，展示了新时期人民教师对党忠诚、信念坚定、爱岗敬业、爱生如子、爱校如家、无私奉献等崇高品质。

我们要学习刘秀祥老师爱岗敬业、勇于担当的精神。在工作中，我们要像刘秀祥老师那样始终把岗位当成一种责任、一种使命、一种追求，不计得失、默默奉献；要学习刘秀祥老师爱岗敬业，在日常工作中始终保持一股冲劲、钻劲和韧劲，勇于挑最重的担子、啃最硬的骨头，在平凡的岗位上做出不平凡的业绩。

刘秀祥老师曾经说过：“我的工作不是教书，而是育人。”这一理念始终贯穿于他的教学实践之中。他以“爱”为纽带，搭建起与学生沟通的桥梁。我们应当学习他对学生的关爱和无私奉献精神，在生活和教学的各个方面给予学生细致入微的关怀与支持，如同对待自己的孩子一般。此外，我们也应关注并爱护学校中的留守儿童和特困学生，让他们感受到社会大家庭的温暖。成风化人，润物无声。刘秀祥用自己的一言一行影响着老师和学生，用自己的行动诠释了什么是真正的师爱。我们要向刘秀祥老师学习，把个人理想融入党和国家的事业之中，把个人追求融入教育事业之中，在自己平凡的岗位上做出不平凡的业绩。

学生组

青灯独守　丹心育人

唐县启明中学　王思琼

人生一世草木一春，来时如风去时如尘。生命的终止不过是一场死亡，但若将自我价值寄予绵延的历史长河，则是另一种不朽。

刘秀祥，1988年3月出生于黔西南州望谟县的一个山村，他凭借自己的努力走出大山，后来又回到大山，也将更多的孩子送出大山。他是一位无私的教师、一名有志的青年，他用青春铸就了师魂，用奋斗成就了自我，他是青年人的代表，是新时代的楷模，也是我们的榜样。从他身上，我学到了许多。

我学会了不惧困难。刘秀祥出身贫苦，家庭困难，但他仍坚持读书，从未放弃。在因病与本科失之交臂后，他没有被打倒，而是再战一年。皇天不负有心人，他最终赢得了胜利。磨难不足惧，过往无须追。挫折可增色添彩，当我们回首来路，会发现磨难不过是催人奋进的号角。正如余华所说："一个能够升起月亮的身体，必然驮住了无数次日落。"我们将在生命的逆流中迎难而上，于日升日落中托起月明千里。

我拥有了追光逐梦的信念。小小的刘秀祥心中有一颗种子——走出大山。父亲的离世、哥哥姐姐的离开、母亲的疾病犹如一块巨石，紧紧压在种子上方的土壤，但却没能碾碎它，反而坚定了它生长的渴望！自那之后，他背着母亲，辗转四方，四处求学，以捡废品、打零工的方式维持着生活。最终，种子破土而出，长成大树，迎着骄阳而生。人生就像一场马拉松，成功的关键不在于瞬间爆发，而在于途中的坚持。心存希冀，目有繁星，终能追光而遇，沐光而行。

我学会了感恩与善良。面对破碎的家庭，刘秀祥从未想过抛弃母亲。上大学后，刘秀祥仍不忘帮助与自己同样贫苦的人。大学毕业后，他毅然回到家乡，反哺这片养育了自己的土地。善心，似朗朗明月照亮山河万里；感恩，如淙淙流水涤荡世间尘埃。若善心存，则青灯不灭，感恩常在。

有的人，哪怕活一万年也是顽石，有的人只匆匆走过人间，便留下一路繁花似锦。

幸得良人言，壮我少年志

唐县启明高级中学　赵一宁

回忆是珍珠，坚持是钻石。孟夏之时，我们迎来了一位良师益友——刘秀祥。他用自己的人生，向我们诠释了奋斗的伟大。

幼时丧父，哥哥、姐姐相继离家出走，仅剩下还在读小学的他与因为遭受过打击而精神失常的母亲。如果说人生的赛道上，每个人的起点不同，那我相信，他现在的起跑线已经来到赛道之外。他一边赡养母亲，一边辛苦地读书。为了挣学费，每天要超负荷工作 18 个小时。作为台下的听众，听到这里时，我不禁潸然泪下。河水冲刷堤岸时，会在岸上留下凹痕，困难打磨人生时，会让人痛苦万分。但河水的冲刷会让河土变得紧实有力，有困难的打磨才能闪耀出精神的光辉。“祥哥”接地气的语言、娓娓道来的故事，让我明白，原来，人可以平凡而又伟大。

在父亲坟前，他曾跪地发誓；在人生的转折点上，他初心不改。在功成名就后，他没有被眼前的盛世光景所冲晕。当他得知自己资助的一位妹妹决定放弃学业时，他义无反顾地踏上了回到大山的归途。

回到家乡的大山后，他成为一名老师，因为他决心要给更多的贫困学子带来希望——走出大山的希望。他之前上学时，因为自己的事迹曾被媒体报道，曾有许多人想要资助他，但都被他一一谢绝，因为他不想靠自己的痛苦经历来博取他人的同情。但现在他想要把自己的故事与更多人分享，因为他想让更多人与之共鸣，从而产生希望与斗志的火种。

从“祥哥”的深情描述中，我也联想到了那亲切的画面。那是多么温馨的一幕！人们常说：“可怜天下父母心。”然而，同样值得敬佩的还有天下师者的心。正是无数像他这样平凡而伟大的山区教师，他们怀揣着决心，凝聚着力量，用自己的智慧和努力，点亮了无数山区学子的未来之路。

如果说，人生困难的黑暗从一开始便笼罩着他，那么他就是那个在黑暗中前进并开辟出一条光明坦途的掌灯人。对于名望与财富，他视若无物；对于学生与梦想，他珍惜如价值连城之宝。作为一个孩子，他用行动诠释了孝心；作为一名老师，他用烛火点亮了他人的心。

在如今国泰民安的年代，我们要从“祥哥”身上汲取的，正是他不惧风雪、扶摇直上的伟大精神！在时代的洪流中，我们更要坚守自己的初心。若无一番彻骨寒，怎得梅花扑鼻香。在风雨中盛开，花朵会更加娇艳。扯碎金枷玉锁，冲破困难的壁垒，方得见一片繁花似锦。

愿载星斗共河汉，同见桃花笑春风！我辈少年，风华正茂。梁公曾言：“天戴其苍，地履其黄，纵有千古，横有八荒，前途似海，来日方长。”祝天下学子藏锋铸剑，斩获梦想。待到功成名就时，白衣快马喜还乡！

相信奋斗的力量，把自己活成一束光

——听刘秀祥演讲心得体会

唐县启明高级中学　苏奕嘉

2008年，山东临沂师范学院新生报到的人群中有这样一个人——他背着厚重的行囊，眼神中充满了对生活的希望和坚定，手中紧紧牵着母亲的手，他就是“千里背母上大学”的刘秀祥。

初识刘秀祥是在网上，你无法想象“4岁父亲去世”“母亲患有精神疾病”“为赚学费每天工作18小时”……这样多的苦难竟然会降临在同一个人身上。当时，我只感到心痛，感叹命运的不公，同时对他怀有深深的敬意。在贵州那样的学习环境下，他还能坚持读书，直至取得今日的成就，实在令人钦佩。然而，直到我亲自听了他的演讲，这种敬佩之情变得更加亲切而深沉。他在演讲中展现出的幽默与风趣，以及面对过去苦难的坦然态度，都远超我的预期。我从他那里获得了许多启示，也学到了很多宝贵的东西。

学习他的坚持和勇敢。一个人为了求学能有多“拼”？刘秀祥在考入初中后，唯一让他牵挂的便是母亲。因此，他在学校附近的山坡上搭建了一个简陋的草棚，作为他和母亲的栖身之所。为了支撑家庭开销，在其他孩子放学嬉戏的年纪，他却在捡拾废品维持生计。中考考入城里的高中，这对他而言又是一大挑战。村民们纷纷劝他放弃学业，因为继续读书就意味着无法照顾生病的母亲。然而，他毅然决然地收拾行囊，带着母亲踏上了这条充满艰辛的求学之路。由于当时高中不提供食宿，刘秀祥便租了一个猪圈，稍作整理后与母亲一同居住。尽管生活条件艰苦，但对他来说，心中依然怀揣着对未来的美好憧憬。不幸的是，由于长期的劳累以及生活和学业上的双重压力，他在高考中仅以 6 分之差未能进入理想的大学。这在当时犹如一道晴天霹雳，狠狠地劈在他的心上。他萌生了离开这个世界的想法，在翻看以往的日记本时，一句话在冥冥之中给了他无穷的力量。日记本中这样写道："当你抱怨没有鞋穿的时候，回头一看，发现别人竟然没有脚。"奋斗的意志一直在燃烧，这样的苦难没有压倒这位青年对于读书的坚持。他瞬间又产生了读书的想法，决定复读。当时他找遍了当地所有学校，可终因成绩不够拔尖、经济过于困难而被学校拒绝。一所民办学校，他拜访了好几次，在第五次的时候，他跪在了校长面前，并发誓在这一年的时间里认真学习，一年之后一定会考上大学。功夫不负有心人，第二年他考上了山东临沂师范学院。

学习他的乐观。在演讲的最后环节"祥哥有话说"中，他化身为一位"知心大哥哥"，他的每一句话都触动了我们的心弦。他提到"我们都是有缘人"。的确，能够在此相遇，不就是一种难得的缘分吗？对他而言，经历的苦难又何尝不是一种特殊的缘分呢？他还强调"珍惜你我的友谊"。这句话多么温馨！能与他结为朋友，我们不再是网络上的陌生人。他继续说："今天一定会成为历史，因为你永远无法预知意外和明天哪个会先到来，我们唯一能做的就是珍惜当下，不留遗憾。既然无法预知生命的终点，为何不让自己活得更快乐一些呢？"他引用了"存在即合理"的哲学观点，先是提到了阿基米德的杠杆原理，又向我们阐释了杠杆原理在我们生活中的应用——即我们的欲点和需求点，正是这些，才能让我们撬动"地球"。他举了几个中考成绩优异的学生最终成功考入大学的例子，这些故事给了我无限的斗志和信念！他还说"天生我材必有用"。面对即将到来的高考，许多同学都在迷茫未来的道路，他鼓励我们不要害怕黑暗，勇敢地向前走，摸索前行，前方必有坦途！他最后强调"控制好自己的情绪和情感"，让许多高三的学长学姐感动落泪。祥哥深知他们此刻的不易，每一句忠告都在告诉他们无须焦虑，祥哥能做到的，他们也一定能够做到！未来的中国，正掌握在我们手中！

学习他的奉献精神。毕业后，多家企业给刘秀祥抛出了橄榄枝，就在他决定在山东实现与母亲的美好愿望时，一通电话改变了他，让他说什么都要返回贵州。一个曾一起拾废品的妹妹打来电话说她要嫁人，不读书了。这个消息深深地触动了他。一个年仅 16 岁的女孩选择辍学，她的未来将何去何从？尽管刘秀祥苦口婆心地劝说，但她的决定已定。于是，他回到了家乡望谟县，成为一名教师。他经常以自己的经历作为教学的范例，用自己独特的方式激励着每一位学生。深知苦难的刘秀祥更加珍惜机会，他决心通过自己的努力，消除贫困学生求学的障碍。在他的教导下，80％的学生考入了大学，他个人的力量显著地提升了望谟县的升学率。此外，他还一对一资助了上千名学生，帮助他们实现了大学梦！

人生而平凡，做而伟大。作为新时代青年的我们，有一分光，发一分热！人生中没有克服不了的困难，只要我们不放弃、不抛弃，成功终将属于我们。虽然我们无法选择自己的出身，但我们可以改变自己的心态。他用自己最励志的人生履历告诉我们，“倘若命不眷你，那便与命争，倘若天不容你，那便与天斗！”我们怎样，未来的中国便怎样！

相信奋斗的力量，把自己活成一束光！

书写奋斗底色　绘就梦想蓝图

唐县启明高级中学　李沛妍

时间浩荡，风起青苹，两载春秋转瞬即逝。随着高考脚步的日益临近，学子落笔的字愈发锋利与坚劲。毛主席的“恰同学少年，风华正茂，书生意气”，说的正是“年少正得路，有如扶桑初日升”的我们。听完刘秀祥老师的演讲，我深有感触，我们应当“书写奋斗底色，绘就梦想蓝图”。

在奋斗的道路上，我们应当坚定地选择正确的信念，并坚持下去。王勃在《滕王阁序》中说：“穷且益坚，不坠青云之志。”刘秀祥老师以身作则，为我们树立了榜样。某位教师教育学生说：“在人生道路上我们会经过许许多多的岔路口……”我们现在正处于这个阶段，刘秀祥老师现身说法，以自己的故事来激励更多的人。他也曾失意过，但是他坚定地选择了读书。他说：“不混出个人样儿来，决不回家。”刘秀祥老师让我领悟到，在奋斗的道路上，我们应当坚守正确的信念，并为之坚持下去。

在奋斗的道路上，我们应该学会自我勉励。高考落榜之后，刘秀祥老师意志消沉过一段时间，他抱怨上天的不公。他偶然翻开日记本，上面写着：“当你抱怨没有鞋穿的时候，回头一看，发现别人竟然没有脚。”他重新燃起斗志。刘秀祥老师说：“上帝给你关门的时候也会打开一扇窗。”他还说：“要使自己活成一束光。”现如今，我一直用这两句话勉励自己。爱迪生用 1000 多种材料做灯泡的灯丝，都失败了。他的助手劝他放弃，爱迪生却说：“我不是一点儿收获也没有，至少我知道了，这 1000 多种材料都不能用来做灯丝。”正是因为他的这种自我激励，才有了现在的万家灯火。所以，我认为，自我激励是一种自信的表现，它是一簇明亮的炬火，是我们内心深处荒漠中的一泓清泉。

听完刘秀祥老师的演讲后，我深深地意识到，奋斗中我们应该有一种不服输的精神。著名作家“八月长安”在书的序言中写道：“当你被命运打趴下的时候，站起来，拍拍身上的土，对命运说：来，我们三局两胜。”刘秀祥因病发挥失利，与考上本科大学这一梦想失之交臂，但他没有灰心，通过多方打听学校后打算复读，并最终成功考入大学。如果他选择向命运屈服，那么就不会有今天的他。

现在的我们，是雄鹰就应搏击长空；是鲤鱼，就应争跃龙门；是百花，就应竞相盛开，争奇斗艳。刘秀祥老师乃吾辈之楷模，我们应向刘秀祥老师学习，书写奋斗底色，绘就梦想蓝图。

逆袭之花

唐县启明中学　刘钰莹

别人身上发生过的事，被时光发酵成故事，读后会让我们有醍醐灌顶之感。我想我有太多时候活得庸碌，而刘秀祥老师身上发生的故事更是让我无地自容。

“千淘万漉虽辛苦，吹尽狂沙始到金。”刘秀祥老师在三年级时便开始承担起照顾家人的责任。他没有怨天尤人，而是以自己的勤奋和汗水，滋养着求知的种子。就这样，他半工半读，坚持了三年又三年，终于完成了高中的学业。然而，不幸接踵而至，他因 6 分之差未能进入大学。他一度陷入消沉，曾经的斗志被消极情绪所消磨。但他并未放弃，而是以坚韧不拔的意志，最终获得了大学毕业证书，绽放出他人生中的第一朵逆袭之花。

回想自己因一点小挫折就止步不前，可谓无知；自己不当家不知柴米油盐贵，实在可笑。

惊涛骇浪从容渡，越是艰险越向前。刘秀祥老师步入社会后，拒绝了高薪工作，而是选择回到给予自己无限痛楚的桑梓地，将不少孩子送出大山。这位人民教师欣慰地看着一位位满怀希望的学子走出大山，拥抱自己美好的未来，开出无数逆袭之花。

这时，我不禁反思自己，在如此好的教学环境下，在衣食无忧的情况下，我并没有做到一心学习，实在羞愧。

了解了刘秀祥老师的故事，我深受震撼。我知道了一位不被上天眷顾的人一次又一次冲破困境枷锁的故事。我要向他学习，学习他的坚韧不拔，学习他的艰苦奋斗，学习他的赤子之心，学习他的无私大爱，从而绽放自己的逆袭之花。

最后，我想送给自己和刘秀祥老师一句话：“世界以痛吻我，我却报之以歌。”风景依旧艳丽，朝阳依旧灿烂，我要努力，开出逆袭之花。

逐梦路上，静待花开

唐县六一小学　陈佳乐

成功的花，人们只惊羡它现时的明艳！然而，当初她的芽儿，浸透了奋斗的泪泉，洒遍了牺牲的血雨！

——题记

他，是一位平凡的人，一位普通的山村教师，在三尺讲台上传道授业、辛勤耕耘。他，也是一位伟大的人，他毅然决然地放弃了高达 55 万元的年薪，回到小山村教书育人，只为用亲身经历证明，知识真的可以改变命运！他就是当年轰动全国的“千里背母上大学”的主人公——刘秀祥。

厄运缠身苦命娃

刘秀祥，出生在贵州省望谟县的一个偏远小山村中，家里共有六口人，日子虽说不上富裕，但也过得幸福美满。可在刘秀祥 4 岁时，一切都变了。那一年，父亲因病去世，母亲也因受不了打击而患上了精神疾病。可生活还得继续，刘秀祥与哥哥姐姐靠种菜、放牛来养家糊口。到刘秀祥 11 岁时，哥哥姐姐因受不了如此贫困的生活而相继离家出走，家庭的重担一下子落到了刘秀祥稚嫩的肩膀上。他每天都要靠捡废品养活自己与母亲，甚至每天靠水煮白菜度日……

虽然我的生活并不是特别富裕，但是与他相比，我觉得自己幸福极了。在家里，我可以吃到爸爸妈妈为我准备的美味可口的饭菜；在学校，我们可敬的老师为我们传授知识；生活中遇到困难，老师和同学都会给予我关心和帮助。我自小在父母的呵护下长大，从未尝过饥饿的滋味，未曾经历过风雨的洗礼，也未遭受过社会的磨难，更不用说像刘秀祥老师那样为生计和学费而忧心忡忡，我有什么理由不奋发图强？有什么理由不努力学习呢？

艰难坎坷的求学路

有人说，没有伞的孩子必须努力奔跑。刘秀祥在经历了无数的艰难险阻后，他以全县第三名的成绩考上了县里的一所中学。刘秀祥非常激动，可也有了新的问题，母亲怎么办？经过再三思考后，他决定带着母亲去县城生活。临走之前，他跪在父亲墓前发誓，如果没有混出个人样，他就绝不回来。刘秀祥没有钱租房，就在学校后山搭了一个棚屋，一边上学一边挣钱糊口，补贴家用。为了给母亲改善伙食，他每天晚上去捡废品，一直到早上五六点去学校上课……夏天，他坐在密不透风的棚屋里，闷热的空气使他汗流浃背。尽管蚊子将他的身体咬出了一个又一个的大包，但他仍然拼命学习，希望有朝一日能用知识改变自己的命运。冬天，寒风使他瑟瑟发抖，但他仍挑灯夜读。为了不打扰母亲，他连翻书的声音都是那么轻，那么轻……

奋发苦读励宏志

如今，我生活在环境优美的六一小学，可以尽情地在知识的海洋中遨游，没有任何后顾之忧。刘秀祥在那么艰苦的条件下，仍然奋发读书，将知识作为改变命运的唯一出路，我有什么理由不努力呢？只有经历了一次次考验才能成长，即使面临寒霜风雪，也要去追逐阳光。刘秀祥的事迹告诉我：少年应有鸿鹄志，当骑骏马踏平川。追风赶月莫停留，平芜尽处是春山。少年智则国智，少年强则国强。我今日之少年，更应力求上进，为国家的锦绣山河添一笔最美的色彩！

学习刘秀祥心得体会

唐县启明中学　王亦婷

今天，校长在百忙之中抽出时间为我们讲述了刘秀祥的事迹。听了他的事迹，我深受启发，总结出以下几点。

第一，学习他刻苦的精神。校长向我们讲述他那艰辛的求学经历时，我们深受感动。我不禁问自己，如果在同样的境遇下，是否也会像他一样？我想我大概没有如此顽强的毅力。而今，我的境遇比他好几十倍，所有的事都不用我操心，我难道不应该更刻苦地学习吗？我想我平时可能过于散漫，为此我深刻检讨了自己，从今以后我会更加努力学习！

第二，学习他孝敬父母的品质。孝敬父母是中华民族的传统美德。在我悄然成长的过程中，我最初只关注自己身体的成长——身高、体重、外貌以及年龄的变迁，却未意识到父母也在悄然老去。我是家中老二，父母已近五十岁。有一天，我突然发现父母的白发日益增多。他们那个时代生活条件艰苦，没有机会完成学业，因此文化程度不高，工作也仅限于体力劳动，异常辛劳。有时我会想，他们之所以如此辛劳，或许是因为我的存在。父亲曾说，只要再努力工作几年，让我能够上大学就满足了。每当此时，我便渴望迅速长大，以回报他们的养育之恩。刘秀祥的孝行深深触动了我。

第三，学习他不忘初心的精神。在成名之后，他拒绝接受外界的施舍，坚定地选择回到家乡发展，回到那个养育他的地方。这种精神是值得尊敬的，我也要向他学习，努力学习知识与文化，报效祖国。我将致力于让我的家乡变得更加美好，为国家变得更加强大贡献自己的一份力量。

在聆听刘秀祥的故事之后，我深刻地反省了自我，并为自己设定了明确的人生目标与前进方向。我坚信，在未来的旅途中，将有一盏明灯为我指引方向。同时，我也将努力成为那盏灯，照亮自己，也照亮他人。

泥泞的路才能留下脚印

唐县六一小学　冯想想

观看完刘秀祥老师的励志视频，我的心情久久不能平静，我被他那坚持不懈的精神深深地感动着……

刘秀祥老师在 4 岁那年，父亲不幸因病离世，母亲也患上了精神疾病，后来姐姐、哥哥相继离家，家庭的重担便落在了他稚嫩的肩上。从那时起，刘老师便开始通过拾废品来维持生计。尽管如此，他并未放弃学业。小学毕业后，他前往县城读书，因为经济不富裕，只能睡在猪棚里，忍受着冬日的严寒和夏日的酷热。即便如此，他依然坚持读书，从未逃过一次课。再想想我们，我们每天在冬暖夏凉的教室里上课，不用操心学费，不用担心饭费，我们的生活如此幸福，但是我们认真学习了吗？想想刘秀祥老师刻苦求学的经历，我真是感到惭愧。以后，我要发愤努力，全身心地投入学习中，用成绩回报老师、回报学校。

第一次高考，刘秀祥老师病倒了，以 6 分之差落榜。在他想要放弃时，日记中的一句话激发了他的斗志："当你抱怨没有鞋穿的时候，回头一看，发现别人竟然没有脚。"他又回到了学习的道路上。

功夫不负有心人，第二次高考，刘秀祥考上了山东的一所大学。然而，三千多元的学杂费对于一个如此艰难的家庭来说无疑是雪上加霜。为了筹集上大学的费用，刘秀祥老师在暑假期间不辞辛劳，他抬钢筋、摆地摊，每天工作长达 18 小时。他用实际行动诠释了对知识的渴望和对学习的执着。

一滴水，只要坚持不懈地往下滴，终有一天会穿透顽石；一阵风，只要长年累月往前吹，终有一天会搬走沙山；一粒种子，只要生生不息往上长，终有一天会长成参天大树。同学们，就像刘秀祥老师所言“人生而平凡，做而伟大”，让我们行动起来，努力拼搏吧！

百善孝为先

唐县六一小学　李雨诺

古人云“百善孝为先”，孝敬父母是中华民族的传统美德，孝顺意味着通过实际行动来表达对父母的爱与感激。

刘秀祥老师在年幼时便失去了父亲，母亲因无法承受这一打击而患病，生活无法自理。面对重重困难，刘老师未曾放弃，他选择背负起照顾母亲的责任，即便在学业压力巨大的情况下，也始终给予母亲无微不至的关怀与照料。

读了这个故事，让我不由得想起那件事。

假期的一天，妈妈突然让我给她剪头发。我一听便答应了，随即拿来剪刀，一点一点小心翼翼地剪着。可突然，我发现妈妈额头上有几根白头发。我愣住了，心想：我之前怎么没发现？一瞬间，我停下了手中的剪刀。妈妈关心地询问我，我回过神来说没事。我把白发默默剪下并收了起来。回忆起妈妈对我的种种好，以及我曾经让她生气的时刻，我的眼眶不禁湿润了。剪好后，妈妈夸我，可我却笑不出来。

时间慢慢流逝，我慢慢长大，而母亲的发丝间，悄然染上了苍白。母亲对我的爱，化作了丝丝白发，我也开始理解她对我的关怀。

无论哪个年代，孝都是值得被传承的美德，在新时代的今天，我们更应该付诸行动，让每一位父亲、母亲都能感受到来自儿女的温暖。

百善孝为先，千年永不变。

奋斗之花盛放

唐县启明中学　甄伊凡

停下匆匆脚步，侧耳倾听，那是奋斗之花盛放的声音。然而，阳光和雨露并不会总是为我们停留。面对困境，我们唯有奋起直追，寻找那一线透进的光明。

刘秀祥是感动中国十大人物，在这个如星辰般璀璨的荣誉称号背后，却隐藏着无数的辛酸往事。他经历坎坷，却依旧在人生的十字路口毅然选择了奋斗。父亲的离世、母亲的精神失常、兄长的外出谋生却杳无音信……这一桩桩打击的结果就是刘秀祥担负起了家庭的重任。无论出于何种原因，他都必须奋斗，奋斗，再奋斗。一分耕耘，一分收获。刘秀祥经历无数奋斗，终于实现了自己的理想。

生逢盛世之时，没有理由让我们放弃奋斗，没有理由让我们放弃拼搏。我们或许会为考试失利而一蹶不振，会为同学嘲讽而暗自神伤，会为老师批评而徘徊彷徨。当我们听闻刘秀祥的事迹后，更要自省自勉，有作为、有担当、有奋斗精神。

当我们面对英语单词和句子的朗读时，应具备迎难而上的勇气；当我们解决数学题时，应追根溯源，刨根问底；当我们理解语文阅读时，应深入思考……我们应学习刘秀祥面对高考失利仍不放弃的决心、面对梦想千里背母上学的孝心、面对55万年薪的淡泊名利之心。

当代青年应如耀眼的太阳，穿越黎明前的重重迷雾，散发出夺目的光芒；当代青年也应如温柔的月光，在群星的映衬下，依旧显得皎洁而美丽。

此时，风是热的，心是烫的。令人欣喜的是，我们正以奋斗的姿态播下一颗颗信念的种子，坚守着最初的本心。

以我之力，追我所愿

唐县启明中学　陈　萌

生命因奋斗而存在，奋斗因生命而永恒。一个美好的愿望想要变成现实，需要我们付出不懈的努力。奋斗是刘禹锡笔下千淘万漉的辛苦，奋斗是郑板桥笔下咬定青山的坚韧，奋斗更是陆游笔下少壮工夫老始成的一番耐心和决心。人只有用恒心和毅力去拼搏，才能脱胎换骨，改变人生。

“我要上重点高中!”我在教学楼上大声喊道。“同学，这可是你说的哦，可别三天打鱼，两天晒网，也不要怕吃苦。”楼下已毕业的学长学姐们大声地对我说。我回复道：“我一定不会那样的!”

后来，我睡前立下鸿鹄之志，醒来已是黄昏后，日复一日，只在梦里过人生。

时间如白驹过隙，转眼间一模成绩已出，我本想仰着头看成绩单的，可是由于自身原因，头慢慢地低下去。同学嘲讽道：“哟哟哟，这不是要考重点高中的人吗？咋考这么点儿分儿啊？别说重点高中了，普高能否上都是个问题。”“我，我，我……我的确没有考好，但这并不怪我，都怪这学习环境太差了，天气还这么热，都没空调，我都学不下去，而且……”我心虚地说道。“当你抱怨没有鞋穿的时候，回头一看，发现别人竟然没有脚。演讲白听了呀，怎么?”老师打断我。我的脸红得像个苹果，低着头一直不敢面对老师，直到老师把我叫到办公室。

到了老师办公室后，老师告诉我，他知道我想考重点高中，他通过这几天也发现了我的问题。老师说：“志向引领奋斗，奋斗成就志向，立志与奋斗相辅相成。”我顿时豁然开朗。

后来，我立下鸿鹄之志，想看凌晨4点海棠花开，想听街边小巷的叫卖声，想等破晓的那一刻。

后来，每晚灯火阑珊，试卷无边，书籍成山，星星和月亮与我做伴，我试图抓住仅剩的光阴，冲破一切阻力，翻山越岭过重重书山，乘风破浪渡茫茫书海，向前程挥手致敬。

“万卷古今消永日，一窗昏晓送流年。”二模来临，我满怀信心，进入考场，沉着冷静、临危不乱。看我豪气冲天，金榜题名！

“相信存在即合理，相信奋斗的力量。”一代人有一代人的使命，一代人有一代人的担当。新时代青年风华正茂、春光正好，更显勇毅与担当。新一代青年应当以青春之我、奋斗之我，与时代同频共振，在奉献中成就不悔青春。

那永不黯淡的星

——听刘秀祥《相信奋斗的力量》讲座有感

唐县启明中学　马若曼

狂热的盛夏还未来临，烈日就已经炙烤大地。荧屏上的人被光芒环绕，是灯光还是日光？抑或他本身就是光。从听他讲座的那一刻起，我好似找到了人生中的北斗星。

他说读书是他至关重要的一个转折点。他出生于一个贫困的山区家庭，父亲的过早离世和母亲的疾病，使得重担过早地落在了他稚嫩的肩上。这世上困苦的人那样多，既然有自甘堕落的人，也就有勇敢坚强者的存在。而他，就一直坚持着，他始终相信读书能改变自己。所以，不顾他人反对，他义无反顾地去读书。他曾在父亲坟前许诺：不混个人样，绝不回来。在炽热的太阳下，他可有抱怨？在无数个艰苦的日夜里，他有想过退缩吗？好像不重要了，因为最后，他成功了。

他说，他难以接受自己用生命来学习，最后却落榜。落榜是他走向成功路上的挫折。他有过轻生的念想，但因为“当你抱怨没有鞋穿的时候，回头一看，发现别人竟然没有脚”这句话又重新站起来。最后，他并没有放弃，他用膝盖跪出了读书的机会。他得偿所愿，考上了大学。

他说他坚信“存在即合理”。贫瘠的乡村育他成人，待他学有所成，他并没有远走高飞，而是重返山村，他想拉处在深渊中的孩子一把。因为妹妹对他说：“哥，我不想读书了，我要结婚了。”所以他要改变他们。我惊奇，原来世界上真的有人平凡而伟大。看吧，他给这个布满荆棘的世界以温暖。山区孩子们不理想的成绩曾让他怀疑人生，可他相信“存在即合理”。

他说“天生我材必有用”。他激励学生们，高考是选拔人才的舞台，就像春运期间的火车票一样，分数是进入大学的凭证。他鼓励学生坚持学习，并与他们并肩作战，共同创造了1000多名学生成功考入大学的辉煌成绩。他甚至帮助一位中考文化课成绩只有50分的学生实现了大学梦，也使一位渴望进入外国大学的学生梦想成真。所以，要相信“天生我材必有用”，要明白“我辈岂是蓬蒿人”。

他说，人生一定要有梦想。我也曾迷茫过：读书意味着什么。他告诉我，读书是为了跳出龙门，是为了走出去和命运做抗争。我们不能做茫然行走的钟，而是要做敲响希望的钟。他说，只要能看到第二天的朝阳，都是一种幸运，我们无法预知明天，但可以做好现在。我也懂得，世界上没有真正的绝望，只有被思想困住的囚徒，他开阔的心胸让我佩服。

我也妄想知道未来，刘秀祥老师的讲座让我发现，不知道未来的人生，才是真正的人生。每个人都不完美，而不完美就是为了让我们变得完美。即使起点晚又怎样？涅槃重生也未尝不可。我们都是芸芸众生中普通的一个人，但我们也可以去奋斗、去贡献，出类拔萃的也可以是我们。每个选择都是要付出代价的，既然选择了读书，那为什么不努力呢？如果我们不努力，我们和仰慕的人物会是两条平行线，永不相交。无奋斗不青春，奋斗一直都是青春的标志。上帝一声不响，那一切皆由我定。对，我要走出去，我不甘被困难的大山所束缚。

刘秀祥老师就像是热烈生长的向日葵，在普普通通的地方向阳而生。他又如横冲直撞的玫瑰，世界虽让他身披荆棘，但他做到了所向披靡。他真的活成了一束光，照耀自己的人生，照耀他人，胜过长在月球上的树、绽放在夜空中的烟火。

青春之所以可期，是因为少年有梦。每一代逐日移山的少年，都有自己奋不顾身的梦想，每一份赤诚的热爱都值得用心对待。人生就像是无解的命题，有人将它深埋地底，但有人一辈子都踏在寻找真理的路上，在人生中写下自己的答案，然后留下难以磨灭的印记。而刘秀祥就是后者，他的人生就留下了浓墨重彩的一笔。其实，人生这无解的命题，只要用认真来对待，那就是属于自己的答案，属于自己的正确答案。

刘秀祥老师让我找到了人生方向，是我的引路人。他于我而言，是夜空中最闪亮的星，是我生命中的北斗星，永不暗淡。

学刘秀祥事迹有感

唐县启明中学　李雅暄

泱泱大国，五千年的文化积淀，孕育了文明的深长韵味，将其永恒传承是华夏儿女坚守的使命。

年少的刘秀祥遭遇了让人心酸的故事，父亲的离世、母亲的重病以及兄弟姐妹的离散，都未能阻止他坚持自己的使命，勇敢地承担起超出常人的责任。面对命运的不公，刘秀祥从未抱怨，而是选择迎难而上。他每天除了学习就是照顾母亲，以至于初中三年的睡眠时间一直很少。从他的故事中，我们应当珍惜父母为我们创造的学习环境和生活条件，即使面对生活中的种种困难，也要保持一颗乐观的心。

尽管还要照顾母亲，但在学习的过程中，刘秀祥仍然保持着优异的成绩。他以全校第一的成绩争取到了免费的读书机会。然而，在高考期间，由于长期营养不良，他病倒了，与自己理想的大学只差 6 分。于是他选择了复读，并最终考入了理想的大学。在这一时期，他的故事传遍了网络，网友们和各地的民众纷纷伸出援手，但他却一一婉拒，坚持依靠自己的力量支撑起他和母亲的生活。大学毕业后，他选择回家乡教书，培养了一批又一批人才，为国家做出了贡献。

我们在生活中难道不应该这样对待生活吗？面对困难，我们要迎难而上。并非每个人都能轻易成功，因此我们必须努力奔跑。虽然前路充满挑战，道路曲折，但我们期待在顶峰相遇。我们既然有好的学习环境，那么就应该去认真学习，而不是一味地荒废时间。目前我们面临中考，所以要更加珍惜时间。如果你觉得生活烦闷，那就起来奔跑，因为会有风；如果你觉得日子里黑暗无光，那就努力吧，因为努力的日子会发光。

通过学习刘秀祥的事迹，我收获很大。“韶华不为少年留，恨悠悠，几时休。”等风来，不如追风去，累了就看看天上的星星，倦了就照照脚下的大地，脚踏实地，从不停息，等到长风破浪那天，我们的帆会高扬在沧海之上。

泱泱中华，万古江河，如日之升，如月之恒！

一束照亮自己、照亮别人的光

——听《相信奋斗的力量》讲座有感

唐县启明中学　石雪铃

荧幕亮起，只是抬头的那一瞬，场下所有人的眼睛都亮了起来，不为别的，只为在屏幕上出现的那三个字。但仔细一想，这三个振奋人心的字，又是那么朴实无华，那么可亲、可敬、可佩。

这三个字就是“刘秀祥”。提到他，或许你会想到他是党的二十大代表，是全国“最美教师”，可在这光鲜亮丽的荣耀背后，谁能想象得到他付出了怎样的艰辛；谁能想象得到他也曾迷茫过、颓废过，甚至想用自己的生命来宣泄老天的不公；谁能想象得到父亲早逝、母亲患病、哥姐离家出走，只一个人带着病母求学的刘秀祥能成长为这般成就的大人物；谁又能想象他为了读书，不惜抛开“男儿膝下有黄金，不可轻易下跪”的原则。不为别的，只为读书。

最后，他凭借顽强的意志考上了大学。大学毕业后，多家企业向他伸出了令人艳羡的橄榄枝，但他一身傲骨，拒绝了这些企业。是的，他改变了自己的命运，他照亮了自己，他的经历像一个孩子，一个叛逆的孩子，又像一个大人，能为家庭、为自己未来负责的大人。他的命运由自己掌握，或许他的心中一直有一句“上帝未发话，一切由我定”的格言。

他的辉煌并不是我们所能衡量的。他早已拥有大好的前程，他早已改变了自己的命运，但他所想的，却是哪怕能改变一个与自己有过相似经历的人，也就足够了。

但是祥哥，凭你的一句“乾坤未定，你我皆是黑马；乾坤已定，那就扭转乾坤”，凭你的一句“存在即合理”，凭你说要找到每个学生的欲点、需求点，并要撬动每个学生的欲点、需求点，就足以让一个数学零基础的学生在高考出成绩的那一天痛哭一夜。只因受您的影响，他一直奋斗着，最终实现了自己的梦想，如愿考上了本科。还有，你让一个分数极低的学生有了外交梦，有了考海外大学的梦想，并凭借着自觉、自律、自信、自强考上了海外大学，成为一名外交官……正如一颗看似微不足道的鸡蛋，若从外部借助外力被打破，它注定要被食用；然而，如果它能从内部自行破壳而出，或许它将成为一只翱翔天际的雄鹰。

人都是一样，都是平凡地来到这个世界，只有奋斗，只有实现自己的梦想，才会变得伟大。这也是你告诉我的，也会一直刻在我心头的一句话：“人，生而平凡！做而伟大！”所以你注定会被世人记住，注定不会被埋没在时间的长河里，注定会成为一位流芳百世的名人。

刘秀祥的一生有过很多辉煌，他既是背母求学的好男儿，也是教书育人的好老师。他成功地将自己活成了一束光，一束照亮自己、照亮别人的光。我们或许不会像他那样被世人铭记，赢得敬佩与尊敬，但只要靠近光、追随光、成为光、散发光，总有一天，定会光芒万丈！

刘秀祥讲座心得体会

唐县启明高级中学　韩若楠

读书有道，得道有成。听了刘秀祥老师的讲座，我仿佛有了一种“听君一席话，胜读十年书”的感觉。

刘秀祥，4 岁时失去父亲，母亲因此遭受沉重打击而精神失常，姐姐和哥哥也相继离家出走。年仅 11 岁的他，便挑起了家庭的重担，从此与母亲相依为命，开始了带着母亲求学的艰辛旅程。尽管一路上艰难坎坷、困难重重，他却始终坚守着读书的信念，从未有过动摇。然而，命运似乎并不公平，高考的失利让他一度产生了轻生的念头。在他绝望之时，日记里“当你抱怨没有鞋穿的时候，回头一看，发现别人竟然没有脚”这句话，使他重新振作起来，一步一步走到了今天。

刘秀祥的事迹激励了我，使我懂得了许多道理。高考，作为人生的一个重要转折点，对每个人来说都意义非凡。读书，是一个人永远的必修课。读书的信念始终鼓舞着刘秀祥老师在逆境中前行，同样，它也鼓舞着我们在求学的道路上不断前进。

人生的延长线，不是只画一天、一月、一年，而是要天天画、月月画、年年画；不是只画一阵子，而是要画一辈子。这漫长的途中会有志得意满、一帆风顺的顺境，也会有遇到一言难尽的逆境。哲人说：“顺境的美德是节制，逆境的美德是坚忍。”无论是顺境还是逆境，都是人生的必修课，只有不忘初心，才能在鲜花和掌声中不飘飘然，在困顿和挫折中不凄凄然，拥有从失败中站起来的进取心，拥有从成功中走出来的平常心。

“日日行，不怕千万里；常常做，不怕千万事。”不忘初心，就能在变动不居的岁月中，保持脚步不停歇，以“绳锯木断、水滴石穿”的毅力，在砥砺奋进的路上永不停步。“乾坤未定，你我皆是黑马；乾坤已定，那就扭转乾坤。”作为一名高中生，我要明确自己的未来、目标，朝着这个方向去努力。我仍然记得刘秀祥老师的话：“相信奋斗的力量”“人，生而平凡，做而伟大”。未来怎样，完全取决于今天的我们。

天生我材必有用。我们每一个人都是独一无二的，我们要相信自己，把自己活成一束光，于纸卷书香中充实自我，以报国家！

岁月深处的暖灯

唐县启明中学　李姊玥

漫漫人生路，何言悲痛？款款踏歌行，实为坚强。

——题记

没有谁生来名誉四方，一切辉煌来自那段尘埃未定的时光，而岁月深处那位破茧成蝶的追光少年也成了我学习的榜样。

刘秀祥，生而平凡，可又不同于凡人；生于逆境，却不甘平凡。年仅 11 岁，家庭便如破镜难再圆。父亲走了，母亲患上精神疾病，哥哥姐姐外出打工，便杳无音信。或是骨子里妈妈的爱让刘秀祥用瘦弱的肩膀扛起了这个支离破碎的小家，又抑或是生来心向远方、不畏高山的毅力，使他用双手牵着母亲，也牵着自己的梦想砥砺前行。次次乌云遮天，他从未放弃。他勇敢追梦，终于感动了世人。他的世界迎来了白昼。

刘秀祥从大山中凿石而出，开辟人生新路。如今，我们风华正茂，衣食足，在岁月里与他相识。他背母求学的事迹如橙色的微光，塞满了我心底黑暗的角落。我从岁月深处拾一片时光，猛回头，才觉何为幸福。

我们拥有染着中国红的校服、平稳的书桌、干净整洁的学习环境、健康美味的饮食，还有将我们捧在手心的父母，那一点点困难又算得了什么？解不出的数学题可以再思考，扔不远的实心球可以再尝试。无论处于什么样的环境，我们都要坚定自己的信仰，不要让遗憾吞噬了灵魂，不要让生命在荒废的时光中留下遗憾。

眼里有光，心中有榜样。越过高山，豁然开朗；冲出烈火，蜕变成浴火重生的凤凰。让我们提着岁月深处的暖灯，砥砺前行。

榜样的力量

唐县六一小学　曹铭洋

每一个人都有自己的榜样，我的榜样既不是“发明大王”爱迪生，也不是“千古奇人”爱因斯坦，而是“背母求学”的刘秀祥。他不仅是我的榜样，更是我心中一段不朽的传奇。

刘秀祥小时候家庭发生了严重的变故：父亲早亡，母亲精神失常，兄姐相继离家出走。于是，仅仅11岁的小刘秀祥便挑起了家庭的重担。

看了这一段，我心里一酸，眼眶湿润了，泪水顺着脸颊无声地滴落下来。是的，我哭了。这一次哭和撒娇的哭、发脾气的哭、挨打的哭都大不一样，这是发自内心的哭，为一个人的不凡事迹而哭，是自己真真正正被感动而哭！

看到刘秀祥叔叔，我不禁想到了以往的自己：一周洗不了几次碗，打扫不了几次卫生，而一干活儿就喋喋不休地抱怨。想到了这里，我不禁面红耳赤，以前我总以为自己干得很多，但我的这点“功劳”在刘秀祥叔叔一人为整个家庭付出的面前却显得微不足道。他每天6点起床，给母亲洗头发、刷牙洗脸、洗脚剪指甲……简直无微不至，而刘秀祥叔叔却没有一丝一毫的怨言！

我惭愧极了，脸又一次红了。我在心中暗暗发誓：以后我一定要帮家里分担一些力所能及的事，学会独立自强。

看完刘秀祥的事迹之后，我的内心久久不能平静。刘秀祥叔叔那高大的身影已经深深地印在我的心中，他的精神让我深感敬佩。我要有一颗孝心，我要学会感恩父母。榜样的力量是无穷的，我的榜样刘秀祥叔叔会一直激励着我努力前进。

奋斗成就梦想

唐县六一小学　李兆峰

梦想是船，奋斗是帆，满载着希望，驶向遥远的目标。

刘秀祥出生于贵州省望谟县的一个贫困小山村，自幼便面临着生活的重重考验。他4岁时父亲去世，母亲精神出现问题，生活不能自理，后来哥哥姐姐相继离家。在这样的逆境中，他不仅要完成学业，还要解决他和母亲的温饱问题。尽管他当时只是一个孩子，我们无法完全了解他所承受的苦难，但他从未放弃对知识的渴望和对未来的梦想。

数年间，他以坚强的意志考上了高中。他可以外出求学，但却无法放任自己的母亲独自求生，他又不愿放弃唯一一条改变人生的道路和坚持苦拼多年的学业，于是，他决定背着母亲上学。

古有头悬梁锥刺股的孙敬、苏秦，今有捡破烂换学费的刘秀祥。看到刘秀祥为读书而拼命，再看看我们，在学校中，我们冻不着、饿不着，冬暖夏凉，衣食无忧。在交学费时，父母会毫不犹豫地给我们，而我们从来没有想过这些费用是怎么来的。我们未曾给这个家尽过一份力、赚过一分钱，却一直在向他们索取，而他们却毫无怨言。我们有什么理由不好好学习，有什么借口荒废学业呢？

刘秀祥的日记中写道："当你抱怨没有鞋穿的时候，回头一看，发现别人竟然没有脚。"当我们诉说着命运的不公、抱怨着自己的失败、怨天尤人时，可曾有过他的觉悟？可曾有他在拼搏路上挥洒的一半汗水？

读书不是唯一的出路，却是唯一的捷径。只有我们努力奋斗、勤奋苦读，才会取得成功，才能成就梦想。

“嫩竹犹含粉，初荷未聚尘”，成功若是露珠，奋斗便为清溪；“鸥鸟当击水，长歌会凌云”，成功若如小舟，奋斗变为长帆！仰望历史长空，几多荣辱；俯瞰历史长河，几多沧桑！追逐梦想，唯有奋斗之精神方能铸就辉煌！

听刘秀祥报告有感

唐县六一小学　马京怡

梦想是什么？梦想是刘秀祥用生命去读书，希望能走出大山；梦想是刘秀祥为了帮助更多人摆脱大山的束缚，毅然放弃高薪工作，返回故乡担任教师。今天我们坐在教室里观看了刘秀祥的报告，他的经历让我同情，更让我敬佩。

刘秀祥 4 岁丧父，母亲患上精神疾病，哥哥姐姐相继离家出走，生活的重任就此压在了年仅 11 岁的刘秀祥身上。即便如此，他并未因此对生活失去希望，始终保持着积极向上的心态，勤奋学习。为了凑齐学费，他每天只睡四五个小时，什么脏活儿、苦活儿他都愿意干。如此的苦难，刘秀祥也坚持了下来。当他全力以赴冲刺高考，以为高考能改变自己的命运时，他却落榜了。这对刘秀祥来说无疑是致命的打击，但他又一次挺了过来，凭借坚强的毅力，通过不断的努力，最终考上了大学。

学习是我们的必经之路。留意刘秀祥的事迹就会发现，他之所以成功，是因为他在经历人生的几个转折点时，都选择了读书。这告诉我们只有学习和读书，才能改变自己的命运。过去，我也曾感到迷茫，不清楚为何而学习，因身处毕业班而倍感焦虑，内心烦躁不安，缺乏明确的目标和方向。但现在我明白了，一个人必须拥有远大的理想、求知的渴望和坚定的意志。有了这些，我相信，最终的成功定会属于我们！

当我们在做一件事或确定一个目标时，可能会有人贬低你、嘲笑你、质疑你，我们不应自卑，要去努力，让自己变得更好，大胆地向前走，朝着自己的目标勇往直前！

即使前进的路上布满荆棘，也不要害怕。刘秀祥面对如此艰苦的条件，依然不怕困难、继续努力、勇往直前，最终取得了成功。相比刘秀祥，我们能坐在明亮的教室里学习，不用考虑学费的问题，又有什么理由不努力呢？

同学们，从现在开始，努力学习，树立目标，相信自己，乾坤未定，你我皆是黑马！

把自己活成一束光

唐县启明中学　刘君怡

生而为人，在成长道路上到底什么才是最重要的？他说："重要的是在人生每一个转折点，我们做出的选择与坚持。"他还说："一个人来到这个世界，梦想比金钱重要。"他是刘秀祥——全国最美教师。

"长风破浪会有时，直挂云帆济沧海。"你是否有自己的目标与梦想？你是否为了自己的梦想而不懈努力？刘秀祥背母求学，是他为梦想而奋斗的证明，更体现了他直挂云帆济沧海的坚定信念。

作为初中生的我们，刚踏上青春的道路。这是一条漫长的道路，我们能够无所事事、虚度光阴吗？时间是不可逆的，青春的时光一旦流逝便难以复返。因此，我们应当努力成为勤奋学习、自觉劳动、勇于创新的好少年！想想看，哪个伟人不是自觉自律的人呢？有时我们会感到读书枯燥无味，但就是这条路，通往幸福的生活；这条路可以扭转乾坤，改变我们的命运。上天是公平的，不要抱怨什么，当你抱怨没有鞋穿的时候，回头一看，发现别人竟然没有脚！向前看，自信走！

人生要有梦想，有了梦想，我们才能怀着坚定的信心去奋斗、去拼搏。我们不必像刘秀祥老师那样背着母亲到处求学，日夜不停地打工挣钱，我们为何不利用这些优势去奋斗，去超越他人呢？乾坤未定，你我皆是黑马；乾坤已定，那就扭转乾坤！

书桌前奋笔疾书的背影和书桌旁厚厚的一沓试卷是我们通向成功的阶梯。刘秀祥就如一盏灯，照亮着周围，照亮着我，我从他身上的那一抹光亮中，汲取前进的力量，激励自己奋斗！奋斗的力量非同凡响，相信奋斗的力量，把自己活成一束光!

虽然，现在离成功还很远，眼前的路依旧不够明朗，但我坚信——若瞄准月亮，即使迷失，也依然在星辰之间。如此，只需脚踏实地，努力向前!

相信奋斗的力量

唐县六一小学　石晨菲

奋斗是什么？奋斗是拿破仑“不想当元帅的士兵，不是好士兵”的志向；奋斗是米尔“世界上所有美好的事物都是创造力果实”的创新；奋斗是孙中山“奋斗这一件事是自有人类以来天天不息”的努力。全球最美教师刘秀祥也曾言：“不要对生活充满绝望，要充满希望，通过奋斗改变人生的命运。”

1988 年，刘秀祥出生在望谟县的一个贫困小山村。他出身贫苦，家境不好，在父亲离世、母亲精神失常、哥姊离家出走后无依无靠，只能选择读书来改变自己的命运。他发誓不混出个人样绝不回去。

在高考时因身体原因，他以 6 分之差落榜了。那时的他甚至有了轻生的念头。可就在他看到自己日记上“当你抱怨没有鞋穿的时候，回头一看，发现别人竟然没有脚”这句话时，重拾信心，决定复读。可是好几所学校都不接受他。在一所民办高中，他找了校长五次，放下尊严，甚至跪下恳求，最终那位校长才同意接纳他。

他学业有成后回到了自己的家乡，用自己的青春唤醒了许多想要放弃读书的学生，让那些学生走出大山，拥有了更美好的未来。刘秀祥老师的一生经历了千万次挫折，但他没有放弃，而是奋勇向前。

没有人能逃脱自然规律。我们要用笑脸来面对灿烂的明天，我们要从现在开始，珍惜周围的人，珍惜每一天，珍惜每一分一秒；我们要好好读书，用知识开启人生未知的大门。要知道，老天是公平的，不会多给谁一分，也不会少给谁一秒。

乾坤未定，你我皆是黑马。如今小考将至，可我们却还在嬉戏打闹，没有危机感。我们现在要调整心态，做最后的百米冲刺。我们要把自己活成一束光，驱散身边的所有黑暗，即使遇到再多的困难，也要坚持让自己闪闪发光。我们要相信天生我材必有用，树立好自己的目标，明确自己的方向，并不断完善自己。

“世上无难事，只要肯登攀。”每个人的道路不可能是一帆风顺的，总会遇到一些坎坎坷坷，只要你努力了，终究会有回报。“少年不惧岁月长，彼方尚有荣光在！”加油奋斗吧，少年！

来人间一趟，要积极向上

唐县启明中学　张明欣

任何一个美好的愿望想要变成现实，都需要我们付出不懈的努力。奋斗是刘禹锡笔下千淘万漉的辛苦，是郑板桥笔下咬定青山的坚韧，更是陆游笔下少壮工夫老始成的一番耐心和决心。

刘秀祥出生于贵州省望谟县，2012 年毕业于临沂师范学院，现任贵州省望谟县实验高级中学副校长，是党的二十大代表，曾荣获五四青年奖章、五一劳动奖章等。

刘秀祥 4 岁时便失去了父亲。后来，母亲患上精神疾病，哥哥姐姐相继离开，只留下他和母亲相依为命。他主动担负起了照顾母亲的重任，每天砍柴、做饭，帮母亲洗脸、喂饭。尽管如此，他深知教育的力量，坚信通过学习能够改善自己和母亲的生活。因此，他努力学习，最终以全县第三的成绩脱颖而出，但昂贵的学费却让他望而却步。于是，他便去了一所免费的中学就读。没钱租房，他便在学校附近的茅草棚里居住，靠捡废品为生。考上高中后，他在暑假期间和老乡到遵义修水电站，揣着赚来的 600 元，在高中附近租了闲置的猪圈，边上学边打零工维持生活和学业。首次高考失利，让他产生了轻生的想法，是日记本中“当你抱怨没有鞋穿的时候，回头一看，发现别人竟然没有脚”这句话，让他重新振作。他选择了复读，最终考进了山东临沂师范学院。这就是奋斗的力量。

我们好不容易来到人间一趟，应当去欣赏这世间的美好，去享受一个自由、热烈且不被定义的自己，将自己活成一束光，不为别的，就为照亮世界的角落，照亮别人与自己。人间一趟，积极向上，不畏将来，不念过往。我们生来不是为了死去，而是去做更有价值、更有意义的事情。刘秀祥的行为正是这种精神的体现，他放弃了年薪55万元的工作，选择到乡村成为一名教师，挽救山区孩子的命运，照亮他们通往理想的路，以此成就自己的人生。

让我们共赴山河，沾着林间枫叶，沾着海中星辰，谱写青春年华，活成一束光。

少年的榜样

唐县启明中学　柴翘楚

木秀于林，风必摧之。刘秀祥的一生是坎坷的，家境清贫，早年丧父，母亲精神失常，哥哥姐姐离家出走。在这样的环境下，他没有被生活击溃，没有放弃未来，而是背着母亲求学。他有着常人不具备的品质，我愿称他为竹，千磨万击还坚劲，任尔东西南北风。

屏幕上一张又一张的照片，记录着刘秀祥那时艰苦的生活环境。在他以优异的成绩考上理想中学这一消息映入眼帘时，我的脑海中浮现的是书桌前他专注的模样，即使书桌破败、书籍陈旧，屋中也依旧萦绕着淡淡的墨香。这时我才明白，宝剑锋从磨砺出，梅花香自苦寒来。

面对企业的高薪诱惑，他毅然走上支教之路，忠贞不渝。落红不是无情物，化作春泥更护花。数年支教，艰辛又有多少？寥寥数语写不出 1800 多名学生的感激，也道不尽深埋心底 8 年的艰辛。

时光荏苒，刘秀祥也不再年少，但泱泱大国从不缺少少年。我想他支教的初心定是希望少年人在含苞待放的年纪能不负众望。在未来的路上，我们要像竹，坚韧挺拔；要像梅，高洁淡雅；要像落花，大爱无私；要像青草，野火烧不尽，春风吹又生；更要像春风，温柔且强劲。

在长路漫漫的岁月中，在来势汹汹的压力下，在撒野奔跑的日子里，我们不能选择逃避，要努力，要拼搏，要不惧逆流。长风破浪会有时，直挂云帆济沧海。

听刘秀祥事迹报告会有感

唐县启明中学　李佳颖

“一支粉笔，两袖清风；三尺讲台，四季如常。”说的是教师这个职业的伟大，我觉得用来形容刘秀祥老师再合适不过了！

如果没有昨日的讲座，我可能永远都不知道有这样一位平凡而伟大的人物存在。刘秀祥的人生经历可谓是传奇一般的存在。他出生于 1988 年，在 4 岁时父亲去世，母亲因这一沉重打击，精神上遭受了严重的影响。他的哥哥姐姐在父亲去世后外出打工，从此杳无音信。年幼的刘秀祥担起了照顾母亲的重任。

刘秀祥成绩优异。在他大学毕业后，有公司向他抛出年薪 55 万元的橄榄枝。可来自大山的他深知大山里的教育有多艰难，所以他毅然决定回到家乡当一名普通的教师。

听到这些，我不禁把他的家庭条件与我做比较。我拥有疼爱我、为我深谋远虑的父母，以及关心我的兄嫂。尽管我的家庭条件比他优越，但我的学业成绩却远不如他，这显然说明我还不够勤奋。正如他所说的那样：“当你在为脚上没有鞋而伤心时，有些人连脚都没有。但那些没有脚的人往往活得更好。”

他身上有许多优点值得我们学习：在学习中不服输的韧劲，失败后从头再来的勇气，在生活中背母求学的孝顺和责任，他身上由内而外散发出来的通达乐观，以及在工作中“读书渡已，教书渡人”的高尚情操。

我要向他学习，将来做一个无私且伟大的人民教师！

努力奋斗，活出精彩

——听刘秀祥先进事迹报告会有感

唐县六一小学　刘雅婷

是谁在千里迢迢的求学路上带着生病的母亲？是谁在大学四年省吃俭用资助他人？是谁在大学毕业后放弃高薪毅然回到家乡？是他，“全国最美教师”刘秀祥。

刘秀祥老师的故事深深触动了我。他在 4 岁那年失去了父亲，母亲因此患上了精神疾病，哥哥姐姐也相继离家。年幼的刘秀祥不得不以稚嫩的肩膀扛起家庭的重担。当其他孩子在母亲的怀抱中撒娇时，他在埋头苦读；当其他孩子享受着母亲烹饪的美食时，他已经能够自食其力。尽管年幼丧父、家境困苦，他却从未退缩，坚持求学，因为他深知教育的重要性。面对学费的困境，他每天放学后捡瓶子来勉强维持生计，但困难并没有摧毁他求学的坚定意志。相比之下，我们能够坐在宽敞明亮的教室里安心学习，无须担忧任何事情，却缺乏进取心，我们甚至不及他的万分之一。

“谁言寸草心，报得三春晖。”从古至今，人们一直歌颂母爱的伟大，刘秀祥老师对母亲的爱令人敬佩。小时候，因为母亲的原因，刘秀祥经常被其他小朋友欺负，母亲总会冲过来保护他。这也是为什么在刘秀祥老师千里迢迢的求学路上，一定要带着母亲——他们的爱是互相的。而现实中的我呢？父母的爱是单方面的。我不能只享受父母的爱，也应孝顺他们。

“滴水之恩，当涌泉相报。”刘秀祥老师很好地诠释了这句话的含义。在他回到家乡当教师的那段时间，众多企业邀请他去他们的公司工作，有的年薪甚至高达 350 万元，但都被刘秀祥老师一一拒绝了。我明白了“羔羊跪乳，寒鸦反哺”这句话的含义。拥有一颗感恩的心，即使没有家财万贯，也会被人铭记。

“不经一番寒彻骨，怎得梅花扑鼻香。”刘秀祥老师的成功不是偶然的，而是必然的。他身上有许多值得我们学习的品质：迎难而上、积极乐观、勤奋努力……让我们也相信奋斗的力量吧！因为奋斗，真的会前程似锦，真的会活出精彩人生！

发挥榜样的力量

唐县启明中学　赵博轩

听了刘秀祥的事迹后，我大为震惊，觉得很不可思议，心中敬意油然而生。

刘秀祥，1988年出生于贵州省一个偏远的小山村。童年时期，父亲不幸离世，母亲因无法承受这一打击而精神失常。随后，哥哥姐姐外出打工，却再也没有回到家中，这使得他的家庭状况更加艰难。尽管如此，刘秀祥并未放弃求学之路。从初中开始，他便肩负起照顾母亲的重任，同时在学校附近简陋的小屋中一边学习，一边努力赚取学费。或许是上天被他的坚韧所感动，赋予了他非凡的智慧，他的学习成绩始终名列前茅。然而，命运再次考验了他。在高考前一周，他不幸病倒，最终以6分之差与心仪的大学失之交臂。但这并未摧毁他的意志，经过不懈的努力和多次尝试，他终于走上了成功之路。

我们作为新时代的好青年，一定要学习刘秀祥自强不息、顽强拼搏的优良品质。俗话说：宝剑锋从磨砺出，梅花香自苦寒来。不经历风雨，怎能见彩虹？人生路上有许多困难，比我们更贫困、更艰苦的人还在努力，我们又有什么资格不好好学习、努力进步呢？

刘秀祥的事迹，是中华优秀传统孝文化的集中体现。这种孝敬父母、勇担责任的精神，不正是我们需要学习的吗？营造良好的社会氛围，不仅需要刘秀祥的努力，更需要全社会的努力。作为中学生，我们应汲取榜样的力量，学习刘秀祥精神，刻苦学习、孝亲敬长、承担责任，走向更美好的未来！

逆境中的一道光

唐县启明中学　贾梦涵

我曾天真地认为自己的生活已经困难重重，但当我听完刘秀祥老师的故事后才知道，人真的能站在泥坑里仰望天空，纵使眼前迷雾蒙蒙，却仍愿相信前方会有美丽风景，只因我们都向往过它的模样。

刘秀祥 4 岁那年，父亲病逝，母亲因家中变故而精神失常。从三年级起，生活的压力和学习的困境交织在一起，但他并未退缩，反而承担起家庭“男主人”的角色，不仅将母亲照顾得无微不至，学习成绩也特别优秀。然而，高考那年，他由于生病而落榜。这次失利深深打击了他，因为他在拿生命与尊严读书，奈何天不作美。在他想放弃时看到了自己曾写的日记，于是他不再抱怨，重新振作，进行复读，终于考上了理想的大学。

直到这一刻，我才真正理解，原来真的有人可以如此努力拼搏。渐渐地，思绪飘回我的集训时光。我那跳不满的十分啊，何时才能让我得偿所愿呢？于是，我迎着朝阳奔跑，微风轻轻吹拂我的身体，豆大的汗珠从我的脸颊滚落……回顾我所走过的路，那些足迹和充满激情的拼搏时刻历历在目。如今回头看，我比谁都清楚，暮霭沉沉后就是楚天远阔，沉舟病树后就是万木争春。可是真的很累啊！我无数次想要放弃，幸而偶然间看到了刘秀祥老师的话：“当你抱怨没鞋穿的时候，回头一看，发现别人竟然没有脚。”是啊，我的挫折对于刘秀祥老师来说仅仅只是九牛一毛，他面对不幸并未放弃，而是在艰苦生活中努力发出光芒，那我又有什么理由放弃呢？抬头望向天空，云朵在夕阳的映照下五彩缤纷，一缕微光轻抚着婀娜的老树，在夕阳的映衬下绽放着光芒。它们都在告诉我，再坚持一下吧，不要轻易留下遗憾。我低头望着满分线，似乎没有很远，那就再拼一把吧。

纸上的作文已画上句号，这世间的故事却仍在继续。一花凋零荒芜不了整个春天，挫折也摧毁不了整个人生，那就努力去拼搏吧。

读刘秀祥事迹有感

唐县启明中学　于　治

刘秀祥，是一位来自农村的小伙，但是他努力学习，造就了他伟大的人生。

只有做了，改变才会发生

“只有做了，改变才会发生。”这是刘秀祥老师曾说过的一句话。这句话蕴含着深刻的道理：唯有行动，才能带来改变。如果你只是空想而不付诸实践，结果往往不尽如人意。因此，我决定从现在开始，少说话，多行动。过去我的学习态度不端正，每逢月考，成绩总是不尽如人意。考后我虽立志要努力学习，但往往只是三分钟热度，没有实际行动。受刘秀祥老师事迹的启发，我将在未来的生活中用实际行动来改变自己，提升我的学习成果！

书山有路勤为径，学海无涯苦作舟

在刘秀祥老师的事迹中，“勤奋”和“刻苦”两个词精准地概括了他不畏艰难、勇于奋斗的非凡历程，特别是在青年时期的求学阶段，这两个词得到了淋漓尽致的体现。作为一名学生，要承受如此巨大的艰辛，若换作是我，可能早已放弃。

“学习贵在坚持”，这是老师经常强调的一句话。学习之路固然充满艰辛，但若能坚持到底，终将收获甘甜的果实。我要学习这种不屈不挠、乐于奉献的精神。从今往后，我将努力在学习中坚持，因为坚持是进步的阶梯。只有不断磨砺这种卓越的品质，才能让生命中的花朵绽放得更加绚烂、更加多彩。

尊敬的刘秀祥老师，您如一轮明亮的圆月在黑夜中照耀着这片土地，用皎洁的月光净化了每个人的心灵。

以奋斗为曲，谱青春之歌

唐县启明中学　寇怡铭

奋斗是书山有路勤为径，是滴水穿石的坚持，是竭尽全力后欣慰地感叹“功夫不负有心人”。人生的意义在于奋斗，唯有不懈地奋斗，才能攀登人生的顶峰。

习近平总书记曾经指出：“路虽远，行则将至；事虽难，做则必成。”感动中国人物获奖者刘秀祥用自己的经历生动地诠释了这句话的含义。在三年级时，他不得不担负起生活的重担。在依靠捡废品维持生计的日子里，他依然能够保持优异的成绩。为了“混出个人样”，他复读了一年，最终实现了大学梦。后来，他成为人民的好教师，他带母求学的故事也广为流传。这一切成就，都源于他那永不言弃的奋斗精神。

“我不去想是否能够成功，既然选择了远方，便只顾风雨兼程。”刘秀祥作为新时代奋斗精神代表的经历可歌可泣，激励着祖国的一代代接班人不懈努力。他的奋斗历程告诉我们，树立远大目标，并有为之付出一切的决心和毅力，是创造辉煌的必由之路；昨天的坚持是立足，今天的坚持是进取，明天的坚持是成功。我们必须始终坚信：努力不会说谎，也不会白费。回头看看刘秀祥那些风餐露宿、食不果腹的日子，我们又有什么理由轻言放弃？只有不断向着心中的目标奔跑，才有可能抓得住那束光，在最好的年华中让自己盛放。

我们一定要把握无限可能的当下，珍惜有限的年华，绽放属于自己的光芒。只有珍惜当下，用心对待眼前的一切，我们才能无愧于过去，无忧于未来。只有拼尽一切地奋斗，我们才可以坦然地说：“我不后悔。”

奋斗，让我们敢于面对风浪；奋斗，让我们勇于踏过荆棘；奋斗，让我们勇于克服挫折……

让我们追随刘秀祥的脚步，奋发图强，乘风破浪，达人生之高峰！

让自己活成一束光

唐县六一小学　张宇默

我感觉自己每天都沉浸在黑暗之中，整日忧心忡忡，无论生活还是学习，都缺乏明确的目标，做任何事情都拖拖拉拉。当我观看了刘秀祥老师的报告，我深深地被他的一句话感染：把自己活成一束光，照亮自己，也照亮别人。

过去，我单纯地认为只要成绩优异，便能成为老师眼中的优秀学生、同学们所羡慕的尖子生，成为一颗耀眼的明星。然而现在我领悟到，光的真正价值在于照亮他人。正如刘秀祥老师分享自己不幸的童年，并非为了赢得同情，而是为了启发我们珍惜现有的生活，不因外界的挑战而放弃学习；不因暂时的逆境而放弃自我，要坚信奋斗的力量，相信努力可以改变命运，相信知识的力量。我也要努力成为一束光，不仅追求个人的学业成就，更要帮助周围的同学们携手共进，共同成长。

尽管我们的父母为我们创造了良好的条件，但我们不应仅满足于接受他们的给予。我们需要培养独立生活的能力，不应仅仅享受父母的关爱。在日常生活中，我们同样可以成为一束光，积极学习生活技能，学会照顾他人。例如，学做一道菜，与家人共享劳动的喜悦；在父母劳累时递上一杯茶，表达我们的感激之情，而不是一味地沉溺于被爱和呵护，忽视自我成长。

这束光可以是精神上的启迪，也可以是生活中的关怀。我们应当努力成为一束光。

守护心灵的春天

唐县启明中学　侯钰轩

茫茫世间，每个人都有一个自己想要守护的东西。鸟妈妈守护自己幼小的雏鸟，坚硬的贝壳守护它体内璀璨的珍珠，茂盛的大树想要守护脚下微小的绿草……而我只想守护那心灵深处的春天——梦想。

然而，没有谁追梦是一帆风顺的，哪个梦想不是汗水与泪水的结晶呢？我们在追梦路上总会遇到各种各样的挫折，但那不会成为阻碍我们成功的绊脚石。因为内心有所守护，意志便会变得异常坚定。

曾经那个少年也走在追梦的路上，但是他的这条路却比常人更加泥泞、更加艰难。这个不幸的孩子在 4 岁时失去了父亲，母亲也因此陷入精神疾病的困扰。在他 11 岁时，他的哥哥姐姐相继离家，家庭的重担全都压在了他的肩上。虽然他当时还十分幼小，但是从未对生活妥协，他始终认为唯有读书才能改变命运。所以，怀揣着读书的梦想，刘秀祥一直在与贫困、恶劣的环境做斗争。梦想的力量是强大的，他打败了一切不可能因素，在顶峰发出耀眼的光芒。刘秀祥凭借着自己坚强的意志和不服输、不求他人、自强不息的精神，成为那个他想成为的让人可亲、可敬、可佩的人。一个人的困难和挫折不是你向他人或社会索取的资本，当我们遇到困难时，不应先想着如何向他人寻求帮助，而应先想想自己如何解决这个问题，认真寻找解决办法。在任何时候，靠谁都不如靠自己，我们应始终守护自己心中的春天。

无论是在日常生活中，还是在学业、工作上，任何困难与挫折都不应阻碍我们追梦的步伐。我们应坚定心中所想，汲取过往的教训与经验，目光向前，积极寻找解决方案，为追梦之旅注入不竭的动力。让我们勇敢地面对挫折，守护心灵的春天，展望美好未来。

刘秀祥的故事激励着我：面对艰苦的生活环境，他未曾放弃对知识的追求；即便遭遇高考落榜的挫折，他依然重拾信心，再次向高考发起挑战；面对公司提供的丰厚薪酬，他毅然决然地选择了拒绝……他正是我应该学习的榜样。

无论经历什么艰难和困苦，无论经历什么挫折与磨难，无论经历什么暴风雨的洗礼，愿心中所守候的那束光永不泯灭，初心不变。

把自己活成一束光

唐县启明高级中学　姜浩鹏

今天，刘秀祥校长来我们学校做励志演讲，听着他激励人心的话语，我的内心早已热血沸腾。其中最让我难以忘怀的是那句“把自己活成一束光”。

光，它驱散了黑暗，照亮了前行的道路。光，它代表了刘秀祥校长十二年如一日的坚持、背负着母亲千里求学的艰辛，以及放弃城市高薪工作，转身投入山区教育事业的无私奉献精神。这些经历，不仅是他个人的光辉历程，更是为无数渴望知识的学子点亮了希望之光。我们也应当成为那束光。每个人心中都有一束光，虽然它起初微弱，但只要我们持之以恒，就能积聚力量，释放出如太阳般璀璨的光芒。让我们用这束光指引自己，让未来的道路不再迷茫；用这束光温暖他人，让整个世界变得更加美好和温馨。

火苗虽小，遇林风则熊熊燃烧。我们的光芒虽然如火苗般微弱，但我们每个人都会遇到一个转折点，抓住它就能燃起熊熊烈火。刘秀祥校长的到来正是这样一个转折点。他的话语如同和煦的微风，使我们心中那团微小的火苗燃烧得更加旺盛。当他说道：“乾坤未定，你我皆是黑马；乾坤已定，那就扭转乾坤。”我心中的火苗仿佛被注入了助燃剂，瞬间升腾。我明白，这火苗已经凝聚成了一束光，照亮了我和同学们的求学之路。

如果前路黑暗，那就结伴而行。萤火之光，亦能撼月。当同学们有困难时，我们要积极帮助，共成长，共竞逐，把他当作朋友和对手，在互相超越中成长，在漫漫求学路中作伴。只有当双方成为竞争者时，才能激发出无限的斗志，既激励自己，也鼓舞他人。

成功并不意味着必须引人注目，而是要实现个人的价值。将自己活成一束光，不仅照亮自己的道路，也照亮他人。正如刘秀祥校长所展现的，他不仅自己考取了研究生，还帮助一千多名学生踏入大学的殿堂。在照亮他人的路上，虽然充满艰辛，但每当看到孩子们因他的帮助而重返校园，他便感到无比欣慰。

我们或许无法成为国家的高官或地方的富豪，但我们可以尽己所能去影响他人、照亮他人。

鲜衣怒马少年时，不服命运自改之

唐县启明中学　郭博蕾

冰心说过，“成功的花，人们只惊羡她现时的明艳，然而当初她的芽儿，浸透了奋斗的泪泉，洒遍了牺牲的血雨。”这正描述了那个用脆弱的身躯撞击坚硬磐石、突破泥土束缚、不屈服于命运、千里迢迢求学的青年。

命运的逆境从不是退缩的理由。面对残酷的现实，他从不相信命运，只相信自己的汗水，只忠于自己的心。他努力图强，恰如真的猛士，敢于直面惨淡的人生，敢于正视淋漓的鲜血，搏出应得的辉煌。

“当你抱怨没有鞋穿的时候，回头一看，发现别人竟然没有脚。”这句话不仅拯救了刘秀祥，也使无数人为之动容。我们自认为的悲惨现状，却是一些人的日思夜想，我们又怎能因此怨恨命运的不公呢？

因此我们更应该在困境中安身立命。面对挑战，人性的考验不仅体现在顺境时的积极进取，更在于失意时能否保持善良。他知恩图报，教书育人，公益助学，为心灵的安放之路点亮了一盏明灯。

由此观之，“生活不能等待别人来安排，要自己去争取和奋斗，而不论其结果是喜是悲，但可以慰藉的是，你总不枉在这世界上活了一场”。有了这样的认知，你就有珍惜生活之心，而不会玩世不恭。同时，这也会为你内心注入一股强大的力量。

千万别怕坠入深渊，它带给你的将是重生。我们都如懵懂的鸟儿，要么重重落地一跌不起，要么振翅高飞翱翔天际。纵使黑夜茫茫、前路缥缈，却还是要为了第一丝曙光而战斗，哪怕跌倒在黎明前夕。

根深，才能叶茂。“三更灯火五更鸡，正是男儿读书时。”我们正当鲜衣怒马少年时，承载着众人的期盼，就应心怀梦想，浮舟沧海，向阳而生。愿天下人皆如刘秀祥，成为放肆洒脱的少年郎，无所畏惧，劈波斩浪，解开命运的钥匙，孕育一朵盛大的成功之花。

刘秀祥事迹学习心得

唐县启明中学　张佳阳

对于梦，每个人都有自己追求的方式。梦想也许遥不可及，但不应该轻易放弃。我们都应当迎着星光，踏上追梦之旅，刘秀祥就用他的事迹为我们树立了光辉的榜样。

当狂风在我们耳边呼啸时，他只当是微风拂面；当暴雨在我们眼前倾泻时，他只当是屋檐滴水；当闪电在我们头顶肆虐时，他只当是萤火流逝。刘秀祥就是这样一个人，一个绝不在逆境面前屈服的人。

刘秀祥在年幼时遭遇家庭变故，生活的重担过早地落在了这位 11 岁少年的肩上。他深信知识的力量能够改变命运。中考时，刘秀祥凭借出色的成绩考入了安龙一中，这极大地增强了他的信心。然而，好运并未持续眷顾他，长期的半工半读和艰苦的生活环境导致他营养不良，在高考前夕，他不幸生病。遗憾的是，刘秀祥未能如愿考入理想的大学，失望和绝望充斥着他的心灵，死亡对他而言似乎也失去了恐惧。在他迷茫之际，他看到以前所写的一篇日记中的一句话："当你抱怨没有鞋穿的时候，回头一看，发现别人竟然没有脚。"这句话使他陷入了沉思，他要再战一年，用知识来改变命运。

不出所料，他取得了成功，他的故事迅速传遍了社会各个角落，各界爱心人士纷纷伸出援手，但刘秀祥都一一婉拒了。他不希望借助他人的同情来实现美好生活，而是坚持通过自己的努力去争取。

在大学期间，他坚持半工半读，并且资助着贫困山区的孩子们。毕业后，他获得了一份年薪 55 万的工作，然而，他一直资助的一位小女孩却告诉他，她要辍学嫁人了。这让刘秀祥再次陷入了沉思……

他要回大山，用自己的经历去激励其他山区的孩子们。刘秀祥最终舍弃了高薪职位，重新回到了他曾经渴望逃离的大山深处。他携带着音响设备，走遍山里的每一个村落，传播自己的故事，旨在为每一个孩子创造走出大山的机会，哪怕只是一丝希望。

迄今为止，他已帮助1200多名学生成功考入大学，走出大山。在他最忙碌的时期，他同时担任了3个班的班主任、5个班的历史教师，并且还是校内多项活动的负责人。

刘秀祥用自己的事例告诉我们，不要再懒惰下去了，知识能改变命运，坚持与努力是有用的，哪怕再小的努力乘以365都很明显；不要抱怨生活的苦，那是你去看世界的路。

我们每个人生来都是有光的，不过是经历后天挫折而暗淡了。在此，我们要积极面对挫折，没有挫折何来成功？天生傲骨的我们又怎能轻易服输呢？

追梦不在结果，贵在过程，贵在坚持。莫问收获，但问耕耘，少年的你，只管努力，努力追你的梦，追出自己的一片天地。加油吧，少年！

贵州孝子——刘秀祥

唐县启明中学　刘鑫灿

爱不分大小，而在于长久。

被评为感动中国人物的他，在很长一段时间饱受了人间疾苦。4 岁时，父亲不幸离世，母亲因无法承受这一打击而精神失常。11 岁那年，哥哥姐姐外出打工后便音讯全无。年幼的他不得不早早地挑起家庭的重担，一边努力赚取学费，一边照顾精神失常的母亲，直至高中毕业。长期的半工半读使他休息不足、营养不良，在高考前一周，他终于病倒了，这让他与梦寐以求的大学擦肩而过。

尽管遭遇了挫折，他并未因此气馁，反而背着母亲争取到了复读一年的机会。经过不懈的努力，他最终如愿以偿地考入了理想的大学。

想想现在的我们，有着良好的学习环境，有书读，有衣穿，不用为学费发愁。这么好的环境，我们却不珍惜，认为学习太苦、压力太大，害怕考不上理想的高中。这些困难对我们来说如翻越一座大山那般难，然而，在他面前就好像迈过一块小石头般轻松。

因为有父母为我们遮风挡雨，我们未曾经历过真正的苦难。可父母并不会为我们挡一辈子的风雨，我们要拼尽全力去克服面前的重重难关，做自己想做的事，成为自己想成为的人。简单的事重复做才能勇攀顶峰，青春的我们与光同行，必能行稳致远。

东风乍起，草木萌动。在一次次深入学习刘秀祥的事迹和精神的过程中，我明白了奋斗、坚持的伟大。正如孤勇者般，即使身处黑暗，却能发出耀眼的光。

我们何尝不是孤勇者呢？我们正处于漫长的学习途中，只有坚守初心，坚持奋斗，才会劳有所得。“爱你孤身走暗巷，爱你不跪的模样，爱你对峙过绝望，不肯哭一场……”一句句振奋人心的歌词，让人充满激情、充满希望、充满力量。

或许努力的尽头没有想象中美好，可这并不能剥夺我们追求诗与远方的权利。

一颗不凡的星

唐县启明中学　邸佳粲

眼里有光，心有梦想，坚持不懈，纵使脚下泥泞、路途迢迢，也会抵达成功的彼岸。

——题记

近期，刘秀祥的事迹成为校园内的热议焦点，成为大家闲暇时分的主要话题。因此，我对他的了解也逐渐加深。尽管我们从未见过面，但他的故事依然深深打动了我。

我不是感动于他家境困难、命运多舛，也不是感动于他考上大学、惊艳世界，而是感动于这个大哥哥背后的故事。因为我看到了他不忘初心、持之以恒的那份努力。

在他年幼之时，父亲不幸病逝，母亲精神受到严重打击，哥哥姐姐相继离家出走。因为要上学，他只得去捡废品维持生活。他无视人们异样的眼光，将脚下的废品视为实现梦想途中的砖石。

虽未曾谋面，但我能想象到他求学路上眼神的坚毅。他深知唯有努力坚持，才能不负自己，才有可能出人头地，才有可能站上耀眼的舞台。这不免让我联想到了中考在即的自己。紧张的学习让我压力倍增，一次次的考试更是让我缺乏自信，不知应该怎样去迎接中考，这种消极畏惧的心态占据了我的内心。在我彷徨无助的关键时刻，这位努力坚持的大哥哥的事迹鼓励了我，让我又一次捡拾起丢掉的信心，努力攻克学习中遇到的困难。

刘秀祥的努力，让我感觉到了学习该有的样子。他的魅力来源于专注、坚持带来的自信，他的追梦精神感动了我。少年的征程是星辰大海，我不甘放弃，也不会放弃。

只要眼里闪耀着自信之光，心中坚持追求梦想，纵然脚下泥泞、路途迢迢，也必将抵达成功的彼岸。

不坠吾辈青云志　不畏困难跨龙门

唐县启明高级中学　孙璐怡

泰戈尔曾说：“最简单的音调，需要最艰苦的练习。”

在我们身边，有这样一位值得尊敬的人，他的生命历程中布满了挑战，他的故事广为流传，他就是令人钦佩的刘秀祥。今天，我有幸聆听了刘秀祥老师的讲座，从中获得了极大的启发。

刘秀祥在大学毕业之后，拒绝了优厚的工作机会，选择回到贵州的山区成为一名普通的教师。他为那些生活在山区的孩子们带来了新的希望，并帮助近千名贫困学生实现了大学梦。在教学工作之余，他还不遗余力地参与公益活动，并在全国范围内进行励志演讲，竭尽所能地帮助孩子们走出山区，成为他们人生道路上的一束光。

他是如此平凡，既没有显赫的身世，也没有傲人的资本，但他从来不自卑。他就像小草一般，在荒漠、墙角、道路旁的瓦砾中等被人忽视的角落顽强生长，不计较土壤的贫瘠或肥沃，不计较收获与损失，只是珍惜每一缕阳光、每一滴甘露、每一阵微风。

刘秀祥的事迹让我明白，梦想比金钱更重要。“回首向来萧瑟处，归去，也无风雨也无晴。”有梦想才会向阳而生，没有目标与梦想的人就像一具死尸。

这次演讲让我懂得了很多道理，他的事迹深深地刻在了我心中，成为黑夜中指引我前进的那束最耀眼的光，无时无刻不在激励我向着光的方向前进。

历史的车轮滚滚向前，让我们以梦为马，一日看尽长安花。愿我们都能把自己活成一束光，照亮别人，也照亮自己。

时代偶像　指路明光

唐县启明高级中学　张一涵

“我给人指出崇高的道路，我的明光能照彻你的迷雾。”穆旦如是言。我们穿行于茫茫的人生之海，心中也应有这样的指路明光——偶像。何为偶像？当有为国之心、德义之行。何以待偶像？众生当倾心以仰之，你我当真心以随之。

刘秀祥，这位传奇人物的经历令人敬佩。他幼年丧父，与患有疾病的母亲相依为命。为了追求自己的未来和梦想，他不畏艰辛，踏上了北上的列车，远赴他乡求学。尽管早年生活充满挑战，他最终还是实现了自己的理想，过上了向往的生活，并且“活出了人样”。他不仅改变了自己的命运，还帮助了许多希望通过教育来改变自己命运的山区孩子，这种精神是极其值得尊敬和赞扬的。在求学的道路上，他通过打零工和干体力活儿来筹集学费，这种坚韧不拔的精神在当今社会是难以想象的，也是我们许多人无法做到的。我为他身上闪耀的人性光辉所折服。

所谓偶像，当有为国之心。诚然，你我所处的时代已经少有在炮火硝烟中捐躯赴国难的英雄，但在时代的风雨中仍有无数坚定的身影挺立，为我们撑出一片晴空。他们是谁？是国难当头临危受命、星夜逆行驰援武汉的国士无双钟南山，是心系农民情洒太行的“当代新愚公”李保国，是潜于深海无声有为的“中国核潜艇之父”黄旭华……为国为民，不计私利，他们是侠之大者，是堂堂正正的中国脊梁，更是你我应颂之随之的时代英雄。他们，如土厚重、如风清朗、如火燃烧。此等侠义之士，皆是我辈偶像。

所谓偶像，当有朗朗端正德义之行。尼采曾说：“我的灵魂平静而明亮，宛若清晨的群山。”那些有德行、有义举的偶像，不正是那平静而明亮的灵魂吗？用善良为一座城市留下丰碑的“最美医生”兰小草，挺身而出接住从十楼掉落孩子的“最美妈妈”吴菊萍……他们，舍小我护他人，献大爱暖苍生。他们，以玉为骨、以冰为心、以爱为魂。此等有德有义之人，自当为我辈偶像。

所谓偶像，众生当倾心以仰之，真心以随之。我们的社会，必须树立正确的偶像观；我们的时代，必须唱响高久的英雄曲。

欲偶像之鹏翔于九天，我们都当为六月之息。我辈当承偶像为国之心，崇偶像德义之行，让偶像的精神之光指引我们的前路，让偶像的明光照亮我们的征程！

学习刘秀祥心得体会

唐县启明中学　蔺语涵

今天大课间听了赵校长讲刘秀祥的故事，我深有感触。

刘秀祥，一位来自贵州贫困家庭的孩子，面对父亲去世、母亲患病以及哥哥姐姐离家出走的重重困境，并未放弃对病重母亲的照料，也没有放弃自己的学业，而是依靠自己的勤奋和才华，支撑起了这个家庭。他的故事让我深刻地感受到了人性中的善良与责任感。

当他熬过小学步入初中时，他依旧背着母亲去上学，并且每天通过捡废品来维持生计。随后，他顺利进入高中，成绩优异。然而，在考大学前夕，由于长期劳累和营养不良，他未能进入自己梦寐以求的大学，这让他不得不复读一年。最终，他考上了心仪的大学。这段经历让我深刻理解到，我们不应轻易放弃，要勇敢地面对挑战，坚持不懈地学习。刘秀祥在完成大学学业后，放弃了高薪工作，选择回到家乡成为一名教师，全心投入教育事业。这生动诠释了什么是坚守初心。随着生活条件的改善，他为母亲创造了更舒适的生活环境，为母亲看病。这让我深刻领悟到“孝”的真谛。

幸福的生活是靠自己的双手打拼出来的。用辛苦和汗水换来的，一切都会苦尽甘来。要相信自己，对未来充满希望，向着梦想前进，因为途中总会有一颗星星照亮着你。或许学习并非每个人的首选之路，但无疑是我们改变命运、迈向梦想与幸福的路。在如此艰难的条件下，刘秀祥依然坚持学习，我们身处比他优越数倍的环境，又怎能不努力呢？我们更应该珍惜时光，把握机遇，刻苦学习，迎接这场没有硝烟的战役——中考。拼一个春夏秋冬，换一生无怨无悔，我相信一切都会苦尽甘来。

在未来的日子里，我坚信只要心中有梦想，努力拼搏，一定会在这个丰收的季节收获累累果实。我也坚信心之所向，必会所向披靡、战无不胜，幸福也会随之而来！

赞英雄事迹 叹美好品质

唐县启明中学 高斯诺

奋斗是千里大坝一沙一石的凝聚，勤奋是水滴石穿一点一滴的累积。正是一代又一代人将其传承，刘秀祥这个名字才会如此让人耳熟能详。

刘秀祥，他从大山中走出，最后又义无反顾地做了大山的守望者。他背母求学，一路坎坷艰辛；他知恩图报，始终不会忘记，是大山养育了自己；他教书育人，因为自己淋过雨于是便为他人撑伞；他励志奋斗，数年来几经辗转去做演讲，希望可以让辍学的孩子迷途知返；他公益助学，在脱贫攻坚战中成为躬身入局者。

“落在一个人一生中的雪，我们不能全部看见。”一个人所经历的苦楚，我们并不能感同身受，但他历经千辛万苦，最终让许多孩子脱离苦海，这一点我们却有目共睹。

正如狄更斯所说：“世界上能为别人减轻负担的都不是庸庸碌碌之徒。”他为众人减轻负担，所以他乃真英雄，理应受到人们的传颂，理应被奖励环绕。但当一切荣誉接踵而至时，他却摆摆手拒绝了所有，只是淡淡开口：“我只是一个缩影。”没错，刘秀祥老师只是一个缩影，是千千万万平凡奉献者的缩影，是千千万万无私奋斗者的缩影。

吾辈少年郎，应以刘秀祥老师为榜样，正如德卡先生所说：“要把所有夜晚归还给山河，把所有春光还给疏疏篱落，把所有慵懒沉迷和止步不前归还给过去。明日之我，胸中有丘壑，立马振山河。”

我们不应停留在挫折前，那不过是一个陡峭的山坡，竭力攀爬过后，前方的征途仍然是斑斓的。

大雪压青松，青松挺且直

——听刘秀祥事迹报告心得

唐县启明中学　徐思雨

世界以痛吻我，我却报之以歌。

——题记

他是一个平凡的人，但他的事迹却闪耀着不平凡的光辉。

他名叫刘秀祥，出生在一个贫困的小山村。在他幼年时期，父亲不幸离世，母亲因此受到了重大打击。随后，哥哥和姐姐也相继离家出走，只留下他和母亲两人相依为命。

接二连三的变故让本就不富裕的家庭雪上加霜，但他从未丧失对生活的希望，他坚信知识可以改变命运。于是他发愤图强，努力学习的同时还悉心照料着生病的母亲。当有人问及这样的生活有没有使他感到艰苦时，他却只是说："当你抱怨没有鞋穿的时候，回头一看，发现别人竟然没有脚。"他认为世上还有比他更艰苦的人，所以他从不抱怨。"我还有我的母亲，母亲在我身旁就会给我战胜一切困难的力量。"他这样说。这是何等的坚强！

我是一个比较悲观的人，上一次期中考试后，面对不尽如人意的成绩，我只是一味地颓废，担心下一次考试再次失利，担心成绩继续下滑，担心让老师和父母失望。每当夜幕降临，恐惧便如潮水般袭来。然而，在聆听刘秀祥老师的事迹之后，我的内心豁然开朗。我要学习他那坚毅乐观的态度，学习他面对困难绝不退缩的勇气，学习他自强不息的精神。

后来，这位曾经青涩而坚定的少年，蜕变成了一位成熟、坚毅、自信的青年。他考入了一所优秀的大学。大学毕业，在面对企业提供的 55 万元年薪时，他坚定不移地选择返回家乡，成为一名乡村教师。他以知识回馈社会，致力于帮助家乡的孩子们走出大山。

他的这些事迹无一不令人感动至深，但在采访中他却平淡地说："我很庆幸没有成为社会的包袱，并且实现了自己的价值。"我敬佩他，敬佩他的孝老爱亲，敬佩他的坚毅勇敢，敬佩他的知恩图报，敬佩他的为人谦逊……

他是划破夜空的星光，是射向黎明的箭镞，是深山中挺拔的青松，是困境中最锋利的一抹剑芒，是一位从平凡中折射出伟大的人民教师，是永远值得我们学习的榜样。

源源不断，是为奋斗

唐县启明高级中学　李思颖

有这样一个人，他幼年丧父、母亲患病、兄姊出走，却不改初心，用他幼小的身躯，肩负起家庭的重担。十几年苦读，他终圆了大学梦，从山里娃成为一名大学生。他就是刘秀祥。

上天给予了他太多的苦难和不公，他却选择相信奋斗的力量，选择把自己活成一道光，照亮自己，也温暖别人。

作为学生，刘秀祥坚持读书——为了实现大学梦想，为了改变命运，为了与自己相依为命的母亲。为了学业，他搬钢筋、收废品挣学费和路费；为了学业，他远赴千里求学；为了学业，他向校长苦苦恳求，最终一跪。终于，他从一个山里娃成为一名大学生。读书成为他人生的意义，大学成为他前进的灯塔。他用自己的求学经历再现了宋濂的求学之路，让我们看到了梦想的力量。

作为儿子，他以稚嫩的肩膀撑起了家庭的重担。11 岁那年，他自己种菜、做饭，维持生计，照顾母亲。离家前，他在父亲的坟前发誓，给母亲一个温暖的家，把母亲的病治好。他说有母亲在，他就有一个家，就有一份依靠。他背母上学的事迹感动了无数人，人们纷纷为他捐款，他却拒绝了大部分捐款。因为，他认为，人要活得让人可亲、可敬、可佩，不要让人可怜、同情。人无德而不立，国无德而不兴。他尽到了为人子的责任和义务，获得了“新二十四孝”提名奖。

作为教师，他不愿一代一代人永远被困在大山里，于是毅然放弃高薪工作，回到山里成为一名教师。金钱诚可贵，梦想价更高。他认为每个孩子都是千里马，而他要当他们的伯乐。最终，通过他的不懈努力，本科上线人数从70人激增到了1300人，其中的艰辛不言而喻。桃李不言，下自成蹊。他用自己的坚持和执着，改变了无数人的命运，影响了无数家庭。

我们要学习刘秀祥的坚韧，坚定自己的理想。人，生而平凡，做而伟大。

世界以痛吻我，我却报之以歌。刘秀祥面对世界的黑暗，毅然选择将自己活成一道光，照亮自己，也温暖别人。侠之大者，为国为民。他心中有大义，有母亲，有家乡，有国家。

这种可亲、可敬、可佩之人传递的坚韧不屈、永不言弃的精神永远值得我们传颂!

把自己活成一束光

唐县启明高级中学　崔宇桐

光，是黎明破晓；光，是微尘荡漾；光，是无尽光明；光，是诗与远方。而远方，是无限的可能与希望。听完刘秀祥老师的励志报告后，我深刻理解了光对于人生的意义。

年幼时，父亲去世，哥哥姐姐相继离家出走，妈妈生活不能自理。面对困境，年幼的他肩负起家庭的重任。在考上县城中学之后，他毅然决然地带着母亲进城读书。在高考落榜之后，因为日记本上的一句话，他又鼓起了希望。听完他的故事，你肯定会思考，他为什么会坚持到最后呢？可能你会说，他有常人没有的坚持。也有人会说，他的努力为他后来的成功做了铺垫。而在我看来，他抓住了人生中的那一缕光，坚持读书、改变命运的那一缕光。

在人生的岔路口上有很多选择，有的人选择早早结婚生子，有的人选择追名逐利，有的人选择安于现状……不同的选择有不同的人生。而我们现在的岔路口，是高考。刘秀祥老师说："高考好比春运，你想回家，别人也想回家。"高考是每个人生命中的晨光，燃起每一个人的希望。而刘秀祥老师正是抓住了那一抹晨光，抓住了望谟县学子们的晨光。因为看到了读书的重要性，看到了大山外面的世界，他才回到了大山，去当学子们的光，去照亮他们的未来。他希望大山里的孩子都能走出大山，去追寻诗与远方。

人不是生来就会被打败的，人生而平凡，做则伟大。上天对于每一个人都是公平的，一分耕耘，一分收获。永远不要害怕前进，前进是为了寻找光明。顾城说："黑夜给了我黑色的眼睛，我却用它来寻找光明。"黎明破晓，晨光洒满大地。作为时代接力棒的传承人，我们应奋力奔跑，跑出时代的新篇章，跑出时代的新未来。

想要成为光，先让自己活成光。面朝大海，总会春暖花开。

停止抱怨，大步向前

唐县启明中学　李卓蔓

在人生的旅途中，我们难免会遇到风雨和荆棘，但只要我们坚持奋斗和拼搏，前方定会有鲜花和掌声在等待着我们。

每当我学习上遭遇挑战，感到难以坚持时，刘秀祥老师的故事总会浮现在我的脑海。他自幼丧父，母亲生活不能自理，兄姐离家出走，小小年纪便肩负起家庭的重担。除了学业，他还要悉心照料母亲，为了家庭生计四处奔波。尽管如此，他依然不懈地与各种困难做斗争，坚强地生活。

他有无数个不读书的理由，可他还是选择了读书。家里没钱、高考落榜、母亲没人照顾……我想他无论因为哪一个理由不读书了，都是可以被理解的。可他偏不，他选择了背着母亲去上学，自己打工赚取学费。每每想到这里，我都倍感惭愧，我这一点小困难和他相比又算得了什么呢？假如是我去经历这些困难，我是否真的能坚持下来呢？我恐怕早就放弃了吧。

“当你抱怨没有鞋穿的时候，回头一看，发现别人竟然没有脚。”我是一个很情绪化的人，经常会因为一次考试失利而闷闷不乐好久。我那时总会想：我为什么会出生在这里？为什么要学习？为什么要考试呢？这些题这么难怎么学……可在听了刘秀祥老师的故事后，我知道抱怨是没有用的。没钱上学，他一天在工地工作 18 小时，甚至为了上学可以给校长下跪，他没有抱怨吗？我想肯定有，但他依然坚持着，他还是要为了自己能继续上学咬牙坚持。回顾自身，我常常对所处的环境感到不满，但现实是，我仍需在这里继续生活。于是，我决定减少抱怨，积极行动。要想在中考中取得优异成绩，考入理想的学校，成为父母的骄傲，我必须全力以赴，不懈奋斗。

上天不会辜负每一个努力的人，想要的东西必须自己去争取。青春只有一次，若感到生活枯燥乏味，那就奔跑起来，因为会有风。若觉得日子暗淡无光，那就努力奋斗吧，因为勤奋的人总会发光的。

停止抱怨，大步向前。努力奋斗，祝我们想要的都能实现。

刘秀祥事迹观后感

唐县六一小学　赵烨硕

最近观看了刘秀祥校长的讲座，我深受震撼。他的故事给我带来了极大的启发。

他对于母亲的孝心，深深触动了我。年幼的不幸，让人无法想象一个人的人生还能有多苦。11岁的他与母亲相依为命，不得不挑起生活的重担。想一想，11岁的我们在干什么呢？衣来伸手，饭来张口，吃穿不满意时，还发个小脾气。而他，却在母亲因病无法自理时，反过来照顾她。正如刘秀祥所说："只要母亲在，家就在。"

再看看现在的我们，吃父母的，喝父母的，还抱怨着父母没本事，怎么能啃老啃得这么理直气壮呢？我们都该向刘秀祥学习。孝敬父母是中华民族的传统美德，古代有二十四孝，动物还有乌鸦反哺、羊羔跪乳，我们作为21世纪的接班人，怎能没有孝心呢？从此以后，我要孝敬母亲，多分担家务，不对父母发脾气。

刘秀祥不仅是孝敬父母的典范，还是刻苦学习的榜样。尽管年幼的他吃不饱，穿不暖，没有钱买文具和书本，他依然努力学习；尽管大部分时间都用在走路、做饭上了，但他依然坚持读书。他这种执着的精神让我想到一句诗："宝剑锋从磨砺出，梅花香自苦寒来。"我们要学习他的毅力和执着，全身心地投入学习当中，努力学习，立志成才。

坚定选择，奋斗助前行

唐县启明中学　张钰佳

“当你抱怨没有鞋穿的时候，回头一看，发现别人竟然没有脚。”这是贵州省黔西南州望谟县实验高级中学党总支部委员会副书记、贵州省望谟县实验高级中学副校长，共青团贵州省委兼职副书记，中共二十大代表刘秀祥说过的话。

人生中最重要的事是什么？有人说是活着，有人说是高考。然而，在刘秀祥的演讲中，他强调了在人生每个转折点做出正确选择的重要性。刘秀祥分享了自己在关键时刻所做的几个重要决定。第一个决定是在他 4 岁那年，父亲去世，兄姐相继离家，他选择了继续求学；第二个决定是在小学升初中时，他决定带着母亲一起求学；第三个决定是在高考落榜后，尽管想要放弃，但偶然间翻阅到初二时的日记，其中写道：“当你抱怨没有鞋穿的时候，回头一看，发现别人竟然没有脚。”这激励他四处求助，最终跪在一所高中的校长面前，为自己争取到了复读的机会；第四个决定是背着母亲前往山东上大学；第五个决定是大学毕业后，得知正在上初三的妹妹因结婚而放弃学业，他毫不犹豫地返回贵州投身教育事业。这场演讲告诉我们：梦想比金钱更重要，要相信奋斗的力量。

“天生我材必有用，千金散尽还复来。”五月的体考如期而至。体考前的几周，我们顶着炎炎烈日，在操场上练习跳远。由于身体状况，我的成绩始终不尽如人意。尽管我已经竭尽全力，但最终没能突破及格线。慢慢地，我对起跳线产生了难以抑制的恐惧。但我不能放弃，我必须全力以赴。考前，我在心中反复回忆老师传授的跳远技巧，并坚定自己的信心。三个、两个、一个……终于轮到我了。我凝视着眼前的起跳线，以及显示器上我的名字，深吸一口气，用力挥动手臂，纵身向前一跃。呼！完美着陆。我紧张地边向前走边盯着显示器。很快，显示器上显示出了我的成绩——2.01 米。我惊喜地瞪大双眼，简直不敢相信这是我取得的成绩。果然，几周来的辛勤训练没有白费。相信奋斗的力量，人生而平凡，做而伟大。

无论我们的选择是什么，但只要我们不忘初心，坚持相信奋斗的力量，让奋斗助我们前行，我们就会成功！我生来就是高山而非溪流，我欲于群峰之巅，俯视平庸的沟壑。加油！

他，让我一路追光

唐县启明中学　汪子怡

成长路上，他让我一路追光。

他出生于贵州省望谟县的一个贫困家庭。年幼时，父亲病故，母亲患上精神疾病，家中的哥哥姐姐外出打工后杳无音信。刘秀祥没有选择逃避，而是边照顾母亲边刻苦学习。

小学毕业，刘秀祥以全县第三名的优异成绩被县城一所重点中学录取。然而，由于病重的母亲需要照顾，经过深思熟虑，他决定背着母亲去上学。由于交不起学杂费，他只好转入一所普通中学。他一边打工一边学习，同时还要照顾母亲。到了高中，刘秀祥因考前患病而未能考入理想的大学。但他并未放弃，决定复读一年。最终，他成功考入了心仪的大学。

刘秀祥的事迹带给了我一些启发。现在我已步入初三，爸爸让我多研究课本，妈妈让我多做难题，爷爷叫我不要偷懒，奶奶叫我坚持学习，可我时常紧一阵儿，松一阵儿，不能持之以恒。每当这时，我总会想起刘秀祥，他在如此艰苦的条件下，不仅尽了孝心，还圆了自己的大学梦，我又为何不能坚持到底呢？绳锯木断，水滴石穿。在学习这条路上，我一定会坚持到底。

成长路上，刘秀祥的事迹就像黑暗中的那盏明火，指引我不断向前，一路追光。

坚信奋斗的力量

唐县启明中学　贾依林

“天行健，君子以自强不息，地势坤，君子以厚德载物。”这句名言生动地诠释了什么叫自立自强。

有这样一个人，他被数万年轻人称为吾辈楷模，他用人生经历诠释了“世界以痛吻我，我却报之以歌”这句话，他便是刘秀祥。

“当你抱怨没有鞋穿的时候，回头一看，发现别人竟然没有脚。”这是刘秀祥求学路上激励自己的话。是什么让一位少年在日记中发出这样的感慨？在刘秀祥 4 岁那年，父亲不幸因病离世，母亲因无法承受这一打击而精神崩溃。11 岁那年，他的哥哥姐姐们也纷纷离家，年幼的他不得不早早地承担起家庭的重担。在这样艰苦的条件下，他仍然坚持求学，边刻苦读书边打工赚钱，还要照顾母亲。他的内心曾有过深深的绝望，但他坚强乐观，不言放弃。后来，他终于考上了大学。虽然生活窘迫，但他从未停止帮助他人的脚步。后来他选择回到大山，坚守在教育资源匮乏的地区，帮助贫困学生完成学业。他说：“我走出大山，不是为了逃离大山，而是为了更好地回来。”他言行一致，感动了无数人，被誉为全国“最美教师”。

听了他的事迹，我深有感悟。首先，我们要坚信奋斗的力量。面对生活的苦难、命运的坎坷，刘秀祥都没有向现实低头，我们也应培养坚强的意志，积极进取，坚持不懈。无论在怎样的逆境中，我们都应保持积极乐观的心态，不被眼前的困难吓倒，自立自强。其次，我们青少年应心怀梦想。无论在怎样的困境下，刘秀祥始终没有放弃读书的梦想。我们也应树立远大理想，不忘初心，并付诸行动。有人云：“少年不识凌云志，直待凌云始道高。”少年有梦，不应止于心动，更应付诸行动。除此之外，奉献更是我们应学习的精神。刘秀祥立志做山区学子的“引路人”，这种无私奉献的精神值得我们学习、赞扬。

在当今这个条件优越的时代，我们受到国家、社会和家庭的多重保护，享有受教育的权利。只要我们勇于奋斗、敢于行动，并坚信奋斗的力量，便拥有无限光明的未来。我们又有什么理由不去努力争取一个美好的未来，不去做一个无怨无悔的人呢？

刘秀祥的一生，前半生用孝心与坚韧书写自己的未来，后半生用故事和经历照亮孩子的世界。尽管他曾在黑暗中摸索，却最终成为他人的光。他坚信，奋斗的力量能够创造美好的未来。

刘秀祥讲座心得——梦在前方

唐县启明高级中学　焦晓鸥

征途是万里苍穹，梦想是星辰大海，时间总是把人抛，红了樱桃，绿了芭蕉。一转眼，我们就进入了高一下学期，在日复一日的紧张生活中，我们是否明白了学习的意义？

昨日，我们迎来了一位感动千万人的学习榜样，他的求学之路证明了没有不可治愈的伤痛，没有不能结束的沉沦，所有失去的都会以另一种方式归来，他就是刘秀祥。在讲座中，他提出了这样一个问题：人生中最重要的事情是什么？学生们回答梦想、奋斗、活着……刘秀祥则认为人生中最重要的是每一个转折点所做出的选择。他强调，在遇到困难时，要坚持到底、愈挫愈勇。

刘秀祥总结说，他的人生中有五个拐点：一是父亲去世，仍坚持上学；二是背母求学；三是高考失利复读一年；四是上大学；五是回乡教学。听了他的故事，对比我们自己，更是惭愧至极。我们在学校吃喝不愁，不用为生活中的事情担心，且有更好的学习资源，他和他教出来的学生能走出大山，为什么我们不行呢？刘秀祥经历的这些事，任何一件事落在自己的身上，都好比一座五指山，但刘秀祥认为存在即合理，靠着“当你抱怨没有鞋穿的时候，回头一看，别人竟然没有脚”这句话重拾信心和勇气。他走出大山，把自己活成了一束光。

通过这次讲座，我明白了许多道理：人生而平凡，做而伟大；要把自己活成一束光；一个人不要让人觉得同情、可怜，要让人可敬、可佩；花繁柳密处拨得开，风狂雨急时立得直；坚信人间没有永恒的夜晚，世界没有永恒的冬天。

学习是我们改变命运的途径。在学习中，我们要珍惜每分每秒，为自己的人生而奋斗；要心怀梦想，沿着星光闪耀的轨道，做追光的人；要相信自己，敢想敢干。尽管道阻且长，只要我们一直努力奋进，心怀“山再高，往上攀，总能登顶”的信念，做奋斗者、追梦者，往前迈一步，人生就有无限可能。

苦难浇灌英雄花

唐县启明高级中学　张博涵

世界上只有一种英雄主义，那就是看清了生活的本质之后，仍然选择热爱生活。

——题记

何为英雄？是上天入地、无所不能的超人？其实不然。真正的英雄往往只是我们身边的普通人，他们身陷困境，却总能以惊人的魄力越过泥沼，将苦难化作自己的动力，而刘秀祥便是这样一位极平凡而极不凡的英雄。

刘秀祥早年丧父，母亲精神失常，哥哥姐姐陆续离家，只剩下他与母亲相依为命。生活早早地让还是孩子的刘秀祥挑起了千斤重担。于是，他一边上学，一边照顾生病的母亲。尽管如此，刘秀祥还是以优异的成绩考上了初中。在带着母亲去县城求学前，他跪在父亲坟前立誓，混不成个人样，绝不回家乡。他以一种一往无前的英雄气概，向生活宣战，向命运宣战。他考上了高中，又考上了千里之外的山东临沂师范学院。一个千里背母求学的孝子出现在了媒体与大众的视野中。此事一经报道，立即在网上引起了巨大反响。然而，面对社会各界给予的援助，他又毅然拒绝了大多数。为什么？因为苦难早已将他磨炼成了一把利刃，他是自己的英雄。

大学毕业后，面对无数大厂开出的高薪，他拒绝了，他选择回到家乡，成为一名人民教师。因为淋过雨，所以他才更懂得为别人撑伞。他成为一束光，照亮了无数像自己一般身处黑暗的人，他是别人的英雄。

像众多平凡人一样，刘秀祥也曾迷茫，也曾痛苦。他经历的每一桩苦难，都足以击溃脆弱的意志，但当他一次又一次身陷绝望时，是那句“当你抱怨没有鞋穿的时候，回头一看，发现别人竟然没有脚”让他得以继续向前。是的，即使早已参透生活的本质，他依然选择了“一往无前虎山行”。

我们是幸运的，时代让我们不必在温饱线上挣扎，不用去受前人受过的伤，但这是否让我们变得不堪一击呢？答案是否定的。因为不是只有历经苦难才叫成长。我们不会重走两万五千里的长征路，并不代表我们不具备长征精神。事实上，我们背负了无数先人的意志，这种寄托足以令我们变得坚韧不拔。“生存还是毁灭，这是一个值得考虑的问题。默然忍受命运暴虐的毒箭，或是挺身反抗人世无涯的苦难，通过斗争把它们扫清，这两种行为，哪一种更高贵?”真理不辩自明。

学习刘秀祥，发扬英雄主义，笑对万千挫折，直面苦难人生，让微不足道的痛苦随泯然一笑而消逝，让艰苦卓绝的抗争随漫天星辰而永恒。

高贵的灵魂不低头

唐县启明中学　张伊诺

人生是一段漫长的旅程，在这个过程中必然会有风浪，也不乏暴风骤雨，为此我们可能会垂下高昂的头颅，但刘秀祥的灵魂没有屈服。

今天听老师讲了刘秀祥的事迹。他在很小的时候父亲去世，母亲也因为受到打击而生活不能自理，哥哥姐姐被生活所迫离家出走，年仅 11 岁的他挑起了生活的重担。刘秀祥一边努力上学，一边捡废品。而我们在那个年纪，还常常因为一些琐碎的小事与父母争执。

刘秀祥以优异的成绩考上了当时最好的中学。因为没有钱租房，他便在学校旁的一个山坡上搭了个房子，一边努力学习，一边照顾母亲。可生活的重担不断加重，学习也不断增添难度。首次高考，刘秀祥因病与大学擦肩而过，为此他第一次感到了上天的不公。可他本就是一棵坚强的草，春风吹又生！他翻看自己以前的日记："当你在抱怨没有鞋的时候，回头一看，发现别人竟然没有脚。"是啊，上天带给我们的苦难，抱怨没有用。刘秀祥发誓要混出个样子来。

他又复读了一年，靠自己的努力终于考上了大学。为了赚取车费，他每天工作 18 小时，最终背着母亲走进了大学校园。

大学毕业后，一家企业以年薪 55 万元向刘秀祥抛出橄榄枝，但他拒绝了，他选择回到大山，做一名老师，帮助更多的孩子。淋过雨的人总想着为别人撑伞，刘秀祥正是如此。

刘秀祥靠自己的努力实现了梦想，他那段振奋人心的经历激励我辈不断努力，不要向苦难低头。我们要做的是不屈不挠、勇往直前，而不是自怨自艾、止步不前。

只要灵魂没有屈服，一切皆有可能。在本应无忧无虑的年华，刘秀祥却与生活展开了搏斗，在充满叛逆的青春期，他重拾战败后的信心，继续勇往直前。在这一过程中，没有人对他喊“加油”，也没有人轻声给予他安慰。那么，是什么支撑着他呢？正是他那坚强的意志和永不言败的精神。

刘秀祥不屈的灵魂将永远激励我们战胜挫折、迎难而上。

学习永无止境　奋斗成就梦想

唐县启明中学　顾若萱

人生中最重要的事情是什么？是成为百万富翁？是考入理想的大学？还是为祖国做出贡献？实际上，刘秀祥老师认为：“人生中最重要的事情是在每个转折点和关键时刻，尽自己最大的努力去奋斗。”我对他深感敬意，他说：“我们都是有缘人。”从他的故事里，我感受到他是一位坚韧不拔、孝顺且怀揣理想的人，是我们学习的榜样。

在生活里，你或许会抱怨上天对你的不公。实际上，当上天为你关闭一扇门的同时，也为你开启了一扇窗。只有你对生活充满热爱、积极向前，才可能发现它具有神奇的力量。它可能是你无限潜能的源泉，也可能是你生命的转折点，需要你付出努力才能实现。

“乾坤未定，你我皆是黑马；乾坤已定，那就扭转乾坤。”在生活中，你永远不知道未来会是什么样子。存在即合理。世上无难事，只要肯登攀，没有我们做不到的事情，只要肯坚持就定会成功！

“明知山有虎，偏向虎山行。”就像我们一样，明明知道上学会面对中考、高考的考验，为什么还要读书？这是因为我们渴望通过教育改变命运，走出农村。天生我材必有用，谁一出生便是天才？无非是自己勤奋努力的结果。

把自己活成一束光，在照亮自己前行道路的同时，也照亮他人！相信奋斗的力量，向前冲吧！

学习刘秀祥先进事迹心得体会

唐县启明中学　王明琰

危机就是转机。细细品味，颇有一番“山重水复疑无路，柳暗花明又一村”的意境。

感动中国十大人物之一的刘秀祥出生在贵州省的一个偏远山村。在父亲离世后，母亲深受打击，精神失常。11 岁那年，他的哥哥姐姐也外出打工，至今音讯全无。从那时起，刘秀祥便以自己稚嫩的肩膀扛起了家庭的重担。他上山采野菜和蘑菇以果腹，以乐观和自信的心态面对生活中的种种挑战。因为他深知，尽管生活艰辛，但生活仍需继续。当然，他的学业成绩也十分出色，最终他带着母亲一同走进了理想的大学。

为了维持生计，他靠拾废品来赚钱。他的举动受到了社会的关注，有好心人来资助他，但都被他拒绝了。他觉得捡废品并不丢人，他要凭自己的努力来赚钱。

毕业后，他重返家乡，成为一名教师。他用自己的双手，将教育的光辉播撒至偏远的山区，点燃了山区孩子的希望之光。

他宛如石缝中顽强生长的小草，不卑不亢，坚韧不拔。正如那句“千磨万击还坚劲，任尔东西南北风”所言，他坚持不懈地攻克了一道又一道难关，从未被击垮。

千里背母上大学，勇挑重担酬壮志，独立自尊又顽强，点燃学子之梦想，山里春日洒阳光。他的孝敬与勤奋让我们为之动容。

如今的孩子，总是把父母对自己的爱当作理所当然，很少想到要回报。我们应尽孝在当下，孝敬双亲，从小事做起，不要等到子欲养而亲不待。

此外，我们更应该学习刘秀祥勇敢、不怕困难的精神。

尽管他出身于一个贫困的家庭，却依然取得了优异的成绩。相比之下，我们无须为生计奔波，可以全心全意地投入学习中。然而，真正能够做到全心全意学习的人又有多少呢？因此，我们应当坚定信念，勇往直前。

刘秀祥的故事启示我们，命运掌握在自己手中，需要我们自己去奋斗。我们的步伐不会因遇到困难而停滞，我们的旋律不会因遭遇风雨而受阻。我们要勇敢地踢开前进路上的绊脚石，将危机转化为前进的动力，寻找前进的方向和生机，在危机中实现自我超越。

听刘秀祥老师演讲有感

唐县启明高级中学　甄梦莎

我仍无法忘记，昨日于众人之中、高台之下聆听祥哥讲演的情景。祥哥用他的亲身经历，让我感受到他那颗可贵的心灵，那颗不甘平凡的心。

“少年不负岁月长。”曾经的我不能体会其中的深意，认为这不过是无用的毒鸡汤，直到听了刘秀祥那段拼了命书写的传奇经历，我才恍然大悟。

年少的我是无知的，也是怯弱的，会因为迟迟赶不上的成绩而厌恶学习，会因为不满意的分数而大哭大闹。所以祥哥教给我的，不仅仅是奋斗的动力，更是一份关怀。这份关怀告诉我：“学习，不一定是你的唯一出路，而是为了让你更有尊严地生活，是过自己所期待的人生所必须走的最公平的一条路。”

他让我明白了情绪的掌控来源于勇敢而自信的心。我从没有想过，当我真正与他面对面时，他会如此宽厚和温和：“正确地认识自己的不幸，并勇敢地去接受它，使其化为你向未来进军的动力。”

其实，我并没有在祥哥讲演时记下他所有的事迹，也没有记录下他所帮助过的学生的数据。因为我深切地明白，人会发展，也会进步，被资助的儿童会变多，上大学的孩子也会增多，公益事业、爱心教育永远只有进行时，没有完成时。

同时，我也感激学校为我们提供了这样一个机会，让我们在生命中遇见了一束光。因为见证过光源，我们更渴望自己也能发光。我也庆幸自己有机会向更优秀的方向努力。

刘秀祥老师为我们讲述的不只是自己的事迹，更是一个梦，它让我在几近荒芜的梦想园地里种下了奋斗的幼苗，让我的梦重新发光。如果用“长大后我就成为您”会显得我过于自负，那就请让我不断地贴近您，以您为目标，为自己的梦想，更为了将来国家的教育、社会的发展贡献力量。

顽强拼搏，温暖他人

唐县启明中学　蔡文鑫

一束被乌云遮蔽的光，却努力冲破阻碍，散发温暖；一棵被风雨吹打的小树，却奋力长成参天大树，为他人遮挡风雨；一粒被石头掩盖的种子，却拼命钻出石缝，为他人飘散花香。他就是刘秀祥。

刘秀祥如干旱沙漠中的一棵仙人掌，他不畏艰难环境，努力汲取水分。他 4 岁丧父，母亲也在不久后精神失常，离家的哥姊也让他没了家庭的照扶，但他自强不息，勤工俭学。然而，命运却再次给了他沉重一击。高考那年，他因生病与本科失之交臂。他并没有一蹶不振，他说："当你抱怨没有鞋穿的时候，回头一看，发现别人竟然没有脚。"他边打零工边复读，最终考上了山东临沂师范学院。

刘秀祥的自强不息使我油然而生一股敬佩之情。即便是一粒种子落在了贫瘠的土地上，它依然能够顽强地成长为参天大树。这让我反思，尽管我生活在幸福之中，为何还经常抱怨、感到不满足。我的内心因此涌起了一丝愧疚。

刘秀祥犹如寒冬中一缕温暖的阳光，尽管自己生活在贫困之中，却总是乐于助人。大学期间，他便开始资助三个孩子上学，希望他们通过读书改变自己的命运。他仿佛超人一般，无处不在，无所不能。毕业后，刘秀祥毅然放弃了高薪职位，选择回到家乡成为一名教师。他亲自下厨，为学生购买香蕉，甚至为他们准备生日礼物。他还经常外出演讲，激励学生们坚信奋斗的力量。他坚信，只要他的演讲能够触动一个人的心灵，那么这一切都是值得的。

刘秀祥让我懂得了生命的意义，他使我继续奋斗，愈行愈远。

刘秀祥如一盏灯，虽光亮微弱，但却照亮了我们。聆听他的故事后，我深感自己没有任何借口不去努力，没有任何理由不去奋斗。我要学习刘秀祥，即使光芒微弱，也要依旧在黑夜中闪亮。

让生命之花绽放

唐县启明中学　徐鑫怡

正因为没有翅膀，人们才会去寻找飞翔的方法，知其不可为而为之。就像封闭的山谷猛然敞开，大风无休无止地刮进来，生命也在冲击中澎湃不息。

听了刘秀祥的故事，我感受到了生命的韧性。刘秀祥 4 岁时父亲去世，母亲精神失常，年长的哥哥姐姐以外出打工为由，一去不回。生活的重担落到刘秀祥身上，他边上学边照顾生病的母亲。他以优异的成绩考入重点高中，但是因为学费问题，不得不进入一所民办中学。从高中到大学，他一直背着母亲上学，他被誉为“贵州第一孝子”。

刘秀祥凭借生命的韧性让自己的生命之花绽放。如果我是一朵花，我也要让生命之花绽放。

真正强大的人不是没有眼泪的人，而是含着眼泪奔跑的人。成长像一片幽暗的海洋，我们都曾害怕，我们都曾彷徨，我们都曾软弱。春日的到来意味着我们离中考不远了，耳畔回荡着老师的谆谆教诲，眼前浮现的是父母殷切盼望的眼神。正要全力以赴的日子，我却有些犹豫，正如那朵花，如此稚嫩的身躯怎经得住风雨的洗礼？要不要绽放呢？没有到中考的那一天，一切都是未知的。我又重新找回了自信，在痛苦与嘲讽中抬起头，那些灰暗的时光、痛苦的回忆、刻薄的嘲讽，都在我的身后躲了起来。我走到阳光下，感受着生命的韧劲，绽放生命之花。

这世界上本没有奇迹，可是那些执着的人用自己坚定不移的决心和日复一日的坚持，创造了一个又一个奇迹。是的，有拼搏，生命之花才会灿烂绽放。

学习刘秀祥事迹有感

唐县启明中学　聂硕言

只要你肯努力，人生没有过不去的坎。

——题记

刘秀祥出生在偏远山区，父亲在他很小的时候就去世了，不久母亲也患上了精神疾病，哥哥姐姐也离家出走。在这样的逆境中，年仅 11 岁的刘秀祥不得不独自挑起家庭的重担，与母亲相依为命。

生活没有将他压垮。在如此艰苦的条件中，他以全县第三名的成绩考上了重点中学，踏上了背母求学的艰难路程。由于贫困，他和母亲住在学校旁边的小棚屋里，一住就是好几年。几年后，他考上了山东临沂师范学院。毕业后，他放弃年薪 55 万元的工作机会，义无反顾地回到家乡，成为一名乡村教师。因为淋过雨，所以想给更多的人撑伞，他想让更多的孩子走出大山。

他到各地去演讲，影响了无数孩子和家长的观念，为更多孩子提供了受教育的机会，让他们能够通过知识来改变自己的命运。

刘秀祥，在我看来，他就像是一颗种子，即便落在悬崖上，埋在石砖下，或是被遗弃在沙漠中，无论土壤多么贫瘠，只要得到一滴雨水的滋润，感受到一缕阳光的温暖，春风一吹，便能顽强地破土而出，茁壮成长。如今，这颗种子已经长成了一棵参天大树，为人们遮挡炎炎烈日，带来一片凉爽。

即便在艰苦的环境中，刘秀祥依然能够抵抗风霜，成长为参天大树。我们沐浴在阳光下，生活在繁荣盛世，难道不应该更加努力拼搏吗？我们更要像他一样勤奋学习，珍惜时光，珍惜这个伟大的时代，用知识来改变自己的命运，无愧于自己，无愧于时代。即使面对逆境，我们也要勇往直前。让我们一起学习刘秀祥这位传奇人物的故事吧。

榜样的力量

唐县启明中学　杨烨菡

我们总以为这个世界很美好，每个人的生活都和自己一样无忧无虑。然而，当你真的面对残酷的现实时，才发现并不是每个人的成长环境都充满阳光。

刘秀祥 4 岁时父亲因病去世，随后母亲因此受到重创患上了精神疾病，哥哥姐姐相继离家。从三年级起，生活的压力和照顾母亲的重任就落到刘秀祥身上，他只能靠种地维持自己与母亲的生活。

尽管生活条件艰苦，他却没有被这样的环境所击败。他的成绩非常出色，小升初考试时以全县第三名的优异成绩考入了县城的重点中学。要进城上学了，母亲没有人照顾，刘秀祥带着母亲跪在父亲坟前发誓："如果混不出个人样，绝不回来。"这么小的刘秀祥就有了坚定的信念，着实让人佩服。由于经济困难，他只能靠捡废品、打零工等方式来维持生活。就这样，他艰难地度过了初中和高中的求学生涯。

但命运之神并没有给予他特殊的照顾。高考前一周，他病倒了，发挥失常，以 6 分之差与本科大学无缘。高考的失利让刘秀祥内心满是绝望，他甚至想过轻生。然而日记本里的一句话让他又看到了希望："当你抱怨没有鞋穿的时候，回头一看，发现别人竟然没有脚。""跟那些孤儿相比，我至少还有母亲，只要她在，我就有家。"刘秀祥说。回家后能叫一声妈，他就觉得很幸福。

他开始复读，经过不懈的努力，最终考上了临沂师范学院。为了筹集路费，他不得不每天工作 18 个小时。终于，他赚足了所需的费用，带着母亲一同前往学校。与初中时期一样，刘秀祥依然在努力学习的同时，利用课余时间打工以维持生计。尽管劳累，他依然怀揣着希望。在极其困难的条件下，他坚强地走了出来。

大学毕业之际，尽管多家大型企业向他抛出了橄榄枝，提供了优厚的条件，他却并未接受，而是选择返回家乡，成为一名农村教师。他希望用自己的经历——背着母亲求学的艰辛历程，去启发和影响乡村的孩子们，激励他们走出大山，追逐梦想。他相信知识能够改变命运，并通过自己的坚持和努力，帮助许多学生考上大学，实现了他们走出大山的愿望。他不仅是一位背母求学的孝子、一个懂得感恩的学子，更是一位致力于教育事业、培养下一代的好老师。

不经一番寒彻骨，怎得梅花扑鼻香。他用自己的亲身经历激励了我：只要有梦想，就要坚持，坚持就一定会看到胜利的曙光。他的故事让我明白，无论未来生活中遇到怎样的困难和挫折，都要以微笑面对，永远不要向命运屈服。

他就是我的好榜样——刘秀祥，他这种自强不息、乐观向上、勇于承担、发愤进取和助人为乐的精神永远值得我们学习。

黑暗中的光明

唐县启明中学　成怡冉

最近，刘秀祥这个名字，在我的生活中频繁出现。第一次听到这个名字是在九年级誓师大会上董事长的激情演讲中。

刘秀祥老师的家庭状况并不好，父亲离世，母亲患有精神疾病，哥哥姐姐离家出走。刘秀祥边读书边照顾母亲。尽管如此，刘秀祥并未放弃学业，他成功考入了当地的重点中学。然而，随之而来的学费问题又成了他面前的一大障碍。面对困境，他选择背起母亲继续求学，并依靠捡破烂来维持生计。高考那年，他却因为生病而落榜。难道他没有想过放弃吗？当然有，可是当他想放弃时，日记本中的一句话——“当你抱怨没有鞋穿的时候，回头一看，发现别人竟然没有脚”——又使他坚定了自己的信念。

最终，刘秀祥不负众望，成功考入山东临沂师范学院。是金子总会发光。毕业之际，面对年薪数十万元的诱人待遇，刘秀祥毅然决然地选择了拒绝。他回到那片养育他的土地，成为一名教师。在他执教期间，他挽救了上千名濒临辍学的学生。这是多么庞大的数字。真正的美德如河流，愈深愈无声。

的确，人生难免会遇到风雨和坎坷，但只要矢志不渝地追求光明，准确掌握人生的航向，我们终将收获丰硕的成果。“千磨万击还坚劲，任尔东西南北风。”刘秀祥用自己的行动向我们诠释了这种精神。

刘秀祥老师这道光有鲁迅先生“寄意寒星荃不察，我以我血荐轩辕”的坚定，有周恩来总理“面壁十年图破壁，难酬蹈海亦英雄”的豪情，有诗仙李白“仰天大笑出门去，我辈岂是蓬蒿人”的自信，有三闾大夫屈原“举世皆浊我独清，众人皆醉我独醒”的高洁。

我要学习刘秀祥老师的精神品质，知青春之宝贵，不负光阴，于时间中打磨，青春不褪色!

奉献

唐县启明中学　侯奕辰

鲁迅先生“俯首甘为孺子牛”，周恩来总理鞠躬尽瘁死而后已，孔繁森将自己的一生奉献于西藏……他们都以无私奉献的实际行动实现了人生的价值，为社会进步做出了巨大的贡献，为世人称颂。现如今社会中，其实还有更多的人一直在默默地奉献着自己的力量。

刘秀祥4岁时父亲病故，母亲因精神受到重创患上了间歇性精神病，生活不能自理。随后，哥哥姐姐因不堪生活的窘迫而相继离开，至今杳无音信。年仅11岁的刘秀祥开始承担生活的重担，一边艰苦求学，一边照顾生病的母亲。他捡过废品、住过窝棚，但从来没有放弃过求学的梦想。刘秀祥的种种经历为他以后为社会所做的贡献打下了基础。

2012年，大学毕业的刘秀祥终于苦尽甘来，然而因为曾经资助过的一个妹妹要结婚不能继续读书，他毅然放弃了高薪工作，决心回到家乡为这些孩子做些事情。他意识到人最可怕的不是没钱读书，而是没梦想。于是，他开始了唤醒山区孩子求学梦想、用读书改变命运的艰难历程。

为了让乡亲们明白上学的重要性，他骑着摩托车去学生家里劝学，三年时间不知骑坏了多少辆摩托车。

当我阅读至此，不禁为刘秀祥那燃烧自己、照亮他人的高尚品质所感动。他那坚定不移的奋斗精神和乐于奉献的态度，让我深刻体会到奉献的人生是多么的美丽。确实，在日常生活中，我们或许无法像刘秀祥那样完成轰轰烈烈的壮举，但我们完全可以在小事上做出贡献，比如不乱丢垃圾、在课堂上保持安静、努力学习等。因此，我决定从现在开始，要成为像刘秀祥那样对社会有所贡献的人，他将是我人生旅途中的榜样。

奉献不是索取，奉献是自觉自愿。我们要从现在做起，从自身做起，让奉献这棵常青树永远葱茏。

听刘秀祥讲座，感悟人生

唐县启明中学　王艺萌

梦想与金钱，哪个重要？刘秀祥老师说："没有梦想的人，即使家财万贯，也是平平常常。"我明白了人必须拥有梦想，并且在梦想的驱动下，积极地去追逐梦想。

刘秀祥老师在上学时是一个追梦人。那时，他的愿望很简单——希望他和母亲能过上衣食无忧的生活。正是这份愿望的激励，即便在父亲离世、兄姐离家，只剩下精神状况欠佳的母亲陪伴的艰难时刻，刘秀祥也未曾放弃对知识的追求。他通过捡废品来维持生计，为了获得复读的机会甚至向校长下跪，一天工作长达18小时以赚取学费……这位背母求学的坚强男子，无人知晓他是如何度过那段艰难岁月的。他凭借自己的毅力和努力考入了大学，这难道不值得我们学习吗？他用自己的经历和伤痕激励着我们这些迷茫的心灵，让我们深信不疑：读书是改变命运的必经之路，奋斗的力量是无穷的。

没有挫折，没有坎坷，没有望眼欲穿的期盼，没有撕心裂肺的煎熬，没有痛不欲生的痴狂，没有万死不悔的追求与等待，当成功来临之时，你会有感慨万千的喜悦吗？刘秀祥在讲自己的经历时说，人总要付出些什么。他又讲道，他资助的妹妹在初中三年级要辍学结婚了，也是因为这个消息，让他回到了之前想离开的大山。他担心会有太多学生因贫困而无法走出山区，担心会有更多像他的这个妹妹一样，初中毕业后不得不面对婚姻。他的回归，改变了许许多多人的命运。

我从未见过一个勤奋谨慎的人说自己命运不好。具有良好的品格、优秀的习惯、坚强的意志，是不会被所谓的命运击败的。大山里的孩子在学习上存在困难，但刘秀祥从站上讲台的那一刻起，就将自己的全部奉献给了学生。他每天忙得不可开交，但无论工作多么繁重，他都毫无怨言。因为他心急如焚，渴望带来更广泛、更迅速的改变。学生们称他为超人，他仿佛无处不在、无所不能。他陪伴学生早读、监督晚自习，为每个学生制订学习计划、提分计划等，付出了无数心血。他激励学生怀揣梦想、永不言弃，坚信奋斗的力量。在一次讲座中，他提到班上曾有一名学生数学考试屡次得零分，但最终令人惊喜的是，这名学生考上了大学。没有人能完全理解他所承受的痛苦与挑战，也没有人能体会他当时的喜悦。刘秀祥老师的辛勤付出终于得到了回报，从 2012 年仅有 70 名学生考上大学到 2022 年本科录取人数超过 1200 人，他所在的学校从 7 个县的倒数第二名跃升至第二名。

我们应该学习刘秀祥老师永不言弃的求学精神。只要心中有梦想、有力量，就一定可以成功。

踏着刘秀祥的足迹前进

唐县启明中学　徐梓璇

伴随着浓浓的春意，沐浴着和煦的春风，我们一起走进了四月。距离一模的日子越来越近。在这段紧张的日子里，听了贵州孝子刘秀祥的事迹，我感触良多。

刘秀祥 4 岁时，父亲不幸去世，母亲因此精神失常，这对这个本来就贫困的家庭来说无疑是一个沉重的打击。更令人痛心的是，他的哥哥姐姐外出打工后便音讯全无。照顾母亲的重担落在了刘秀祥的肩上，他一边读书一边照顾母亲，虽然生活困难，但成绩优异。尽管高考时与理想大学失之交臂，他并未自暴自弃，而是重拾信心，复读一年后成功考入了心仪的大学。即便在就职后身份地位提升，他也没有放弃对母亲的照顾。正是这样的刘秀祥，在 2020 年被评为“感动中国十大人物”。

他将所有精力倾注于学习和照顾母亲。我要学习刘秀祥的坚韧不拔和孝心，以及他面对挫折永不言弃的精神。作为时代的幸运儿，我们应珍惜这来之不易的幸福生活。在日常学习和生活中，我们不应因微小的困难而丧失信心，也不应因当前的挑战而抱怨。与刘秀祥背负母亲千里求学的艰辛相比，我们的困难微不足道。在家庭生活中，我也学会了与父母和长辈和谐相处，尊重他们，不因一时的责备而与家人争执，不给家人带来麻烦，尽力做一些力所能及的事情，以实际行动表达对长辈的孝心。

我将从今天开始，从点滴做起，在家中做孝顺父母的美德少年，在学校做创新进取的好学生，以实际行动追随刘秀祥的脚步前进，并将这种精神内化于心、外化于行！

绽放梦想的花朵

唐县启明中学　顾泽晨

世界让我遍体鳞伤，但伤口长出的却是翅膀。

——题记

刘秀祥，1988 年出生在贵州省望谟县的一个小村庄。如今，他担任望谟县实验高中的副校长，并拥有硕士研究生学历。4 岁时，刘秀祥失去了父亲，母亲随后罹患精神疾病，姐姐和哥哥也相继离家。在同龄孩子依偎在母亲怀中撒娇的年纪，他却不得不肩负起家庭的重担。从一个背着母亲求学的坚强少年，到一个知恩图报的优秀学生，再到一位致力于教书育人的良师，刘秀祥不仅成为励志成长的典范，更是公益助学事业的热心参与者。

正如莱昂纳德·科恩说的："万物皆有裂痕，那是光照进来的地方。"人生不是十全十美的，在刘秀祥高考失利时，在他想要丢下母亲一人去往另一个世界时，他日记中的一句话使他振作起来："当你抱怨没有鞋穿的时候，回头一看，发现别人竟然没有脚。"或许这句话便是照进裂痕里的光，使他感到温暖和鼓舞。

当刘秀祥大学毕业之际，一家企业向他伸出了 55 万元年薪的橄榄枝，这无疑对他构成了极大的诱惑。即便在当下，这样一块诱人的蛋糕也定会吸引无数毕业生争相竞逐。然而，刘秀祥却选择了拒绝，他决定返回家乡，成为一名乡村教师，去帮助那些与他曾经一样贫困和迷茫的孩子们——因为他坚信知识可以改变命运。

刘秀祥刚工作时，那些学生迷茫地走在学习的路上，看不到前面的希望，只苟安于当下的生活，不知道明天的方向，这更使他意识到要用自己的事迹来唤醒孩子们心中的梦想。就这样，他不断到各个村庄去劝学，用自己的奋斗经历激励那些彷徨的孩子们。当你感到想要放弃梦想时，提醒自己再坚持一天、一周、一个月，甚至一年，你将惊奇地发现，不轻言放弃的回报是如此令人震撼。

他就是刘秀祥，一位没有快乐童年的孩子，一位高考失利的学子，但他更是一位有责任、有担当的儿子，一位背母求学的男儿，一位教书育人的老师。因为，乌云背后便是灿烂的晴空，丑陋的毛毛虫之后是翩翩起舞的蝴蝶，艰难困苦之后是辉煌灿烂的一生。

挫折会来，也会过去；热泪会流下，也会收起。没有什么可以让我们气馁。

——后记

闻刘秀祥事迹有感

唐县启明中学　甄铄淼

刘秀祥即便在那样的逆境中，依然坚持追求自己的目标，这充分证明了生命的伟大和奋斗的必要性。

刘秀祥在童年时期遭遇了父亲的去世和亲人的离散，但他依然坚定地承担起照顾母亲的责任。尽管途中遭遇了无数艰难险阻，但星光不负有心人，他的故事最终为人所知，他的精神犹如一株蒲公英，随风飘散至四面八方。

作为新时代的青少年，我们最有责任发扬刘秀祥精神。他的孝顺、勤奋、责任感以及不屈的信念深深激励着我。每个人的一生都如同一片广袤的大陆，而非孤立的岛屿。正是信念的力量，将孤立的岛屿转变为充满活力的大陆。

于高山之巅，方见大河奔涌；于群峰之上，更觉长风浩荡。人生就是创造与奋斗的过程，如果没有这两样东西，那人生的意义也就无从谈起了。梁启超说过："纵有千古，横有八荒。前途似海，来日方长。"这句告诫青年的话在时间的长河中历久弥新，它无时无刻不在提醒我们去创造、去奋斗、去拼搏，去赢得一个理想的人生。

当我们反思自己与刘秀祥之间的差异时，不难发现，物质条件并非个人进步的主要障碍。相反，推动他前进的真正动力是那取之不尽、用之不竭的精神财富。他生命的辉煌，源于精神的充实，他不仅是自己人生的英雄，也是众多学生的榜样。

我们应在平凡中创造伟大，做自己的英雄。谁将开创历史先河？我将凌空于山壑万里，同大鹏一起扶摇直上九万里，因为我们是新时代的青少年。

刘秀祥精神的蒲公英会一直飘洒，其种子将会在人们心中扎根，结出累累硕果。

听刘秀祥报告心得体会

唐县启明中学　贾镭澎

尽管已是数月之前的事，但他曾经说过的一句话，却如同一块烙印，深深地刻在了我心中。他说："我不会接受别人对我的施舍和可怜，我要靠自己的努力来完成。"他没有食言……

刘秀祥 4 岁时，父亲因病去世，母亲受不了打击精神失常；11 岁时，哥哥姐姐相继离家出走。在如此的困境之下，他没有放弃，而是与命运做斗争。

在十几岁的年纪，他考入了县里的初中。离家之际，他背着母亲，在父亲的墓前郑重地磕了头，并立下誓言：若不能在外界闯荡出一番事业，绝不回乡。大学期间，由于经济困难，他买不起回家的车票，便选择在工地打工，每天工作长达 18 小时。大学毕业后，面对一份年薪 55 万元的工作邀请，他却毅然决然地选择回到家乡，成为一名教师。

刘秀祥是一个高尚的人，他面对命运的不公，没有抱怨，而是一而再再而三地证明自己的不屈与强大。

他的众多事迹深深触动了我们的心灵。他是一位无私奉献、全心全意为人民服务的楷模，是与命运抗争的勇士。无论是身体力行的实践，还是高尚的品质，他都无愧于一个杰出的人民教师的称号。

看完报告后，我沉思良久，决定要改变现状，成为一个有志青年，成为国家未来的建设者。我希望能够像刘秀祥那样无私奉献、心怀人民、关心学生，为培养祖国的下一代贡献自己的力量。

沉淀人生

唐县启明中学　邸安琪

无沉淀的淤泥则无蓬勃的荷花，无堆积的细石则无稳固的根须。

有这样一个人——刘秀祥，在他4岁时，父亲去世，家里的顶梁柱倒塌，母亲也因此精神失常。11岁时，他的哥哥姐姐或许是因为看不到希望，去城里打工，一去就再也没有回来。即便如此，刘秀祥也从不怨恨他们，毕竟哥哥姐姐也只是未成年的孩子。他一边上学，一边照顾生病的母亲。

初中到县城上学，刘秀祥就将母亲带到县城。由于没钱租房，他就在学校旁边搭了一个棚屋。高中时期，他成绩优异，成功考入山东临沂师范学院。报到当天，他一手提着行李，一手牵着母亲步入校园。这一感人的场景被媒体报道。许多人通过媒体得知了他的故事，纷纷伸出援手捐款，但他婉拒了所有帮助，坚持要通过自己的努力过上幸福生活。

大学毕业后，他重返故里，立志投身教育事业，回馈家乡。在一所条件相对简陋的中学，他助力逾千名学子完成学业，点燃了无数家庭的希望之光。

无论沧海桑田，琅琅读书声始终在校园回荡。他一成不变捧着一颗心来，不带半根草去，任这几年风雨打湿衣襟，毫不畏惧砥砺前行。“在黑白里温柔地爱彩色，在彩色里朝圣黑白。”我们或许无法改变时间，但我们可以在时光流逝中不断改变自己，踏着晨光不断远行。生活不会为了某个人而按下暂停键，我们只能在不断改变中打破时间对生活的消耗，打破时间对我们的局限，用改变不断推着自己向前，以改变为动力，行稳致远。

“问渠那得清如许，为有源头活水来。”作为新时代中学生，我们要刻苦学习，学习刘秀祥的高尚品质，谨记刘秀祥的事迹，做个对国家、对社会有用的人！

“想要摘一朵冰雪中的雪莲，就要有爬上高山不畏严寒的勇气。”唯有拼搏不息、奋斗不止，才能乘风破浪，走向远方；唯有坚持不懈、锲而不舍，才能“一览众山小”。

凝望前路，曾经的汗水与奋斗，铸就了今朝最美的青春风景。经历沉淀，才能成功！

学习秀祥精神，书写美好人生

唐县启明中学　刘奥龙

如果世界上真的有奇迹，那只是努力的另一个名字，而刘秀祥便是这万千奇迹中的一个。

刘秀祥的家庭并不幸福，甚至可以用悲惨来形容。但艰苦的环境并没有打倒他，反而磨炼了他坚强的意志，使他成就了不平凡的人生。

刘秀祥，1988年生于贵州望谟县，自幼命运多舛，父亲早逝，兄姐相继离家，仅留下他与患有精神疾病的母亲相依为命。尽管上天似乎对他不公，给予了他这样的家庭环境，但这并未能阻止他前进的脚步。他坚持不懈地学习，同时肩负起照顾母亲的责任，最终成功考入山东临沂师范学院。大学期间，他背着母亲求学的事迹传遍四方，引起了社会的广泛关注。面对社会的慷慨捐赠，他坚决地拒绝了所有帮助；即便面对年薪高达55万元的工作机会，他也毅然决然地选择放弃，而是选择回到家乡从事教育工作，这种精神实在令人敬佩。

在8年的时间里，他成功劝回1800人，这无疑是一个奇迹。这奇迹的背后，是无数辛勤的努力和付出。在这8年中，他无数次家访，甚至骑坏了3辆摩托车。尽管面临家长的不理解以及艰苦的环境，他从未抱怨，而是不断地进行劝说和提供帮助。正因如此，他赢得了人们的敬佩和爱戴。

相较于刘秀祥，我们的生活条件显得格外舒适，而我们所付出的努力或许还不及他的百分之一，这让我深感惭愧。机会不是等来的，是干出来的，不干就永远没有机会。刘秀祥老师已经为我们指明了道路，我们就应当全力以赴。或许我们达不到刘秀祥老师那样的境界，但至少也应该为自己努力，不让青春留下遗憾。

唯其艰难，才更显勇毅；唯其笃行，才弥足珍贵。刘秀祥在那样艰苦的环境下都能成功，我们还有什么困难不能克服？世上无难事，只怕有心人。奇迹不是等来的，所以我们应从现在做起，努力奋斗，不留遗憾。

无奋斗，不青春

唐县启明高级中学　刘思琪

宝剑锋从磨砺出，梅花香自苦寒来。

——题记

猎鹰从小就向往蓝天，于是它每天苦练飞行的本领。凭借强大的意志力，它日复一日地艰苦锻炼，终于能翱翔于天空。

“故天将降大任于是人也，必先苦其心志，劳其筋骨，饿其体肤，空乏其身，行拂乱其所为，所以动心忍性，曾益其所不能。”刘秀祥出生在贵州省望谟县的一个小山村，幼年丧父，母亲患病，后来哥哥、姐姐相继出走，只留他与母亲相依为命。他明白，要改变命运，必须读书。

第一次高考落榜后，他切实感到命运的不公。绝望之际，日记里那句“当你抱怨没鞋穿的时候，回头一看，发现别人竟然没有脚”再次鼓起了他的信心。都说男儿膝下有黄金，但刘秀祥为了读书，向校长下跪，换得了一次复读的机会。功夫不负有心人，他考上了临沂师范学院。“有善始者实繁，能克终者盖寡。”高昂的学费让他发愁，但他没有放弃，每天工作 18 个小时，挣足学费，带领母亲踏上求学之路。毕业后，面对高薪的诱惑，他毅然决然地回到家乡，帮助众多孩子走出大山。

如果他没有梦想，没有为梦想拼搏的勇气，怎会成就现在的刘秀祥？“人固有一死，或重于泰山，或轻于鸿毛。”在有限的青春里，我们为何不奋力一搏呢？刘秀祥能做到，我们也一定能够，因为我们不必像他那样经历艰苦，也不必四处奔波。我相信每个人都有梦想，都渴望能够实现梦想，但当困难出现时，许多人却选择了退缩，为自己的怯懦寻找借口，却不知道自己将错过什么。放弃奔跑，便错过了奔跑后汗水淋漓、全身舒畅的体验；放弃登高，便错过了俯瞰群山的壮阔；放弃潜水，便错过了海水温柔的洗礼；放弃奋斗，便只能眼睁睁看着时间流逝，留下无尽的遗憾。

没有顽强的意志，人生便如同在沙漠中迷失了罗盘，失去了方向；犹如鸟儿折断了翅膀，永远无法飞翔；宛如水面上的浮萍，只能随波逐流地度过一生。站在新时代的起跑线上，我们应成为草原上奔跑的雄狮，成为将生命挥洒在无尽征途上的勇士，成为在生命海洋中奋力划桨、驶向成功彼岸的水手。如此，我们终将迎来“晴空一鹤排云上”的那一天。

读书改变命运

唐县启明中学　于子渊

“万般皆下品，唯有读书高。”在我国古代，刘绮燃荻读书，李密牛角挂书，匡衡凿壁借光读书……这些人虽无优越的家庭条件，却在知识的帮助下功成名就。如今，出生在望谟县一个偏远小山村的刘秀祥，同样以自己奋斗求学的故事，完美诠释了“读书改变命运”这句话的内涵。

1983 年 3 月，刘秀祥出生于贵州省望谟县的一个小山村。童年时期，父亲因病离世，不久后，母亲因极度悲伤而患上了精神疾病，这使得他无忧无虑的童年生活戛然而止。三年级时，他的哥哥姐姐相继离家，至今杳无音信。随着母亲病情的加重，家庭的重担全部落在了年幼的刘秀祥肩上。

因为年纪小、体格弱，刘秀祥无法亲自耕种土地，于是他将田地转租给他人，以保障他和母亲的口粮。在承担着远超同龄人的责任和压力的同时，刘秀祥并未放弃对知识的追求。想到这里，我不禁反思自己。我拥有如此优越的学习条件，又有国家的支持和父母的关爱，却在面对学习时屡屡抱怨，脑海中不断闪过放弃学习的念头。而刘秀祥从未对环境有过任何抱怨，他坚信通过读书一定能够改变自己的命运。正如他所言：“当你抱怨没有鞋穿的时候，回头一看，发现别人竟然没有脚。”

刘秀祥要去县城念书了，可去了县城，谁来照顾母亲呢？于是他在学校附近的山坡上搭建了一间茅草屋，一边照顾母亲一边读书。为了读书，他干过一切脏活儿、累活儿，却因压力过大和营养不良在第一次高考中落榜。尽管如此，但他改变命运的心从未动摇过。第二年，他成功考上了山东临沂师范学院。

如今的我们，常将“放弃”一词挂在嘴边，一点点挫折便倒地不起，丧失了向前的勇气。然而，刘秀祥从未放弃过，他最终考上了大学，改变了自己的命运。我应当学习他这如野草般坚韧与永不言弃的精神。

如今的他，又重回故乡，成为一名老师，用知识浇灌学生，用行动告诉学生学习的重要性。

“打击与挫折是成功的垫脚石，而不是绊脚石。”在迷茫时，在受挫时，在想要放弃时，我总会想起刘秀祥，他让我坚信，读书改变命运。

相信有一天，我也会通过努力读书走出小县城，为国家、为社会做贡献！

拼出一个明天

唐县启明中学　李嘉媛

宝剑锋从磨砺出，梅花香自苦寒来。

夜幕悄然降临，一位少年骑着自行车在崎岖的小路上疾驰。今天是除夕夜，他的母亲在家中翘首以待。然而，命运似乎在捉弄人，夜色浓重导致他不慎摔下山坡。他的身体重重地撞击在坚硬的地面上，剧烈的疼痛让他不禁倒吸一口冷气，痛得他动弹不得，仿佛全身的骨头都碎了。在这条偏僻且人迹罕至的小路上，他忍受着疼痛，孤独地躺了两三天。最终，他凭借坚韧不拔的意志，再次骑上自行车，继续向家的方向前进。这位不屈不挠的少年，正是刘秀祥。

刘秀祥出生在一个贫困的家庭，4 岁时失去了父亲。母亲因丧夫之痛而精神崩溃，兄姐不堪贫困之苦，外出打工后便音讯全无。刘秀祥与母亲相依为命，生活的重担全压在了他的肩上。他睡茅屋、捡废品，与母亲共同度过了艰难的岁月。

当同龄的孩子们还在无忧无虑地嬉戏时，他已经肩负起了劳动养家的重担。尽管生活艰辛，他却没有放弃学业，成绩始终名列前茅。然而，命运似乎对他不公，在他即将迎来希望的曙光之际，给了他一个沉重的打击。高考前一周，他不幸病倒，导致考试失利。深受打击的他不愿让多年来的坚持和努力化为泡影，于是选择了复读。最终，他以优异的成绩实现了大学梦。但是，大学与家相隔千里，他放心不下独自在家的母亲，于是做出了千里背母上学的决定。

大学期间，他拒绝了所有的资助，靠自己的双手养活自己和母亲的同时，还资助了村中的三个弟弟妹妹。大学毕业后，他更是放弃高薪回村教学。也许是因为淋过雨，才会想着给别人撑伞吧。

刘秀祥的故事触动了无数人的心弦。相比之下，我们是多么幸福，又怎能因一点挫折就轻言放弃呢？宝剑锋从磨砺出，梅花香自苦寒来。不经历一番彻骨的考验，怎么获得成功的辉煌？

持之以恒，勇往直前。无论前路如何坎坷，我们都应以乐观的心态迎接雨后的晴空。只要永守初心，一切坎坷终归会随着时间流逝。

奋斗吧，拼搏吧，迎难而上！坚持不懈，为自己拼出一个灿烂而又美好的明天！

学习刘秀祥先进事迹心得体会

唐县六一小学　赵佳蕊

若问我谁堪称英雄，在我心中，那便是轰动全国、感动全民的刘秀祥。刘秀祥在4岁时就没有了父亲，母亲因为伤心过度，患上了精神疾病，生活不能自理，让本就困难的家庭雪上加霜。升入初中后，刘秀祥带着母亲去城里读书。临走的时候，他跪在父亲的坟前说了三句话："爸，我走了。我一定会把母亲的病治好，给她一个温暖的家。如果我混不出个人样，我绝不回来!"他就是带着这样坚定的信念走出了大山，踏上了求学之路。

刘秀祥对生命的执着追求、对学业的不懈努力以及对母亲的深沉孝心，值得我们每一位青少年学习。相较于刘秀祥，我们如今享有更为优越的学习环境，但我们是否也能做到勤奋学习，不让父母担忧呢？我们应当以刘秀祥为榜样，努力读书，减轻父母的担忧，这才是孝道的真正含义。他回乡育才，回报了社会，为实现中华民族伟大复兴的中国梦贡献了自己的力量。刘秀祥的孝行远不止于此，他更致力于报效国家、服务人民。我们应该像刘秀祥那样，努力学习，为祖国贡献力量。

"无论人生多么不容易，都要微笑面对，要始终相信奋斗的力量。"刘秀祥不向命运低头的倔强，都写在他那张朴实的脸上。我们要把自己活成一束光，不仅照亮自己，还要照亮他人。刘秀祥的孝心善行，感动天，感动地，青史留名。同学们，让我们以他为榜样，不怕困难、砥砺前行!

学习刘秀祥事迹有感

唐县六一小学　康晨熙

在深入了解刘秀祥的事迹之后，我的内心受到了极大的触动，同时也充满了感动。刘秀祥老师的事迹让我深刻理解了“坚持”的真正含义。坚持，如同一轮永不熄灭的烈日，坚持，也如同一座永不崩塌的山峰，激励着年轻的刘秀祥勇敢地向前迈进。

刘秀祥出生在贵州的大山里，4岁时，父亲与病魔缠斗，不幸离世，母亲也因父亲离世而深受刺激，患上了间歇性精神病。之后，哥哥姐姐相继离家出走。然而，年少的刘秀祥始终没有放弃对母亲的照料和对梦想的追求。在初中时期，他与母亲一同离开了故乡，栖身于简陋的草棚，以捡拾废品为生；到了高中，他们居住在一个由猪圈改造而成的棚屋，还不得不在学习之余依靠拾荒和打零工来补贴家用。尽管环境艰苦，他依然坚持不懈地追求自己的学业梦想。看到这些，我的眼泪忍不住在眼眶里打转。当时的刘秀祥该有多么无助，多么痛苦！但他始终咬紧牙关，终于考上了大学。他背着母亲到千里之外的山东临沂继续学业。随后，他婉拒了丰厚的薪资待遇，选择回到故乡投身教育事业，他要帮助更多像他一样的孩子走出大山，实现更大的人生价值。他这种无私奉献的精神，实在令人敬佩。

刘秀祥老师的事迹，如同一颗种子，深深地扎根于我的心中，启示我在未来的人生旅途中，学会坚持、自立、自强！

逆境不逆

唐县启明中学　刘珂杏

人生在世，难免会时乖运蹇，但即使身陷困境也不能失掉前行的坚毅。我们应该保持傲雪斗霜的勇气、冲破云雾的志气，勇往直前，破茧成蝶。

感动中国十大人物之一的刘秀祥，于 1988 年 3 月出生于贵州的一个家庭。命运弄人，刘秀祥 4 岁时父亲不幸因病离世，母亲也因承受不住打击而精神失常。幸运的是，家中还有三位兄姐，他们共同支撑着家庭，勉强度日。然而，当刘秀祥 11 岁时，兄姐外出打工后便再也没有回来。年幼的他不得不独自承担起家庭的重担，开始了背着母亲求学的艰辛历程。他不惧困难，凭借坚韧不拔的毅力面对生活的挑战，最终迎来了转机。2018 年和 2022 年，他分别荣获“中国好教师”和“感动中国十大人物”称号。

正如巴尔扎克所说的一般：“不幸，是天才的进步之阶，信徒的洗礼之水，弱者的无底之渊。”逆境并非仅带来恐慌与阻碍，它对个人成长同样具有积极影响。逆境能够锻炼人的意志，正如刘秀祥的经历，只要我们始终保持信心，逆境就能成为助力，推动我们不断前行。逆境还能激发潜能。没有人愿意长期处于逆境之中，都渴望尽快摆脱逆境，但往往正是这种状态能激发出个人非凡的能量，取得意想不到的成功。我们应该向刘秀祥看齐，既然逆境无法避免，就勇敢地面对它，积极地迎接挑战，克服困难，让逆境成为通往成功道路上的加速器，助力我们抵达胜利的彼岸。

人生并非总是一帆风顺，每个人都有可能遭遇逆境。我们必须用坚韧不拔的毅力去克服困难，让逆境成为我们的磨砺石和历练所。待到胜利的那一天，我们将迎接属于自己的辉煌时刻。

生命因努力而灿烂

唐县启明中学　张明月

他是一支蜡烛，燃烧了自己，却为他人照亮了世界；他是一场春雨，让贵州省望谟县这片土地有了希望，有了生机；他是学生心中最明亮的那盏灯，让大家不惧黑暗，奋勇前进。他就是望谟县学生们最敬佩、最感谢的人——刘秀祥。

刘秀祥将自己奉献给了教育事业，用自己的力量改变了望谟县学生的命运。他在我心中点燃了一把烈火，激发了我强烈的斗志。刘秀祥的童年经历令人动容，他的行为更值得我们学习。他携带着患有精神疾病的母亲四处求学，依靠自己不懈的努力，为他和母亲的生活提供了坚实的物质基础。他勤劳、坚韧，不畏艰辛，不惧劳累。无论生活多么困苦，他都未曾接受过外界的援助。他用自己的实际行动诠释了“富贵不能淫，贫贱不能移”的人生哲学，成为我们每个人都应当学习的榜样。

他的经历不禁让我联想到我们当下的生活。相较于刘秀祥那个时代的物质条件，我们如今的生活水平有了显著的提升。在这样的条件下，我们又怎能抱怨生活的艰辛呢?

刘秀祥第一次高考因生病而与本科无缘，可他并没有因此放弃，而是带着母亲到处奔走，为自己赚取复读的学费。他的这种坚持不懈、坚信知识能够改变命运的顽强，让我们感叹，也更值得我们学习。考上大学后，他放弃了优渥的生活，而是用自己的精神与精力去激励更多像自己一样的人改变命运。

生活因努力而灿烂。我们应该像刘秀祥一样努力，打造一片属于自己的天空。

转折和选择

唐县启明中学　王烁森

人生中的转折如同一扇扇门，当选择了正确的门，就会通往光明的未来，选错了，迎接的可能是万丈深渊。

古有花木兰替父从军，今有刘秀祥背母求学。这是刘秀祥人生的第一个转折，他考上了县城的重点中学，毅然决定带着母亲去上学。走之前，他跪在父亲的坟前发出誓言，惊天动地、震撼人心。到了县城，住所只是学校旁山坡上的草棚，经济来源只有自己捡废品、打零工、卖报纸和做家教等。

“当你抱怨没有鞋穿的时候，回头一看，别人竟然没有脚。”2007 年高考前一周，刘秀祥病倒了。“麻绳总挑细处断，厄运专找苦命人。”造化弄人，他以 6 分之差与本科大学失之交臂。在绝望的边缘，是内心的坚持让他重新站起来。经过一年的复读，他成功考入山东临沂师范学院。他的故事终于迎来了转机：他背母亲千里求学的事迹被媒体广泛报道，社会各界的爱心人士纷纷提出帮助，然而他却一一婉拒。他的话深深触动了我：“一个人的困难和挫折不是你向他人和社会索取的资本，人活着要活得可亲、可敬、可佩，而不是可怜。”这是他人生的第二个转折点。

2012 年，刘秀祥大学毕业，许多大企业向他抛来橄榄枝，甚至开出一年 55 万元的高薪。然而，他拒绝了，他选择回到家乡，成为一名普通教师。这是他人生的第三个转折点。这一切只因他的一个妹妹，他知道在大山里还有更多辍学打工的孩子。

“因为自己淋过雨，所以想为别人撑伞。”回到家乡，他想用自己走过的路唤醒大山里的孩子，用自己的事迹告诉那些迷茫的孩子——知识可以改变命运。他说："我只是一个平凡的人，但是，我不止教一个班，也不止教一年，有可能是5个人、50人、500人，甚至更多。一个人的命运可以改变多个人的命运，一个人的幸福可以影响多个人的幸福，这是值得的。"简单地收拾行李后，刘秀祥带着母亲回到家乡，一如他离开时那样坚定。

他是一个平凡的人，但因做而伟大。他用青春铸就师魂，用行动诠释奋斗的力量，用经历证明在转折点做出正确选择的重要，用意志改写了自己和更多人的命运！

听刘秀祥讲座有感

唐县启明高级中学　史一姗

“活成一道光，活成不可替代的人。”每忆起祥哥，这句镌刻于我心底的话便萦绕在我的耳边。提及祥哥，我们不禁会联想到互联网上铺天盖地流传的关于他的传奇故事，以及在那耀眼的聚光灯下，他那顽强、坚毅的形象。对此，我深有感触，愿意分享从他身上汲取的诸多启示。

刘秀祥老师的事迹让我们深刻理解了人生的一个重要道理——勤奋学习。祥哥曾言：“要成功先发疯。”直截了当地指明了学习之旅上我们应该怎么做。他说，时光飞逝、岁月更替，时代紧随着国家发展一路长跑，但亘古不变的是“得文化者得天下”。对于出身“平常人家”的我们来说，学习无疑是最稳妥、便捷的出路，上天给了我们学习的机会，我们为何不珍惜呢？学习的过程或许很焦虑、痛苦，但不经一番彻骨寒，怎得梅花扑鼻香？与其蹉跎岁月，不如奋斗当下。乾坤未定，你我皆是黑马。

刘秀祥老师说，学习过程中要学会控制情绪。人是脆弱的，会在一次次的失误中号啕大哭；人又是坚强的，会在发泄完负面情绪后马上进入备战状态，力挽狂澜。但如果我们一直陷入人生的低谷期，不停责备、抱怨，那么再小的困难也能轻而易举地打败我们。李白曾言：“天生我材必有用。”所以，你我切忌妄自菲薄，上帝在关上一扇门后，也会打开一扇窗。我们身上都有闪光点，而我们要做的就是把身上的闪光点发挥到最大，成为我们的优点、长处。没有人生来无用，唯有坚强才是人生之路最好的基石。

“书山有路勤为径，学海无涯苦作舟。”祥哥的悉心教诲我将铭记于心。我始终相信“长风破浪会有时，直挂云帆济沧海”！愿你我他日金榜题名，扶摇直上，书写璀璨人生。

诺亚人之歌

作词：王建刚
作曲：大致睿和

1=D $\frac{4}{4}$
♩=110

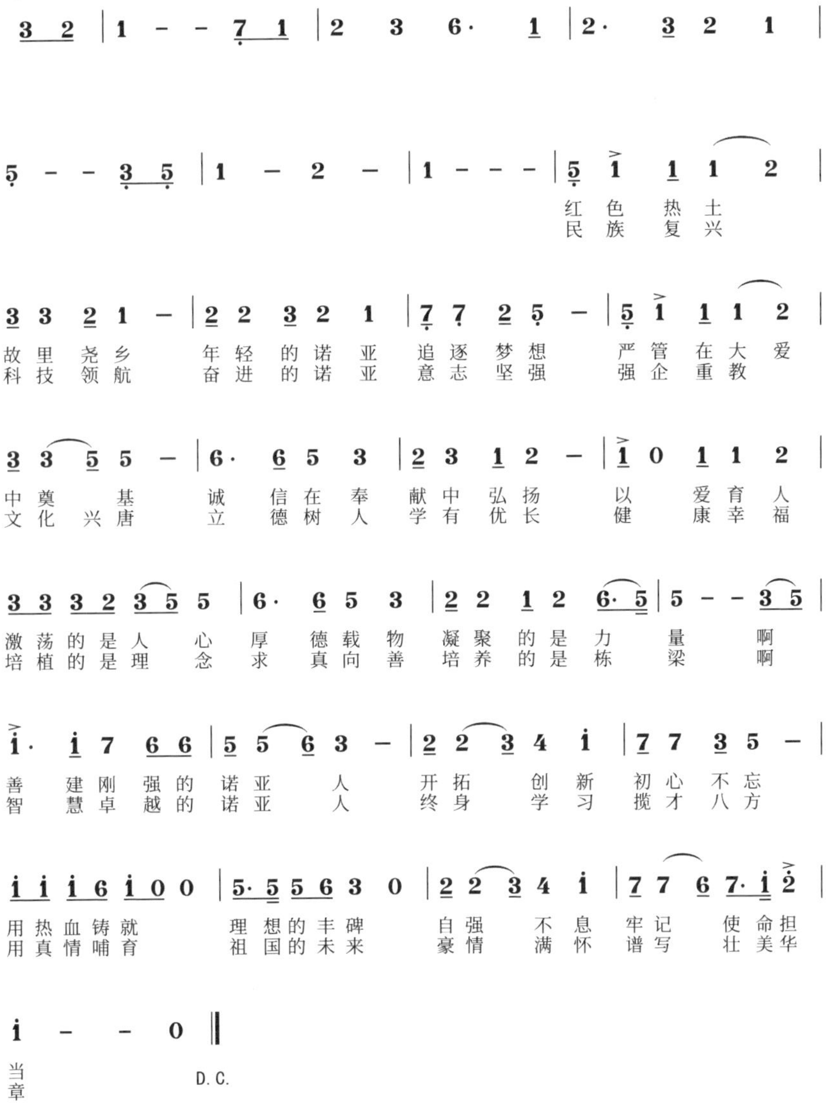